后浪

大转折

An
Extraordinary
Time

by Marc Levinson

[英] 马克·莱文森——著

多绥婷——译

民主与建设出版社
北京

献给凯娅，感谢你所做的一切。

目 录
CONTENTS

引　言

11月的第四个星期天，机动车交通戛然而止。

大学生悠闲地在汽车道上散步，追随悦耳的长笛声走向野餐的地点。踩着滑板的小孩们争先从红绿灯前穿过。从南方的艾恩德霍芬到北方的格罗宁根，汽车在荷兰的大街小巷上几乎完全消失了——只有一些德国游客，以及几名经过特许、可以开车去教堂的牧师除外。64岁的朱莉安娜女王，也抛下她的加长卡迪拉克，愉快地骑自行车前去看望孙子和孙女。对于那些没有牵涉到背后的艰难决定的人来说，1973年荷兰的第一个"无车星期天"带着些许的轻松和惬意。[1]

四周之前，埃及和叙利亚军队突破了以色列的防线，以军节节败退，整个国家都岌岌可危，这就是后来所称的赎罪日战争。在美国和荷兰向以色列倾售了大量武器之后，阿拉伯石油输出国开始了反击和报复。在沙特阿拉伯的带领之下，石油输出国早已要求提高原油价格，1月时每桶3.2美元的油价，到了10月16日，已经被抬高到了每桶5.11美元。现在，他们将出口的阀门把守得更紧了，而且完全切断了对荷兰和美国的供应。

阴郁笼罩了整个欧洲。随着石油库存的缩减，比利时、瑞士、意大利、挪威，甚至那些离不开汽车的联邦德国人，很快也将面临他们自己的无车星期天。汽车限速更低了，恒温调节器关小了，柴油也开始定量供应了。斯德哥尔摩的室内游泳池也被关闭，以节省加热所需的能源，就连环比利时汽车大赛也被临时叫停。周末开车的特权成了令人垂涎的身份象征。一向以用社会责任引导市场经济而自居的联邦德国，受到了一名本国加油站经理的挑战：她在解释她如何分配汽油时相当直率，那就是"我不认识的人一滴也没有"。²

大西洋彼岸并没有无车星期天。但是，他们的恐慌情绪只多不少。美国正在被高油价吞噬，而理查德·尼克松则正在被高油价带来的危险的政治局面吞噬。"我们正面临着二战以来最严重的能源短缺危机。"11 月 7 日晚间，总统在电视讲话中向全美国发出警告。他要求美国人降低空调的温度设定，并宣布实施"独立工程"，一个意图在 1980 年之前停止美国原油进口的精密计划。国会在争论汽油是否要定量供给，以及是否要授权尼克松在炼油企业、公交公司、加油站、农民和所有有需要的群体之间分配石油供给。之后，天气渐冷，卡车司机开始用堵塞高速公路来抗议一路飙升的柴油价格，而房主们则切断了家中的圣诞节彩灯作为呼应——当然，也可能是为了避免邻居责备的眼神。漂浮在石油上的得克萨斯州，发明了一种相当流行的汽车贴纸，上面写着"冻僵北方佬"。排队购买汽油的司机们，迫切地想要趁着还能买到这些珍贵液体的时候，把几乎还满着的油箱再次加满。美国梦似乎破碎了。

石油危机打破了加拿大市场的均衡，石油储量丰富的阿尔伯塔省经济一片繁荣，而进口依赖程度偏高的魁北克则受到重创。日本市场的反应更加令人不安。1973年石油价格全线上涨，但日本人并没有预见到问题的严重性——他们的国家与中东并没有什么冲突，很多日本公司还与阿拉伯国家联合抵制以色列。但是日本在中东问题上的中立态度并不能在油价飙升之时带来任何实质性的帮助。日本人没有去堵塞高速公路，也没有去威胁加油站的工作人员，但是石油廉价时代的终结仍旧带来了深深的焦虑：日本的庞大工业体系所需的每一滴原油都是进口来的。政府将经济增长的预期降低了一半，开始对工厂限量供应石油和电力，并且指示各家各户熄灭热水器上的加热指示灯。[3]

虽然造成了极大的混乱，但是这场危机并没能延续多久。到了1973年12月，原油供给并未短缺的事实浮出水面。欧洲港口很快被储油罐淹没；等待驶向美国精炼厂的运油船在大西洋上排成了长队。高油价和节约措施降低了原油需求，一些急于变现的石油出口商把油泵调到了最大，意图用增加产量来保障收入的稳定。1974年1月，欧洲的最后一个无车星期日悄无声息地过去了。2月，尼克松放出了政府的汽油储备，加油站边的长队渐渐消失了。3月18日，阿拉伯的石油出口国迫切希望美国从以色列撤军，因而正式解除了石油禁运令，把注意力放在了如何避免产量过剩导致价格崩跌之上。

这场全球石油危机已成为过去。[4] 但是从它的灰烬之中，一场延续时间更长、引发了无尽的动乱和麻烦的新危机正在萌芽。

从经济学家的角度来说，20世纪的后50年可以分为两个阶段。第一个阶段，始于第二次世界大战的废墟，却见证了遍及大半个地球的经济增长与繁荣的奇迹。确保汇率稳定的一系列国际协议被制定出来，国际贸易限制得以放松，向贫穷国家提供经济援助开辟了国际合作的新领域。经济爆炸式地增长，每个人几乎每天都能感受到生活水平在提高。新的住宅、汽车和消费品，对于普通家庭来说也触手可及，一系列政府主导的社会福利计划和私人劳务合同给人们带来了前所未有的经济安全感。即便是亚拉巴马产棉区的佃农和意大利南部的皮革工也能在这场空前的大繁荣中找到前所未有的致富机会。

第二阶段，从1973年开始到20世纪末，与上一阶段完全不同。在日本、北美、欧洲大部分国家以及拉丁美洲，热闹的繁荣景象被惨淡经营所取代。国际合作转向了无止境的贸易纠纷、汇率争端和境外投资冲突。各国的白领阶层开始忧心忡忡。蓝领阶层则坐上了经济下滑的过山车。从宾夕法尼亚州希拉河谷的钢城，到日本北部的煤矿区，再到马赛北部的高地，区域经济的崩溃导致了人口的大量流失。循环往复的经济危机侵袭着不同的国家，包括墨西哥、俄罗斯、印度尼西亚，养老金价值缩水，家庭的积蓄被迅速消耗，单位时间工资的购买能力大幅下降。劳动力短缺变成了失业率高居不下，年轻人很难找到稳定的工作，只能选择做临时的短工。这是一个充满焦虑的时代，很难激发起人们乐观面对的勇气。

以上描述似乎会令人不解和疑惑。毕竟，提起 20 世纪 50 年代，人们会想到小学生的防核武器演习，会想到欧洲大部分国家被"铁幕"包围，会想到朝鲜战争中 16 国联军与中国军队的对抗，会想到阿尔及利亚战争摧毁了法兰西共和国。60 年代，美国的稳定被反种族歧视的抗议活动和越南战争打破，北爱尔兰问题将当地变成了战争区，学生运动和劳工动乱冲击着世界各国的政府。70 年代初期，通货膨胀成了世界性问题，工人们游行抗议，要求保护他们得之不易的微薄酬劳。对于农民来说，这也不是个四平八稳、知足常乐的年月，能让他们舒舒服服地打理羊群，在田间地头讲讲天南海北的传奇故事。

然而，这几十年间出现的波折并不能改变一个事实，那就是全世界绝大多数地区的经济状况得到了稳步的改善 —— 不仅仅对富人如此，几乎每个人都尝到了经济繁荣的果实。事实上，当时的生活的确美好 —— 工作很容易找到；食物充裕，大家都能住上像样的房子；新建立的社会保障体系让人们不再担心失业、疾病和年老 —— 个人冒险精神受到激励，从参加街头游行，到加入反主流文化和反物质主义组织。生活水平的提高和更加完善的经济安全体制，让不同国家的群众得以参与到 60 年代至 70 年代初的社会与文化改革运动中去，从某种意义上说，为接下来对社会不公的公开挑战提供了信心和基础。性别歧视、环境破坏，还有对同性恋的压制——这些问题都在人类社会长期存在，但过去几乎没有激起过公众的愤怒。

接下来，完全出乎意料的是，增长就此停滞了。随着经济环境的改变，追求无限可能的宣言渐渐让位于对于未来的恐惧。找一份工作，做一段时间再辞职，已经成了负担不起的奢侈。现在到了找到工作就要拼命保住的时候了。也许科技公司和华尔街的并购大亨们还在春风得意，但其他所有人都已如履薄冰。公众情绪阴郁不安。

这两个阶段的割裂可以说相当突兀。1948—1973 年，世界经济以一种前所未有的速度在发展。根据英国经济学家安格斯·麦迪森（Angus Maddison）的精细测算，从 1950 年到 1973 年，全世界所有居民的人均收入以 2.92% 的年均增长率提升，按照这个速度，人均生活水平在 25 年内就能翻上一番。当然了，繁荣还远远没有成为一个普遍现象：在很多国家，少数人占有了绝大多数财富，更多人则被遗忘在贫穷之中。即便如此，有史以来，还是从未有过如此之多的人口在如此短的时期内生活水平得到了如此大幅度的提升。[5]

在发达国家，增长的趋势更加引人注目。就业率、薪资、工业产值、商业投资、生产总值：几乎所有衡量经济活力的指标都在逐年迅速提高，其中仅有几次短暂的中断和调整。银行倒闭十分罕见，破产率相当低，通货膨胀也维持在较低的水平。与此同时，社会的整体公平也在改善，收入分配更加均等。"近期的增长趋势如果能够得以延续，在我们的有生之年，经济发展程度将达到难以置信的水平。"美国人口普查局的一名高级官员在 1966 年宣称。和当时很多严肃的思想家一样，他也开始由衷地担忧将来社会可能无法为收入持续上涨的消费者提供足够的产品。[6]

战后经济发展的神奇轨迹在 1973 年达到了顶点，当时，世界人均收入的年增长速度为 4.5%。按照这一速度，个人收入水平在 16 年内就能翻倍，在 32 年内能翻两番。世界各地的普通百姓都完全有理由感觉良好。[7]

然而，好时光突然就一去不复返了。世界经济再也无法达到 1973 年的黄金水平。多变和动荡成为常态，稳定反而成了例外。在欧洲、拉丁美洲和日本，直到 20 世纪末，平均收入的增长速度还无法达到 1973 年之前的一半，生活水平也无法得到显著的提高。在非洲的大部分地区，收入水平几乎没再提高，北美的情况也大同小异。对繁荣的共同体验很快褪去，通货膨胀到处肆虐，人们对于政府改善生活水平的信心也开始动摇。

人们过去对政府的信心，建立在经济学家、战略规划家和运筹学专家卓越才能的基础之上——用当时的术语说，就是专家政治论，相信他们能够引导自己的国家走上一条经济稳定增长的道路。他们构建出越来越高深的模型，将全部国民经济用一长串公式描述出来，政策处方就从中直接推导而来。整整 25 年，似乎只要听从他们的指导，就能确保所有人都有工作和饭碗。但是随着充分就业状态的消失，收入水平停滞不前，专家政治论者似乎丧失了原有的高度。通过稍微调高或调低利率、缩减或增加税收、修建大坝或高速公路来解决部分失业问题 —— 从表面上看，这些标准的补救措施让国民经济从 20 世纪 40 年代末以来一直处于总体健康的状况；但如今，它们似乎已经不再具备治愈经济的神奇能力。政客们也无法实现他们对选民的承诺，只能在与外汇投机客、石油输出国酋长和其他他们无法控制的势力的对抗之中勉力支撑。

在早些年，没有人会因为就业率低下而责备政府官员，因为在他们眼中，这根本就不是政府的职责。人们不认为帝王和总统能对干旱和洪水有哪怕一点的控制，更不用说银行破产和投资泡沫破裂了，尽管泡沫破裂之后会是大范围的痛苦和恐慌，甚至引发商业的停滞。经济下行到来之时，政府官员能做到的无非就是发布鼓舞士气的演说，然后祈祷黑暗时期赶快结束。

然而，困难时期本来就是常态，而不是例外：从 1873 年 10 月到 1897 年 6 月，美国经济收缩的月份要远多于增长的月份，尽管总体是正向增长的。[8]

政府最早挑起复兴经济的重担，是在 20 世纪 30 年代的"大萧条"时期。当时，大量的失业工人威胁着政治稳定，提高就业率成了当务之急。曾经到过苏联的人说，社会主义经济体的失业率为零，人人都在为国家工作。理想主义者想当然地认为，政府创造就业在世界各地都该有同样的效果。描述失业率和国民收入的关系的统计学方法，是大萧条时期的一项新发明，正是这一发现，促使政府采取措施进行干预。一旦失业率以占劳动力百分比的形式报道出来，而不再仅仅是个模糊的社会问题，政客就有巨大的压力通过降低这一数字来展示其执政水平。他们无法再像从前那样，站在场外，顺其自然地等待问题解决。

所以，当世界经济在1973年突然急转直下，民主国家都在等待领导人开出振兴经济的良方。然而，事实上，无论是政客还是他们的经济顾问，都不知道问题的根源在于何处。他们之所以会采取行动，是因为压力之下不得已而为之，而不是因为相信自己的措施有效。从政治角度出发，无论采取什么行动都比承认自己无能强。可以预见，他们的举措并没能带动世界经济回到那个就业充分、持续繁荣的黄金时代。

导致世界经济发展放缓的明显因素有很多：能源价格大幅上升，导致工业成本相应提高；汇率变化剧烈，增加了商业中的不确定性；人们对汽车、住房、家用电器的消费需求突然减弱；人口增长速度也开始放缓。在这些显而易见的原因之外，还潜藏着一个更为危险的问题：生产率，经济学家用来描述投入与产出比率的指标，不再像以前那样逐年提升了。正是工人熟练程度的提高、企业与政府的大量投资和技术创新带来的生产率的快速提高，造就了战后经济的增长奇迹。如果生产率增长放缓，国民经济提升家庭收入和创造就业机会的能力就会下降。

如何解决生产率的问题，并没有现成的方案可供参考，于是不同阵营的政客抓住了这个机会，开始兜售他们的税收和支出主张，强调他们的措施才是真正的解决方案。为工厂和设备开支提供税收优惠，以刺激商业投资；减轻家庭教育支出负担；加强对专利权的保护，鼓励发明创造；加大科学研究领域的支出；增加大学招生人数；扩展职业教育范围……这些措施被重新包装为通过加速创新步伐来促进生产率增长的手段，而且是加速经济增长的关键因素。[9]

与此同时，在政治领域，政府受到了保守党的攻击。他们指责政府动用了过多干预市场的手段，从而导致了生产率增长的放缓。古老的"小政府"政策再次受到推崇，被视为解决眼前问题的最佳方案。环境污染、职业安全保护、法定工作时间、经营许可、首次公开发行等方面的法规受到猛烈抨击，被认为导致了经济效率的降低。保护工会和社会保障计划的法律，尤其是失业救济，被批评为干扰了劳动力市场效率。然而在对这些所谓的增加了社会负担的政策进行改革之后，生产率没有发生任何改善。如果一个问题的根本原因，也就是技术变革，属于政府无法控制的因素，任何政策手段都将收效甚微。

20世纪70年代到80年代，就业机会大量减少、工资增长水平低下、棘手的高失业率成了国民经济的常态，选举出来的政客和他们任命的主掌经济政策的官员一样，都没能有效地逆转经济下行的趋势。尽管政府下发了成堆的政策备忘录，经济学家们构建了大量高深的数理模型，人们对经济不景气原因的理解却没能更进一步。90 年代，美国学者保罗·罗默（Paul Romer）对经济增长理论进行了颠覆式的革新，提出创新与知识在经济发展中的重要程度要远远高于劳动力和资本；"内生增长理论"——他的理论被冠以了这样一个并非让人一目了然的名称——认为提高教育水平、支持科学研究以及鼓励创业，对经济增长的促进作用要远胜过微调预算赤字和税率。他的理论席卷了经济学领域，但是 30 年过去了，罗默已经不再确定自己的理论是正确的。"过去 20 年间，"他在 2015 年承认，"增长理论在科学上没能取得公认的进展。"[10]

这样的论断让我们当代人大跌眼镜。如果说经济不是一台可以被精心调整的仪器，从长期看经济发展的轨道主要由政府官员和央行官员无法控制的因素决定，那么这种观点与二战以来一代又一代学生从课本中学习到的理论大相径庭。更加令人沮丧的是，1973 年以来的波动趋势很可能标志着经济发展在向常态回归，恢复到生产率、增长率和生活水平蹒跚前进，有时甚至停滞不前的状态。我们通常认为，保守派的政客尤其崇尚市场调节，对政府控制经济产出的能力持高度怀疑，但事实上，他们和所谓的改革派一样沉迷于"政府之手"的力量。"让经济增长缓慢成为常态，无异于放任经济逐步走向失败。"保守派美国政治评论员乔治·F. 威尔（George F. Will）在 2015 年批评总统巴拉克·奥巴马的经济政策时曾这样断言，就好像经济增长率是总统能够自由裁量决定的一样。[11]

纵观历史，黄金时代相当短暂。仅仅在不到 25 年的时间里，世界经济就从废墟中迅速崛起，实现了难以想象的繁荣，生活水平稳定提高，就业机会随处可见，然后这一切又毫无预兆地戛然而止。在过去的近 50 年中，学者一直试图找出问题的原因以及修正的方案。但是还有一种可能，那就是根本没有什么可补救的，长期繁荣是历史长河中的独特事件，它不仅相当空前，而且也将无奈地绝后。生产率实验研究方面的领军人物，哈佛大学经济学教授茨维·格里利谢斯（Zvi Griliches）就得出了这样的结论。"很可能 20 世纪 70 年代根本没有什么特殊或者反常之处，"在对生产率变化进行了数十年的研究之后他认为，"也许 50 年代和 60 年代初莫名其妙的高增长率才是真正的谜团。"[12]

人类凭借自身的力量无法将世界经济恢复到其巅峰状态，这一事实的后果是深远且持久的。人们的心态发生了根本变化，直到迈入 21 世纪，对于政府的怀疑态度仍始终笼罩着政治生活。由此，福利国家的道路也开始碰壁；国家机构开始萎缩，个人不得不在医疗、教育和养老方面承担更多的开支和风险。公允地说，20 世纪 70 年代经济形势的变化让世界向"右"转了。全球政治气候更热衷于市场化，因为另一条路径似乎已经失败。对于"小政府"、个人责任和更加自由的市场经济的呼声占领了政治辩论的阵地，颠覆了长期以来既定的公共政策，将玛格丽特·撒切尔、罗纳德·里根和赫尔穆特·科尔等保守派政治家推上了权力的中心舞台。

富裕国家在危机过后的很多年里，社会收入和财富的分配发生了巨大转变，坐拥资本的人远比仅有劳动力的人更有优势。贫穷的国家中，有些急于跻身发达经济体之列，经济突飞猛进，随后又陷入了泡沫破裂后的萧条。工资增长停滞，社会不公日益加剧，以及政府机构的无能和懈怠，让愤怒和沮丧在一个又一个国家蔓延，文化、政治和社会都因此重塑。国际金融爆炸式地发展，也令对其的监管和控制远远超出了政府的能力范畴。在 10年的时间里，从秘鲁到印度尼西亚，新兴经济体受到了一波接一波的崩溃式打击。工会几乎在所有国家都丧失了谈判优势，而世界贸易格局的迅速变化也冲击着以工业为支柱的城市，战后以来一直在发展壮大的产业工人阶级被扼杀殆尽。刚刚织成不久的安全之网，本应保护家庭免受风险冲击，并提供阶层流动的希望，现在已经破陋不堪。[13]

这些，都成了大量文学、历史、音乐和电影作品的素材，从意大利前总理传媒大亨西尔维奥·贝卢斯科尼（Silvio Berlusconi）的 40 多本传记，到美国工人阶级的偶像布鲁斯·斯普林斯汀（Bruce Springsteen）愤怒尖酸的讽刺歌曲。然而无一例外，这些作品都认为 20 世纪 70 年代以来的这些令人不快的变化源于本国内部一些力量的推动。比如，美国记者乔治·派克尔（George Packer）在记述这 10 年时写道："我们现在知道，眼前发生的一切都源于美国共识的破灭，这一共识就是在战后国内混合经济发展和冷战时期国际主义呼声的背景下所建立起来的社会契约。"14

将注意力集中在本国新闻上或许在所难免：很少有人是真正的全球主义者，而我们对于周边事物的理解往往是由我们在母国接触到的新闻报道、政治运动和辩论塑造起来的。掌握着媒体发言权的政客，当然会把本国出现的问题归咎到其他国家身上。20世纪80年代，美国政客动辄指责日本，说它在国际贸易中的不正当竞争导致美国制造业受损；20世纪初，波兰和叙利亚的移民又被指控为西欧国家高失业率的罪魁祸首。但是，政客们往往会淡化全球经济趋势和个人福祉之间的关联，这样，执政党不会看上去对时局缺乏掌控，二来在野党也可以用经济问题攻击对手。

通过这种方式解读社会和经济变革有一种误区，那就是我们会更倾向于将各种变化归因于政府可以控制的因素，无论是税收政策、关税减免、福利计划，还是可能使某个政客当权的选举规则。当然，这些因素都有一定影响。但同样毋庸置疑，20世纪末的经济发展停滞和相应的政策转变不仅仅是国内原因导致的。社会契约的重塑不仅发生在美国，日本、瑞典、西班牙和很多其他国家也发生了类似的情况，每个国家都进行了一系列社会与经济改革。这股正在发生作用的力量穿越了国家的边界，而我们必须在全球视角下对它进行审视，才能真正理解这一时期。

"全球化"，这个在当时还没有被发明出来的词汇，既是

1973 年之后严酷的经济气候的起因，也是它的结果。全球游资的惊人增长，导致政府调控汇率、通货膨胀率和失业率的难度大大增加，更不用说维护银行系统的稳定了。鉴于经济增长速度放缓，政客们开始大肆增加政府开支，用以创造就业和刺激消费，并把经济下行视为短期的表现。这些手段没有奏效之时，他们又拼命想要扭转局势，不惜采取一些在几年前还会被认为是过于激进的措施。针对运输、通信和能源产业的监管，原本保障着政府对这些领域的严格控制，现在被逐步削减。此外他们还取消了国家对特定行业的垄断，并开始出售国有企业。放松管制和私有化，让原本在国有工厂中高枕无忧的工人们丢掉了"铁饭碗"，但也为更加千变万化、更具有创新活力的经济环境铺平了道路。是政府为互联网经济开辟了成长的天地——如果还由原来的电话寡头来管理通信，我们可能还要在电话厅前排队投币。

当然，世界不光围着金钱转。很多因素对 20 世纪晚期的发展都有影响，从遍布全世界的性别平等运动到东西方之间的紧张对峙，及其在世界各地引发的代理人战争，从宗教激进主义的复兴到 1989 年"铁幕"瓦解之后的欧洲统一运动。毋庸置疑，每个国家都有其特殊的政治和社会关切。正是这些——美国的反歧视运动、加拿大和西班牙与本国分裂主义的斗争、韩国和南美国家民主政府的重建——充斥着广播新闻和历史教材。然而，没有得到足够关注的是，这些事件都是紧跟在一场冲击全球经济、让所有人陷入紧张不安之中的剧变展开的。

　　历史的这一篇章记录了一段缓慢而痛苦的转变。20世纪下半叶前期，即便是最僵化的企业都业绩不俗；等到了后期，大量知名的制造商和银行都无法适应时代的变化，陷入困境之后无力回天。工人的技术资本——需要通过数十年的反复劳动才能获取的技能，在50年代和60年代非常受人尊敬，而且广受雇主欢迎。然而没过多少年，随着工厂技术的改良，这些知识转眼就变得不值一钱。战后工业扩张期繁荣发展的工业城市艰难地适应着新的形势，此时，提供服务和创新观点的能力远比织布和金属冲压要重要得多。在一些人眼中，奖励创造力和敢于冒险的社会，取代了原有的阶级固化、鼓励下层不求上进的愚民式社会。在其他人眼中，战后建立的将政府与企业联结起来以提高普通人的福利的社会契约被打破了，取而代之的是冷酷的市场经济，社会对失业、疾病和养老的保障大不如前。

　　也许，与黄金时代一同泯灭在历史长河中的最珍贵的东西，是人们对于未来的信心。此前整整25年，发达国家和很多发展中国家的普通人都能感觉到他们的生活一天比一天好。无论遇到什么困难，他们都能够确信，所有的牺牲和艰苦工作都是在为子孙后代的幸福生活打下坚实基础。随着黄金时代的结束，这一时期蓬勃的乐观主义也随之烟消云散了。

第 1 章　新经济学

　　只有真正的乐观主义者才会认为得克萨斯州的阿灵顿的发展前景有什么特别之处。阿灵顿横跨得克萨斯—太平洋铁路线，位于达拉斯和沃斯堡之间。二战之后的阿灵顿还是特里尼蒂河平原上的一座灰尘漫天的农业城镇。它最知名的地标建筑是 1892 年建造的露台，下面荫蔽着两条主干道交会处的一口矿泉水井。它最著名的商业中心 —— "顶山台地"，是远近闻名的高档娱乐场所，在地下室运营着非法赌场，并且建有专门躲避警方突击检查的密室和地道，其中还贮存着充足的食物。阿灵顿不是一座特别穷的城镇，但也绝对不是特别富有。三分之一的成年人在八年级之后辍学。男人当建筑工、焊接工，或者在杂货铺里打工，女人大都在家劳动。十分之一的家庭没有独立的洗手间。

　　除了在战时修建了一些供飞行员练习起飞和降落的飞行跑道之外，1946 年的阿灵顿和 20 年之前几乎没什么两样。城镇的人口稍有增长，达到了 5000 人左右，富兰克林·罗斯福对抗经济大萧条的工程留下了几条街道。即便是最有想象力的宣传者也无法相信，到了 70 年代初期，就是这座暴土扬尘的小城，居然能拥有一座汽车工厂、一处大型游乐园、一所四年制的国立大学和一支大联盟棒球队，更不用说增长了 2000% 的人口，以及供这些人居住的带有草坪、山核桃树和两个车库的牧场式住宅。[1]

在二战过后的那些年里，这样的变化并不罕见。法国人把这段时期叫作"光辉的三十年"；英国人称之为"黄金时代"；德国人的说法是"经济奇迹"；意大利人就是简单的一个词，"奇迹"；日本人则更加谦虚，称之为"经济高速增长的年代"。无论用哪种语言，当时的经济表现都备受称赞。

事实上，这是有史以来最令人惊叹的经济进步。在仅仅一代人的时间里，数以亿计的人口脱离了赤贫，过上了之前难以想象的富裕生活。这一时期开始之时，美国农场上尚有 200 万头骡子在田间犁田开沟，西班牙几乎完全与外部隔绝，而 175 个日本家庭中仅有一家装有电话。这一时期结束之时，法国平均工资的购买能力翻了 4 倍，每年有数百万人乘坐飞机跨越大洋，他们中有些乘坐的是超音速喷气式飞机，整个跨洋旅程不超过 4 个小时。普通人生活的变化只能用叹为观止来形容。[2]

想要探求这场时代剧变的根本原因，我们首先需要回到起点。1945 年，随着第二次世界大战走向尾声，未来的前景并非充满阳光。在欧洲和亚洲的广大地区，数以百万计的难民在路上游荡，在城市残存的废墟中寻找未来。矿工罢工随处可见，机器已经残旧不堪，仅仅生产足够过冬的取暖煤炭就已成为挑战，在战争践踏过的土地之上，混乱和暴动占了上风，几乎不可能开展任何生产活动。很多国家的外汇储备还不够进口食物和燃料来养活自己的国民，更不用说购买重建所需的器材和原材料了。1946年法国农场的亩产率只有战前同期的 60%。在德国，工厂的设备被大批运往苏联，作为战争赔偿。通货膨胀席卷了欧洲和日本，人们争相购买仅存的一点食物。即便是在没有受到物理破坏的北非，把轰炸机厂改建回汽车厂也要花上好几年。店铺被购物者包围得水泄不通，尼龙袜、咖啡和纯棉内衣被争相抢购，物价一路狂飙，工人工资的购买力受到极大削弱，进而导致新一轮的劳工动荡。有人估测，1946 年有 450 万名美国工人走上街头。等到混乱的局面终于有所缓和，苏联与其"二战"盟国的关系又开始剑拔弩张，新的大战看似一触即发。战后的世界绝非充满希望的新天地。[3]

　　然而在很多国家，这段艰苦甚至令人绝望的年月反而引发了政治变革的浪潮：那就是福利国家的建设。政府应该为民众的经济安全负责的观点谈不上新颖：德国首相奥托·冯·俾斯麦早在19 世纪 80 年代就曾推行过国家养老金计划，用以搪塞社会主义者对更为激进的社会变革的呼吁。60 年过去了，发达经济体中尚有数亿人口既没有养老保障也没有医疗保险，更不用提失业和残疾津贴了。战争彻底地改变了政治。社会主义者和基督教组织以民族团结的名义加入联合政府或抵抗组织，坚持要求在战争中做出巨大牺牲的民众分享和平红利。英国经济学家威廉·贝弗里奇（William Beveridge）在 1942 年发表的一份正式报告为此确定了基调，他呼吁，英国需要建立一套综合的社会保险体系，"保障每个公民都有一份能够维系其最低生活水平的收入"。贝弗里奇提出了至少 23 个不同的项目，从免费培训失业工人，到设立公共的丧葬补助金，这些全部由工人、雇主和国家的捐款买单。"这是人类历史中一个革命性的时刻，我们应该去革命，而不是斡旋和调停。"他宣称。[4]

类似的计划甚至在战争结束之前就开始了。1944 年，加拿大议会授权政府向国内所有 16 岁以下的孩子每月发放一笔"宝贝奖金"——这是加拿大的第一个全国性的社会福利计划。1944 年 12 月，伴随着阿登战役的炮火声，比利时立法委员会在国家宫殿通过了一项法案，创设了国民年金、健康和失业保险、带薪休假以及针对有子女的家庭的现金津贴。德国军队撤出后仅月余，法国战后临时政府就立法设立了家庭津贴和养老年金。1945 年，英国议会决议每周向所有国内家庭的每个孩子提供 5 先令补助，到了 1946 年，又增加了失业保险、养老年金、寡居补助和国民健康服务。在荷兰，天主教和社会主义政党建立的红色联合政府制定了普遍养老年金和全国性的穷人救济计划。在日本，一项 1947 年颁布的法案宣称："国家和地方政府有责任与监护者一道教养国内儿童，使其成长为身心健康之国民。"于是，政府深刻介入了一向被视为家庭私事的教育事务。[5]

福利国家的诞生并没能魔法般地在一片支离破碎中创造出繁

荣新世界，复兴之路上尚有许多艰难险阻。城市废墟的阴影还未散去，但重建面临的最严峻问题并不是物理上的。战争并没有对西半球的工厂造成破坏，欧洲工厂受到的影响也小得惊人。即便是在日本，虽然 90% 的化工生产能力和 85% 的钢铁生产能力已经被美军的轰炸摧毁，但是大部分铁路和电厂还能维持运转。对重建路桥、恢复农业生产、为数百万的难民和退伍士兵修建房屋的紧迫需要，意味着工作的机会不会短缺。但是想要恢复经济，有三方面的困难横亘于前。战争和长期占领令欧洲和日本的黄金和美元储备消耗殆尽，导致两者既无力进口重修工厂所需的器材，也无力供给国民所需的肉类和谷物，这也就意味着，美国和加拿大的出口市场面临萎缩。战争期间实施的价格和工资管制本来旨在抑制通货膨胀并保证资源流入关键行业，却也导致了农民和制造商不愿在市场上出售产品，再加之雇主无权给工人提高工资，劳工运动始终接连不断。政治上的不稳定抑制了投资活动，令原本就困难重重的经济复苏举步维艰。尤其在欧洲，苏联支持当地的共产主义政党解放了波兰和南斯拉夫，并打算将革命的前线扩展到希腊、意大利和法国。随之而至的是对私营企业和农场的公有化改造。伴随着全球性的经济萧条，又一场世界大战似乎迫在眉睫。[6]

　　然而，就在 1948 年的上半年，这种狂热戛然而止。1 月，出于对占领下的日本经济停滞状况的担忧，美国官方颁布了一条新政策，也就是后来所称的"逆转路线"，强调在日本进行经济重建，而不是收取战争赔偿。2月，苏联支持的起义推翻了捷克斯洛伐克原政府，建立了共产主义政权，让该国成了苏联的卫星国。4月，美国总统哈里·杜鲁门签署了授权执行"马歇尔计划"的法案，该计划随即受到苏联及其盟国的反对。6月，美国、英国和法国军方共同宣布，德国非苏占区的法定货币为马克。三天之后，苏联对于封锁联邦德国和西柏林的通道、将三个西部区与东部隔离造成的明显威胁做出回应，世界处在了全面战争的边缘。

看似矛盾的是，横贯欧洲心脏的"铁幕"，一方面将战后世界划分为东西两方，一方面却也宣告了重建的开始。苏联及其盟国在国土的周围建起了铜墙铁壁。投资人和公司高管不用再担心法国或者日本投向苏联的阵营。涌入欧洲的大量经济援助，将日本的通货膨胀控制下来并允许工厂进口原料的"逆转路线"，以及对于汇率稳定和贸易壁垒降低的预期，共同促成了信心的重建。在联邦德国，商业终于从以物易物的状态恢复到使用货币，工厂也重现了生机。1948 年的下半年，工业产值以令人惊讶的137% 的速度在增长。随着欧洲和亚洲的经济走向复苏，为了满足出口需求，北美国家的就业率终于开始提升。[7]

从很多方面来说，1948 年的世界经济还远远谈不上步入了现代化。进口在各地都受到了严格的控制，在大多数地区，一盒走私得来的美国产万宝路香烟一定十分抢手。在欧洲国家内部，人们围绕发达经济体到底能否在殖民帝国瓦解之后继续繁荣展开了激烈的争论，而殖民地则接连爆发反抗帝国主义的斗争。1948 年，年满 17 岁的美国人中高中毕业的还不到一半 —— 作为一个种族隔离现象严重的国家，近一半的黑人成年人接受教育的年限不足 7 年。在东京，一块停车位那么大的地方，平均有三个人在上面烧饭、用餐、休息和睡觉。只有三十分之一的法国家庭拥有冰箱。普通的韩国人每天能从食物中得到的热量还不到一个成年体力劳动者所需的一半。在西班牙，守着漫山遍野的橄榄树，主妇们却要凭定量券才能买到橄榄油。传染病依旧肆虐，即便是在澳大利亚这样的富裕国家。对于地球上的绝大多数人来说，他们的工作，无论是种植水稻、在工厂里拧螺栓，还是在一个远离电力网络的小村庄里搬运木材或取水，都需要进行繁重的体力劳动。[8]

20 世纪 50 年代，朝鲜战争的爆发给各大洲的军工厂带来了大批订单。经受了延续多年的破坏性打击，历尽低迷与绝望，世界经济终于开始重现繁荣。而繁荣是可以自我持续的 —— 恢复生产的工厂开始大量招工，购买力提高的工人又对各式各样的商品和服务产生了新的需求。从 1948 年到 1973 年，日本的经济总量翻了一倍，又翻了一倍，然后再翻了一倍，人均收入提高了近 600%。与之同时，联邦德国的经济增长了 4 倍，法国相对低些，希腊的数字则要更高。

在废墟和农田之上，数以百万计的家庭建立起来。在美国，短短 25 年之间，住宅房屋的数量增长了三分之二，近 2200 万的美国家庭成了房主。到了 20 世纪 70 年代初期，一半以上的英国家庭拥有自己的房产，比例达到了 50 年代的 2 倍（这也说明了为什么在 1972 年的一次民调中，80% 的英国人表示满意自己的生活现状）。在罗马，自行车让位于轰鸣的摩托车，摩托车又很快被小型轿车所取代。即便在遥远的法兰西山村，电线网络和室内管道也建设了起来。对于铜、铁和其他大宗工业商品的需求浪潮在世界范围内回荡，巴西和泰国等原产国的生活水平由此得以提升。这些变化不仅意味着更高的收入水平，还代表了工作量的降低和更多机遇。50 年代，法国女性的平均退休年龄是 69 岁；20 年后，这一数字降低到了 64 岁。那些曾经对美国充满羡慕的别国民众，生活水平很快提高到了与美国人接近的水平，而且还有 6 周带薪休假和免费大学等让美国人眼热的社会福利。[9]

当然，对这段历史一笔带过也会遗漏一些重要的细节。即便是在一片繁荣的整体趋势中，也分好的年月和糟的年月，而且国家之间也存在差别。在美国，1948 年和 1949 年有 800 万份工作机会流失，英国经济在 50 年代中期几乎没有增长。普通的印度民众，虽然不再受到殖民压迫，但是直到 1973 年，经济状况也并不比 1947 年刚刚独立时好转多少。强劲的经济表现也不能阻止 1968 年爆发的社会运动，世界各地的学生带着不满的情绪走上街头，抗议他们父辈的物质主义，巴黎大学的围墙上被涂写了这样一句讽刺标语："你无法和增长率相爱"。[10]

但是时代的发展趋势无疑是向上的。20 世纪 50 年代还无处不在的失业问题，到了 60 年代在富裕国家已经基本消除了。工作机会俯拾即是，当 40 年代末 50 年代初轴式摘棉机的发明导致上百万半文盲的佃农丧失了谋生手段时，底特律和芝加哥的工厂几乎毫不费力地吸收了这些来自美国南部的劳工。得益于政府推行的养老金计划，人们可以在 65 岁甚至更早退休，避免了老迈之年还要费力工作的窘境，也减轻了年轻人赡养父母的负担。人们可以感受到生活的变化，日子一天比一天更好。即便是在经济并不十分活跃的英国，"你们将迎来一生中从未见过的繁荣——在这个国家的历史上也是空前的，"首相哈罗德·麦克米伦（Harold Macmillan）在 1957 年 7 月也得胜般宣布，"坦率地说，绝大多数人从来没有生活得像现在这么好。"[11]

在世界上的多数地区，战后繁荣是 20 世纪 20 年代以来第一段较为长久的经济增长期。它的促成因素有很多。其一就是连年经济紧缩后需求的反弹。其二是战时对商业投资的人为管控导致很多企业的利润积存了下来，这些利润可以用于购置新的厂房和设备。很多经历过"二战"的工厂都是针对蒸汽机设计的旧厂房，不能适应电机和现代生产方式。为了把握住重建的机遇，很多制造商运用从美国进口来的最新技术，将原来的多层厂房改造为一个平层上精细布局的装配线。1948 年前后的生育高峰，让人们对于新的住房、家具和服装的需求始终保持在几乎难以满足的状态。外交也对经济发展有所助力。1949 年至 1967 年，六轮全球贸易协商在削减关税方面达成了一致，极大地扩展了国际贸易的范围，制造商迫于国际竞争的压力，不得不进行现代化改造。[12]

尽管与战后重建本身并没有直接联系，但这些改变的最终结果是生产率的显著提升。从 20 世纪 40 年代末开始，数百万的劳动力脱离农业，进入工业。尽管身无长技，很多人甚至目不识丁，刚刚完成技术革新的工厂还是乐于接收这些劳力。这些工厂在战争和经济紧缩时期被压抑了太久，急于在民用市场上大干一场。对新设备的需求创造了更多的工作机会和对更先进的设备的需求。1945—1973 年，美国工业设备的数量几乎翻了 4 倍。英国的投资支出，在 50 年代初占总支出的 14%，到 60 年代末则高达 21%。即便机器的效率已经相当之高，但是产出的不断增长使厂商对于工人的持续需求居高不下。日本的制造商在 1955 年雇用了 690 万工人，到了 1970 年，工人数量增长到 1350 万。1947 年，联邦德国汽车装配线的生产能力是每年 8987 辆车，在接下来的 26 年里，这一数字每年都在增长。随着劳动力从放羊和铲土豆中解放出来，使用昂贵的机器投入生产，他们所能创造的经济价值也在不断提升，为国民经济的高速发展做出了贡献。[13]

制造业的繁荣与私人投资密切相关。而这也得益于政府降低贸易壁垒的政策措施。战争刚刚结束之时，关税高到几乎将进口成本提高了四分之一。1947 年在日内瓦举行的 23 国会议将削减关税提上了日程，并且开始讨论取消其他贸易壁垒，比如配额和许可证。四年之后，六个欧洲国家——比利时、法国、意大利、卢森堡、荷兰和联邦德国——在煤炭和钢铁自由贸易方面达成了共识，向着覆盖全欧洲的统一市场迈出了第一步。这些变化促使边境贸易大量增加。根据一项研究，1946—1957 年，五个欧洲国家的进口增长了 700%。生产率的提高与国际贸易的发展相伴而生：具有出口优势的企业，往往比被国际竞争淘汰的企业要高效，眼界也要开阔得多。[14]

另一方面，20 世纪 50 年代，各国政府开始大量投资建设高速公路。老路常常过于崎岖，新的道路能让大型机动车辆更加安全地穿越城镇。司机一天能够长途运输的货物更多了，这就意味着运输工人的生产率极大地提高了。反过来说，更加快捷也更加便宜的地面运输，使得农场和工厂不再局限于本地市场，而是将产品推向了整个周边区域，甚至全国。使用传统工艺的小作坊让位给了进行机械化生产的大工厂，这些工厂不仅产量高，成本也更加低廉。[15]

1948—1973 年这 25 年中，除掉通货膨胀的因素，北美地区的劳动生产率翻了一倍，在欧洲达到了原来的 3 倍，在日本则达到了原来的 5 倍。这轮增长趋势中，教育无疑起到了很大的作用，固定资产投资也有一定作用。然而最主要的驱动力却是技术上的革新和进步，工人们的工作效率因之得以提高。在经历了长时期的间断性增长之后，世界终于通过革新和创造的方式走上了富裕之路。

　　而这一过程相当不凡。激进的经济变革往往会淘汰一大批劳动力：想想 18 世纪公地私有化之后的英国农民，或者在互联网取代传统纸媒之后的报业工人。但在战后，从繁荣中获益的并不只有富人。农场工人和街道清洁工的收入也能逐年上升。工会不仅为产业工人争取到了更高的薪资，工作的稳定性也得到了提高，立法和劳动合同让雇主无法再随意开除多余的工人。几乎所有人的境遇都得到了改善。[16]

　　经济上的繁荣发展往往离不开政治稳定的大局。各国的保守党都没有阻挠福利国家的建设。在很多国家，他们甚至热烈支持向福利社会的转型，这究竟是出于对社会公正的宗教式信仰，还是出于对阶级冲突再次爆发的担忧，又或者是真的相信扩张公共支出能够创造健康的经济环境，我们就不得而知了。当罗伯特·A. 托夫特（Robert A. Taft），一位公开批评富兰克林·罗斯福在大萧条期间的社会改革的参议院议员，在 1952 年参加总统竞选时，他自己的政党断然反对他的极端思想，转而支持盟军司令德怀特·D. 艾森豪威尔。艾森豪威尔在竞选期间不遗余力地树立自己温和派的形象，在他当选之后，虽然没有进一步扩展保护老年人和穷人的社会福利项目，但也没有废除已有的计划。不仅仅是艾森豪威尔，无论是英国的哈罗德·麦克米伦，法国的夏尔·戴高乐，联邦德国的康拉德·阿登纳，意大利的阿尔契德·加斯贝利（Alcide de Gasperi），还是加拿大的约翰·迪芬贝克（John Diefenbaker）——全部都是保守党领导人——他们中没有一个要求政府放弃主导经济，而让市场的力量占据支配地位。

最初被视为奇迹的经济表现很快就被人们视为常态。增长年复一年地持续：在澳大利亚、奥地利、丹麦、芬兰、法国、德国、意大利、日本、挪威和瑞典，在整整四分之一个世纪中，仅仅经历过一段相当短暂的经济低迷。长期以来困扰经济生活的不确定性似乎已经被丢弃到了历史的尘埃之中。这一奇迹是如何发生的？在大多数国家，答案非常明显。经济上的成功被归功于缜密详细的经济计划，而不是资本主义的旺盛冲动。

在战后的很多国家，当然除了 20 世纪 50 年代的联邦德国，经济计划可谓方兴未艾。从某种程度上说，计划是不可避免的：战后可以用来购买进口品的外汇相当短缺，必须由人来决定到底是进口燃料还是进口食品。但是那些 40 年代末成立的规划部门并不是临时机构。熟练掌握了线性规划等新型量化工具和经过研究人员完善的技术手段，规划者们开始宣称，他们知道发展哪些行业对经济增长最为有利。遵从经济学家的意见，法国政府制定了建设新汽车厂和炼钢厂的宏大计划。在日本，国际贸易与产业部（MITI），掌控着国内企业的生杀大权，因为它能决定公司的进出口、对新工厂的投资，以及对外国专利的许可。[17]

既然规划者明白如何管理关键行业，整个经济都交给他们又何尝不可呢？"二战"的最后几个月里，绝大多数的美国人和近三分之一的企业主在民调中认同维持充分就业是政府的职责。具有大学学历的美国人中有高达 70% 认为"充分就业是可以通过努力实现的，而且需要政府的行动和专业的规划来实现"，这一比例实在令人震惊。保守党控制的美国议会在 1945 年审议充分就业法案时，71 名参议院议员同意政府应当在私营部门失效时承担起保证充分就业的责任，仅有 10 名参议院议员投票反对。[18]

尽管在国会最终通过之前，充分就业法案已在相当程度上被弱化，但是认为政府应当并能保障就业率的呼声仍旧十分强烈。20 世纪 40 年代末，经济发展委员会，一个美国商业机构，建议将充分就业纳入联邦政府预算。其观点是，财政预算收支应能使经济满负荷运转，即便此时税收收入较高，而支付给失业工人的补助较低。这种对财政责任的新理解取代了原有的收支平衡的预算理念。人们开始认为，在失业率较高的时候，政府赤字是可以接受甚至是受欢迎的，但充分就业实现后，赤字也应该消失。似乎没有人意识到，所谓的"充分就业预算"可能会对当选的政客产生不良激励。在失业率较高的时候允许提高政府支出相当容易，但在经济上行的时候削减支出则没那么好办了。赤字将成为常态。

以充分就业为目标编制财政预算，初衷无疑是好的，但和很多好心办坏事的例子一样，它也造成了不可预见的后果。经济学家变成了裁决人，他们决定充分就业率的具体数值，并计算为了实现这一目标政府应该支出多少财政资金。"在经济领域，概念建构和定量研究用理性思辨取代了感情。"美国总统约翰·F. 肯尼迪的首席经济顾问沃尔特·海勒（Walter Heller）在 1966 年说。海勒断言，在更好的统计分析和计算机技术的辅助下，经济模型将帮助政府精准预测出如何调整支出和税收以消灭失业率，而且还不会推高通货膨胀。海勒称这一理念为"新经济学"。[19]

第 2 章　魔方

　　沃尔特·海勒有关理性政府的观点与很多意识形态不谋而合，从在意大利和法国颇有影响力的共产党，到在美国声望日隆的自由市场货币主义学派。他们都坚信好的政府——当然了，何为好政府要由他们来定义——可以保证经济的稳定增长。而这些人都将在 1973 年世界经济拒绝按照他们的预期发展之时感到惊讶和困惑，但又绝不肯承认失败。

　　新经济学最激进的倡导者大概要数一位相当固执己见的联邦德国政客——卡尔·席勒（Karl Schiller）。他 1911 年出生于德国东南角的布雷斯劳，他在北部的基尔长大，他离异的母亲在那里做女佣供他读书。席勒是一名有着强烈社会责任感的新教徒，1931 年进入大学读书后，他加入了社会主义学生联盟——一个与社会民主党关系紧密的学生团体。1933 年阿道夫·希特勒掌权后，这两个组织都遭到了镇压。于是席勒迅速转变阵营，加入了一些支持希特勒的团体，甚至包括纳粹党，以便为自己铺平学术道路。他在纳粹时期取得了经济学博士学位，他的毕业论文以

"1926—1933年德国政府的就业政策"为题，然后又在德国军队中待了四年。

战争结束后，这个雄心勃勃的年轻经济学家再度改弦更张，重新加入了社会民主党，并开始积极倡导政府进行周密的经济计划。尽管当上了汉堡大学的教授，他的学生中还包括未来的联邦德国总理赫尔穆特·施密特，但席勒真正的兴趣还在于从政。1946年，他在汉堡州议会中赢得了席位，并担任经济与交通部长一职。通过重新振兴当时已经奄奄一息的造船业，并主持恢复汉堡作为国际贸易中心的历史地位，席勒获得了社会的普遍赞誉。

1948年是德国经济发展的关键年份。战后，德国的疆域退回到了1938年之前的水平，而且东部大片土地归属了波兰。此时，德国划分为四个区域，分别被苏联、英国、美国和法国军队占领。在被苏联占领区包围的柏林，四家势力再次划分领地。1924年开始使用的官方货币，与盟军的战时货币一道在市场上流通。但是四家占领势力在货币供给方面并没有达成一致，他们争先恐后地印发马克，导致这种货币近乎毫无价值。大部分的德国国内贸易依靠的是黄油，而不是现金。

1948年6月，考虑到与苏联日益紧张的对立关系，美、英、法在三国占领区联合发行了新的货币——德国马克，并由新的中央银行系统，也就是后来的德国央行进行监管。与此同时，他们还取消了多种商品的价格管制，促使经济迅速按照市场情况进行调节。仅此一举，以市场为主导的西部地区的经济就超越了苏联占领的东部地区。第二年，在六国空运联合打破了苏联在西部和柏林之间设置的道路封锁后，德国正式一分为二。苏联占领区，包括苏联占领的部分柏林地区，成立了德意志民主共和国。西部地区则成立了德意志联邦共和国。

仍在汉堡州议会任职的席勒，就职于新联邦共和国经济部的专业咨询委员会，这一位置，给了他从头开始塑造德国经济的难得机遇。他既不赞同对经济施加大量的政府干预（尤其是利用投资决策），也不认同私人的储蓄和投资决策能够完美切合德国经济的需要。席勒呼吁的是"一种计划与竞争的融合"。然而他对计划的理解不同于法国和意大利。他认为计划并不是由政府决定在这里建一座炼钢厂或者在那里造一间汽车厂。席勒希望政府对经济发展的要害部门进行规划，同时又将具体的商务决策留给市场。他是这样定义自己的哲学的："尽可能多的竞争，尽可能必要的计划。"[1]

社会民主党作为由工会支持的社会主义政党，在纳粹时期遭受了严重的迫害。在联邦德国战后的头两次选举中，社会民主党获得的选票都不足 30%。整个 20 世纪 50 年代，该党都在制定新的战略。选民的情绪相当反共。有超过 800 万的联邦德国公民都是从欧洲中部或东部 —— 波兰、捷克斯洛伐克、匈牙利或者巴尔干半岛 —— 驱逐过来的，他们对当地执政的共产党政府心怀不满。数百万人曾听过或见过民主德国的残暴镇压。社会民主党有支持国有工业的传统 —— 更不用提一些社会民主党领袖对民主德国政权的公开同情，而这在新兴的联邦德国对于增强政党的号召力起不到正面作用。

席勒提供了一种不同的视角。他坚持认为，经济是"一个理性的整体"。政府的工作不是运行经济，而是运用它的税收和购买力来进行调整，以使其达到最佳状态。要实现这一目标，就要使用投入产出法这样的工具，对政府出资修建高速公路如何影响经济进行分析，还需要利用线性规划来揭示减免哪个税种能创造最多的就业机会。掌握最新的统计分析工具的训练有素的经济学家，能够通过分析数据来得出关键的结论。

1956 年，席勒向议会提交了立法议案，要求政府在保障充分就业和经济稳定增长的同时维持物价的稳定。他将这一组合称为"魔法三角"。 当时，社会民主党还是少数派，所以席勒的法案没能通过。但是他的观点很有生命力。1958 年 2 月，比利时、法国、意大利、卢森堡、荷兰和联邦德国六国签订了《罗马条约》，开启了欧洲一体化之路。当时各国已经深受政府可以调控经济表现这一理念的影响，条约中要求缔约国承诺维持高就业率、稳定的经济增长率和稳定的物价，与此同时，还要保持国家贸易与投资的平衡。在这四项义务的约束之下，魔法三角变成了魔法四方。[2]

从表面上看，似乎很难对魔法四方横加指责。它符合社会民主党的理念，而且对在欧洲占主流的基督教社会主义政党也有吸引力，比如联邦德国的执政党基督教民主党。这些基督教社会主义者，虽然没有社会民主党那么关注政府支出和高税收，但出于强调政府有义务扶助贫者和弱者的宗教传统，相当欣赏政府提供充分的就业机会的理念。就连联邦德国总理路德维希·艾哈德（Ludwig Erhard），一位专业的经济学家和自由市场的支持者，也在席勒的观点中找到了一些共鸣。执掌政府之前，艾哈德在 1949—1963 年担任经济部长，而且被认为是德国经济奇迹的缔造者之一。他曾对德国政治中越来越具有影响力的利益集团公开表示担忧，并开始逐渐认为政府的理性规划可以作为控制特殊利益群体的一种手段。

艾哈德在 1966 年被迫辞职之后，基督教民主党、基督教社会党和社会民主党形成联盟，由席勒出任经济部长。席勒的掌权标志着德国人所谓的"科学政府"取得胜利。政客不必再依据游说者、企业家或者工会领袖提供的引导性信息做出决策了。现在，专家，尤其是经济学家，将被召集起来提供真实的信息，并就最佳政策路径给出客观权威的意见——尽管，正如政治学者蒂姆·沙内茨基（Tim Schanetzky）后来发现的，政客们往往仅在专家意见符合他们的选举策略时才会心悦诚服地接受建议。[3]

1967 年，席勒的魔法四方正式写入法律，将促进增长、消除失业、避免通胀和保持国际收支平衡确定为政府的法定义务，而这一切都发生在自由市场经济的框架之内。根据席勒对英国经济学家约翰·梅纳德·凯恩斯提出的原则的解读，各国政府开始以实现"经济总体均衡"为目标制定预算。[4]

此时，德国正处在战后的第一个衰退期。席勒提出了扩大支出和减税的计划以刺激经济。席勒自认为是在遵从凯恩斯在20世纪30年代提出的理论——为了摆脱大萧条，陷入困境的经济体需要扩大政府支出，对经济进行短期刺激。然而，凯恩斯从未提及这一机制需要多长时间才会对经济产生作用。就业率和商业投资方面未见任何起色，但内阁还是同意了席勒的提案，开始第二轮刺激计划。几个月后，他又提出了第三轮刺激计划，但这次被内阁驳回。幸运的是，前两轮刺激的效果很快显现了出来。经济形势一片大好，席勒"经济魔法师"的声誉稳固了下来。

在经济部，席勒精心制定计划以达成魔法四方所要求的各项目标。每年都会有经济学家团队确定接下来五年中经济发展的规划。他和他的智囊团往往工作到深夜，依靠三明治和尊尼获加来补充精力，对人口增长、对外贸易和环保政策将如何影响经济进行评估。处理数据之后，他们会明确给出一个合适的经济增长率。1967年春天发布的第一次计划中提出，在未来五年要把平均经济增长率保持在4%，平均失业率保持在0.8%，通货膨胀率保持在1%，国际收支顺差也保持在1%。经济部的专家们经过测算认为，要实现上述目标，需要商业投资快速增长，消费支出缓慢增长，以及提高政府赤字。掌管税收和政府预算大权的财政部被建议相应修改有关政策。[5]

但是在一个主要由私营主体构成的经济体中，仅靠政府是无法让经济运行臻于完善的。很多关键的决策都是由私营企业、个体经营者、农民和工会做出的。"想在当今形势下实现四项宏观经济目标的完美组合,需要政府机构和非政府机构通力合作。"席勒坚持认为。

席勒还为这种合作创造了一个专用的名词——"协同行动"(Concerted Action)。每年四到五次,他会将一些知名人士召集到部里开会,座位被安排成四方形。农业部长、经济部长、财政部长、内政部长、劳动部长、央行的一名董事坐在一排,陪同的还有他们的副手。他们的左手边是企业团体的负责人,比如德国工业联邦协会。他们的右手边是工会的代表和负责人,与雇主们相对而坐。他们的对面则是其他组织的领袖,比如农业协会和储蓄银行联合会。会议会持续整整一天,这些显要们轮流发表观点。开场是由卡尔·席勒分发分组统计数据,预测经济前景,并且宣布什么样的工资增长率不会破坏魔法四方的平衡。当然了,他在会上声明,工资谈判是雇主和工会之间的私事,但他希望政府的指导能对"集体理性"做出贡献。[6]

席勒不是一个对蠢人有耐心的人,即便他眼中的蠢人是工会领袖、企业高管,抑或是内阁成员。基于专家的研究,他知道什么对这个世界第三大经济体最为有利,并且毫不迟疑地指挥劳工组织与各大产业按他的要求行事。"近乎先知的形象,饱含感情的演讲",一位政府高官在参加一场典型的席勒演说时写下了上述句子。加入"协同行动"的工会领导愿意相信席勒,因为他们知道他能限制企业的权力；而坐在他们对面的商业大鳄则因席勒肯定企业利润的重要性，并坚持劳工不能提出高于经济承受能力的条件而打消了疑虑。

然而，他的内阁同僚就没有那么折服了。席勒擅自公布未经批准的税收和预算调整计划，这令内阁震怒，几位部长都扬言要抵制"协同行动"。1967年，德国总理库尔特·格奥尔格·基辛格（Kurt Georg Kiesinger），一位基督教民主党人士，被迫进行直接干预，要求社会民主党的席勒在向企业和劳工组织宣布政府的经济政策前征得联合内阁的同意。两年后，基辛格不得不命令财政部长弗朗茨·施特劳斯——保守派基督教社会党的党魁到会，后者则抗议说他没空参加这种一开就是6~10小时的会议。[7]

席勒有的是不撞南墙不回头的精神。他在能力范围之内无所不用其极——降低投资税以提高商业利润；说服工会限制工资上涨；提高研究与基础设施建设支出以激发经济增长潜力；打击价格垄断，促进商业竞争——他相当确定他有能力建设稳定的经济环境，并且为所有人都提供工作机会。他的乐观感染了他人。作为一名杰出的公众人物，席勒衣着打扮无可挑剔，他经常参与商业活动，并且相当频繁地出现在电视新闻中。他吸引了一大批追随者，其中不乏其他党派的成员。他丰富的个人生活经历，其中包括四段婚姻，也没有给他的名誉造成损害。1969年，社会民主党在战后首次战胜所有其他党派，这次选举也被称为

"席勒大选"。联邦德国销量最高的杂志之一的《德国明星周刊》（Stern），将他评为年度先生。

对于社会民主党来说，"集体理性"并不仅仅是利益集团之间的一种妥协，还是民主行动的结果。"我们的民主没有终结。我们才刚刚起步。"维利·勃兰特，联邦德国的第一位社会民主党总理在 1969 年的就职演说时宣称。民主需要构建该党提出的"赋权社会"，其中的每个普通公民都有权发声。这既不是基督教民主党执行的流于表面的自上而下的民主，也不是学生运动支持的无政府主义的民主。学生运动对于统治阶层毫无敬意，而且对于自己流水般更换的集体领导也不屑一顾。在赋权社会中，个人可以通过参加社会团体来发表意见，这些社会团体是经济规划的参与方。协同行动把不同的社会团体集合起来，为民众进行经济决策提供了一种机制。[8]

在社会民主党的眼中，民众希望政府增加收入保障和教育支出 —— 教育本来就是国家的责任。没有人反对席勒，因为大家认为在这些领域提高支出也许能在不诱发通胀的前提下促进经济增长。然而现实固执地拒绝实现席勒的预期。1969 年年末，经济形势急转直下，贸易顺差过大，物价上涨的速度远远超过了经济模型预测的 1% 的通货膨胀率。紧随而至的是数轮未经批准的罢工，鉴于工会领袖在协同行动中接受的工资增长率已经远远滞后于通货膨胀，工人就不再接受这种安排。席勒对于意料之外的通胀率大惑不解，他命令专家们重新进行计算，在当初的预测中寻找错误。当这种努力被证明徒劳无功之时，他又指责企业非法哄抬物价致使通货膨胀加剧。如果经济表现无理可循，那一定是某些事或某些人把它引入了歧途。[9]

直到此时，席勒才不得不勉强承认，所谓的魔法四方不过是技术统治论者的幻想。在政府 1967 年定下的五年计划中，仅有失业率一项的表现符合预期。魔方四方的其他三个方面，经济增长率、通货膨胀率和国际收支差额都固执地拒绝接受政府的指导。自从席勒在 1971 年兼任财政部长，成为"超级部长"以来，他就掌握了大权，力图将经济规划专家的建议转化成支出计划和税收法规，但他仍然无法按照承诺创造一个经济高增长、高就业、低通胀并且国际收支平衡的综合体。原因很简单，那就是不可预知的因素太多了 —— 比如美国放任固定汇率制度解体，以及其他很多政治方面的考量。当然，席勒对于这些也相当没有耐心。1972 年，在维利·勃兰特拒绝了他对控制汇率的要求之后，席勒在内阁会议中愤然离席，然后彻底放弃在政府部门中任职。[10]

其后，在与老对手基督教民主党经历了一段短暂的蜜月期之后，席勒将失败的责任推到了他自己的党派，也就是社会民主党身上。他认为，社会民主党错误地假设战后经济奇迹可以永远地持续下去。然而正是席勒本人和他的经济学家们 —— 冷静的技术统治论者，亲手制造了这样的乐观预期。当席勒宣布德国经济处于"阳光明媚的高度繁荣期"，通货膨胀和事业将会永远消失时，民众相信了他，正如美国人将繁荣归功于沃尔特·海勒（Walter Heller）、日本人服膺财政部的智慧一样。长时间的繁荣使世界各地的人们普遍相信政府具有保持经济稳步前进、给所有人提供就业机会的能力。[11]

尽管有着非凡的野心与抱负，卡尔·席勒在提出魔法四方时安排给政府的角色还是相对低调的。不同于他在法国和意大利的同仁，他不希望政府直接拥有企业或者任命企业高管。他认为，政府调控经济的最好手段是调整税收、支出和利率，同时对私营部门进行温和的引导。然而，在非洲、亚洲和拉丁美洲，技术控制论者和政客对政府角色的认定就没有那么细致了。

当时所谓的"发展中国家"在政府的精心谋划下开始强行向现代化进军。在大部分人从事水稻、小米或者玉米的小规模种植的国家里，社会迅速向城市工业经济转型。在 25 年里，政府主导的快速工业化似乎成了解决贫困问题的万能药。在德国，答案来自上层，政府里的规划者与重要社会组织（国家工业协会、冶金工人协会、大农场主联合会、银行家协会等）的领导合作。这些组织被认为是本领域全部企业或者工人的代表，不论其成员是否认可这些领导人。在发展中国家，由数百万工人和企业主分别投票选出的代表比指定代表更能代表人民的偏好的观点并没有受到广泛认可，在那里，代议制民主很少能够平稳运行，管理国家的往往是独裁统治者。[12]

这场中央集权运动的精神教父是一个无国可归的人，劳尔·普雷维什（Raúl Prebisch）。普雷维什虽然在世界金融中心地区默默无闻，但在发展中国家却是经济学家中的超级明星。20世纪五六十年代，在政府应当如何推动经济增长方面，他比其他任何经济学家都更有影响力。

普雷维什1901年出生于阿根廷西北部的图库曼省省会，成长于一个在动荡中蓬勃发展的国家。早年间，他的外祖父曾经当过议员。但到普雷维什青年时，家族的荣耀早已逝去；虽然在布宜诺斯艾利斯还有一些有影响力的亲戚，但是他的家庭既没有金钱，也没有权力。普雷维什在17岁进入了布宜诺斯艾利斯大学经济系。他曾与社会党有过短暂的暧昧关系，但是在他于该党报纸上发表的第一篇文章因为与党派政策不符而受到批判之后，他撤回了入党申请。此后普雷维什再也没有加入任何其他政党。相反，他以技术统治论者自居，想做一位不受政治影响的经济专家。[13]

阿根廷是当时世界上最富有的国家之一，但是和拉丁美洲的其他国家一样，它的经济也严重依赖于一两样商品的出口。对于阿根廷来说，这两种商品就是牛肉和小麦，而且几乎全部都是出口到英国。来自不列颠的投资者掌控了阿根廷大多数的铁路和大量农场与屠宰场。当国际贸易中小麦价格上涨时，阿根廷经济就繁荣乐观；而当小麦价格下降时，阿根廷经济也就跟着低迷，小麦之于阿根廷，就如同咖啡之于巴西和铜之于智利。仅仅获得了本科学历，普雷维什就开始研究人口稀疏、严重依赖于农业生产的阿根廷与欧洲和北美的发达经济体之间的关系了。他发现，阿根廷比欧洲更容易陷入经济周期，因为它对国外借款的依赖程度高，而且它的经济单一、由资源驱动。他的结论是，阿根廷需要针对自身的特殊国情采取一些非传统的经济政策，而不是那些发达工业国家宣扬的古典自由市场主义 —— 尽管即便是在那些国家，自由市场的理念也未必得到了践行。

作为一个憎恶体育，也没有其他兴趣爱好的男人，普雷维什一心投入经济学研究，先是为一个颇有实力的农场游说团体工作，接下来又进入政府任职。他的职业生涯最初并不顺利，两次在境外出差时，他不得不自费回家，因为政权更迭，他的任命也相应终止 —— 普雷维什的人脉很广，年仅 29 岁就当上了财政部副部长。1935 年，他建议政府设立独立的中央银行 —— 英格兰银行和美联储的阿根廷翻版。他被任命为该行的首任总经理。作为全球最年轻的央行领导，他因将阿根廷经济引上正轨而取得了世界声誉。第二次世界大战在欧洲爆发之后，普雷维什密切参与了一系列国际谈判，最终让阿根廷从英国的亲密盟国，转向了与美国更加一致的立场。

然而，他这颗耀眼的政坛新星却和升起时一样突然地坠落了。20 世纪 30 年代，阿根廷的工业化进程相当迅速，这得益于进口关税的急剧增长。农民和大农场主受到了很大冲击，阿根廷的本国工业却得到了保护。城市工人和工厂主的数量迅速上升，他们的利益诉求与之前主导政府的小麦农场主和糖业大亨有很大分歧。他们的冲突很快升级。普雷维什一向以无政治倾向的经济政策专家自居，却没有意识到，他的外交活动将他与一个被广泛指责存在选举舞弊和腐败的政府联系在了一起。1943 年，在一场政变之后，阿根廷央行所谓的独立性被证明纯属虚幻。普雷维什则因为与美国交往过密、与德国过于敌对而备受谴责，最终也因此解职。[14]

没有财产也没有收入，这位一度享有盛名的央行官员不得不卖掉自己的帕卡德车，把房屋出租出去，搬到村舍居住。其后普雷维什又接了几个顾问工作，但是美国和巴西都不同意他到国际货币基金组织（一个致力于协助管理国际汇率的国际组织，位于华盛顿）任职。布宜诺斯艾利斯的军政府不仅明确表示阿根廷不欢迎他，还想方设法让他在境外也没有立足之地。他的职业生涯看似已经终结。

1949 年 3 月，走投无路的普雷维什接受了拉美经济委员会（Economic Commission for Latin America，简称 ECLA）顾问一职。说拉美经济委员会是一个默默无闻的机构都还是抬举了它。拉美经济委员会的总部位于智利的圣地亚哥，远离世界各大权力中心，是联合国新设立的小机构，它不仅没有明确的组织职责，预算也捉襟见肘。普雷维什就职后的第一个任务是开展一次拉美经济调查，为即将召开的国际会议做准备。而普雷维什为此起草的报告，直到 1949 年 5 月在古巴哈瓦那会议汇报之前始终密而不宣，但将很快震惊世界。

这篇演讲对自由贸易原则进行了抨击——尤其针对国际贸

易的经典理论，即每个国家都应该生产本国最具优势的产品，然后通过交换来满足其他需要。普雷维什说，这种理论对于发达工业国家来说或许正确，但还有很多其他国家处于"世界经济的边缘"，这些国家无法通过传统贸易走向繁荣。大量出口原材料、进口工业制成品并不能使边缘国家富足起来，因为从长期来看，相对于从境外买回来的工业品来说，出口品的价格是下降的。他们就像困在一台跑步机上，为了买回相同数量的进口机械和药品，不得不产出越来越多的铜或者香蕉。

普雷维什认为，边缘国家在国际贸易中的劣势，导致他们无法积累起足够的财富投资到生产效率高的领域。因此，不平等贸易是拉美国家贫困的根本原因。"生产效率提高给边缘国家带来的收益，远远没有达到发达工业国家的程度。"他说。他坚信，提高生产率，需要边缘国家建设强大的制造业。"工业化本身不是目的，而是国家从技术进步中获益以及逐步提高民众生活水平的一种重要手段。"[15]

普雷维什既不是马克思主义者，也不主张闭关锁国。与二战之后在很多发展中国家当权的民粹主义者相比，他不认为外资是一种剥削；他相信贫困的国家需要更多外国资本，而不是更少。他反对政府持有农场和工厂，但他同意国际贸易能给双方都带来好处，并且提高经济的效率。在某种程度上说，他对政府在经济发展中应当扮演的角色的看法可以与卡尔·席勒相互呼应。但是，席勒相信积累资本和选择投资行业是私人部门的工作，而普雷维什则认为政府计划应当发挥更为重要的作用。他主张，政府可以优先进口工厂的生产设备等关键物资，即便这就意味着要减少对其他非关键物资的进口。而那些非关键物资，比如消费品，可以由本土企业生产，再通过高关税来提高本土产品相对于境外产品的竞争优势。这些产品也可以向富裕国家，也就是他口中的"中心国家"出口，这样边缘国家就能够逐渐带领民众摆脱贫穷，减少商品价格波动带来的冲击。

在哈瓦那发表的讲演使这位严肃的经济学家成了世界名人。就连美国也认同普雷维什应当出任拉美经济委员会的常任主席。他登上了白宫讲坛，遍游拉美各国，宣讲工业化的重要意义。"作为工业革命的先行部队，这些发达国家开创了一片经济天宇，他们就是正中间的太阳，而我们这些边缘国家只能依照无序的轨道围着他们旋转。"想要脱离轨道，他建议，边缘国家应当对经济发展进行周密规划，包括确定哪些国内制造业最具发展前景，然后制定进口限制措施，以保证包括境外公司在内的投资者在销售国内制造的产品时能够盈利，而不是让本国产品被更加物美价廉的进口产品打败。这种特意用本国产品取代进口产品的政策后来被称为"进口替代"。[16]

尽管普雷维什的研究主要关注拉丁美洲，但他的理论在全球受众很广。当时，去殖民化运动正在如火如荼地进行：在第二次世界大战后的 10 年里，菲律宾、利比亚等国已经开始驱赶殖民者，在英国、法国、比利时、西班牙和葡萄牙控制的数十个殖民地中，革命力量也在暗中积蓄，起义一触即发。在很大程度上，从他国土地上撤出的殖民势力相信，这些新近独立的国家在经济上将保持附属地位，继续向母国供给原材料、购买工业品。普雷维什提供了另一种方案，那就是这些前殖民地国家自己也发展为工业强国。印度、巴西等国家都设立了专门的规划部门来确定发展哪种工业以及如何发展，并对新兴的纺织业、炼钢业和最受推崇的投资 —— 汽车装配厂进行监督管理。

随着冷战逐渐升温，普雷维什的方案在经济领域之外更添了一层魅力。亚洲、非洲和拉丁美洲的国家承受的"站队"的压力越来越大，他们要么接受苏联的军事援助和经济建议，要么和美国及其盟友打成一片。很多国家在共产主义和"自由世界"的双重压力下如坐针毡，因而在精神上与那些富有得多的"中心国家"更加疏远了。他们需要走上自己的道路，很自然，他们想到了要组成统一战线。

1955 年 4 月，这个想法终于得到了实现。在印度尼西亚的万隆，来自 29 个亚非国家的领导人参加了第一次亚非会议。在大批记者和摄影师的见证下，中国总理周恩来、印度首相贾瓦哈拉尔·尼赫鲁、印尼总统苏加诺、埃及总理贾迈勒·阿卜杜勒·纳赛尔以及其他国家的领导人一致谴责殖民主义，强调与美国和苏联都要保持距离。除了呼吁发达国家提供更多经济援助之外，万隆的代表们还提出了一些经济发展原则，其理念与普雷维什的如出一辙。他们敦促亚非国家在出口原材料前先进行一定程度的加工。宣言强调"基于当前的经济状况",一些国家有理由对贸易流进行管控,并建议"采取统一行动……以稳定国际贸易中初级商品的价格和需求"。这些发展中国家的领导人认为,此项计划或许能够改变世界经济势力的均衡。[17]

发展中国家的共同宣言重新划分了世界格局。在新的局势下,核心势力不仅仅有苏联及其附属国,有西欧、北美、澳大利亚、南非和日本,还有一个"边缘国同盟",几乎所有其他国家都被囊括了进来。新的格局取代了冷战对东、西方的划分,而是根据经济差异将世界分为发达的北方和不发达的南方。"第三世界"诞生了,他们的需求既不同于"资本主义世界",也不同于"社会主义经济"。一种更加带有政治倾向的说法是"共产主义集团"和"自由世界",以及大量秉持"中立"态度的其他国家。尽管经济条件千差万别,这些由世界较为贫困的四分之三人口所组成的国家或殖民地一致认为,与中心国家的不平等关系是导致他们经济落后的主要原因。在接下来的 30 多年里,"依附论"(又称"边缘—中心论")的视角将始终影响着本国和外国人对这些国家的看法。[18]

依附理论倡导的基本方针是,政府对原材料出口价格进行干预,并培植本国制造业。这一方针受到了高收入国家的强烈反对,因为他们的企业想购买廉价的原材料,也想要开放的境外市场。但在这些国家鼓吹自由贸易之时,其虚伪的本质也显露无遗——他们中的大多数都利用高关税和低进口配额来保护本国制造业。很多国家还对糖、咖啡和其他热带产品征收高关税，以保护本国农民、优待本国殖民地，或仅仅是提高政府收入。进口制成品中最可能来自低收入国家的，比如服装和加工食品，往往也要面对相当苛刻的贸易壁垒。

普雷维什的研究给重新评估高收入国家提出的传统经济学理论打下了基础。关税与贸易总协定，一个致力于提高贸易自由化程度的国际组织，邀请了四名全球最知名的经济学家对普雷维什的理论进行评析。"我们认为，初级生产国对于目前贸易领域的规则和惯例对他们不利的担忧有一定依据。"这些学者在 1958 年得出结论。与传统大相径庭的是，经济学家们承认，对于以农业和采矿业为主的国家来说，努力稳定出口商品价格要比被动承受国际市场的剧烈波动有利得多。[19]

稳定出口商品价格的机制看似非常简单。据《旧约》记载，约瑟在古埃及很容易就实现了这个目标，他的做法是在七个丰年里囤积粮食，等到七年饥荒时再把粮食卖出去。这一策略在 20 世纪 60 年代的版本被称为"缓冲库存"。想要创设缓冲库存的政府必须先设定一个目标价格。当世界市场上的商品价格跌破预设目标时，政府就买入商品并存储起来，减少商品的供应；当价格高于预设目标时，再把储存的商品销售出去，将物价拉低。前提是，如果一国经济严重依赖于一两种商品的出口，比如智利的铜和加纳的可可，该商品价格平稳就意味着经济的平稳增长，因为由出口收入骤降导致危机的可能性降低了。[20]

这种稳定的愿景相当诱人，77 个国家 —— 后来被称为 77 国集团 —— 敦促联合国协助他们实现这一愿景。虽然欧洲和美国表示反对，但 77 国最终还是如愿以偿。1964 年，联合国贸易与发展会议（简称 UNCTAD）成立了，专门关注发展中国家在国际经济中的利益问题。劳尔·普雷维什作为发展中国家最著名的经济学家，被任命为这个新机构的领导。

在联合国贸易与发展会议的第一次国际会议上，普雷维什发表了演说，提出了后来被称为"国际经济新秩序"的概念。发展中国家的经济，他说，仍然严重依赖于大宗商品出口，但是国际上的大宗商品需求增长过于缓慢，无法保障发展中国家的国内就业。进一步说，考虑到机械及其他重要进口商品的价格在上涨，出口大宗商品的购买力其实是在下降的，这也意味着发展中国家无力购买建设新工厂和创造就业机会所需的器材。开展合作以稳定大宗商品价格，采取进口替代措施以保护国内产业发展，以及进一步的国际经济援助，对于帮助发展中国家积累经济增长所需的资源都是非常关键的。[21]

普雷维什的观点影响相当深远。进口替代成了最新风尚：几十个国家开始采用进口许可证、现金补贴、出口退税、授权垄断等一系列旨在推动工业化进程的措施。出口锡、咖啡、糖、油和其他大宗商品的国家尝试联合起来组成卡特尔，以便对商品供给形成控制，某些商品还成功地提高了价格。政府开始创建银行、造船厂和航空公司，在本国提供高收入的就业机会，并且开始在境外进行投资。新的国际秩序似乎正呼之欲出。[22]

在全世界大部分欠发达地区，20 世纪五六十年代是一段相当恐怖的时期。战争摧毁了朝鲜半岛（1950—1953）、越南（1946—1975）、尼日利亚（1967—1970）、阿尔及利亚（1954—1961）和许多其他地区。在东巴基斯坦，也就是现在的孟加拉国，1970 年的一场飓风导致了近 50 万人死亡，接下来的 1971 年，国内又发生了残酷的内战。在肯尼亚（1952—1960）、刚果（1960—1964）和莫桑比克（1964—1974），反抗殖民者的独立战争达到高潮，在此过程中，更有成千上万的人失去生命。从危地马拉到南非，再到伊朗，专制政府大肆屠杀异见人士，无论是农民、工会的领袖，还是无辜的旁观者。即便在战争和自然灾害没有波及的地方，也有数亿家庭挣扎在温饱的边缘，所得的收入仅能勉强维生，根本无力供子女接受教育，更无法负担现代医疗的救助。毋庸讳言，这些残酷的现实，对于很多人来说，就是他们真实的日常生活。

然而对于这 20 多年，艰辛和苦难仅仅是故事的一面。就在同一时期，很多发展中国家的政府决心摆脱对于农产品和矿产资源的依赖，坚持走工业化发展的道路，他们的经济发展取得了斐然的成绩。1960—1975 年，在新独立的肯尼亚，经济以年化 6% 以上的速度增长，巴基斯坦和玻利维亚也差不多如此。整体来说，发展中国家的经济表现大幅超越了北美和欧洲。即便人口增长迅速，在这 15 年中，很多贫穷国家的人均收入还是上涨了超过

50%。在世界银行认定的 58 个中等收入国家里，工业制成品的出口占比在 1960 年还不到 5%。而经过十多年的努力，这一数字上涨到了原来的 3 倍。在大城市周边冒出来的大量城市贫民窟就是成功的最好见证。对于丧失了土地的农民来说，他们逃离了赤贫的乡村，在城市的工厂中打工谋生，虽然他们的生活环境肮脏混乱，周边犯罪横行，但生活还是要远远优于他们逃离的乡村。[23]

从表面上看，普雷维什的理论似乎大行其道。但是随着时间的推移，严重的问题开始在很多重要方面浮现。按照普雷维什的预想，明智的专家型官员会推行善政，在对本国经济进行进口保护的同时，维护国内市场的竞争环境。然而，几乎在所有国家，现实与理想都大相径庭。政府的规划机构掌控着私营部门的生杀大权，他们可以决定本国应该进口和出口哪些产品，新工厂应当在哪里设立以及生产哪些产品……最为关键的是，他们有权颁发许可。无论做什么事情都需要许可——印度人称之为"许可统治"——官员的家人和亲信们取得了垄断经营权，在他们大获其利的同时，竞争受到了压制，贫穷的消费者为此买单。境外投资被认为别有用心，因而处于严格的管制之下，这样，腐败的政府官员就更有机会捞取贿赂和好处了。而且，虽然在普雷维什最初的设想中，进口替代只是短期的措施，在发展中国家的工业生根发芽后就要逐步淘汰，但商人和产业工人肯定有着不同的看法，他们要求始终维持贸易壁垒，以保护其收入和财富不受减损，尽管这要以牺牲其他人的利益为代价。[24]

讽刺的是，统计数字证明，发展中国家在 1960 年之后的经济发展成就，主要归功于原材料价格的提升，而不是本国新兴工业的发展。1965—1974 年，发展中国家出口食品的价格上涨了346%。在 10 年之间，联合国贸易与发展会议的矿物价格指数翻了一番。而棕榈油，在 1967 年时的价格是每吨 252 美元，短短7 年之后，价格就达到了每吨 1041 美元。得益于原材料价格的上涨，即便是最腐朽、管理最混乱的国家，居民的人均寿命和受教育比率也得到了提升，手电筒和收音机这些曾经的奢侈品也逐渐普及开来。但很多事情并没有得到改变。很多国家的经济仍由垄断寡头统治，往往属于国有，而这些产品的高价对于每个家庭和私营企业来说都是一笔变相的税收。政府的严重干预令成立公司、安装电话，甚至合法建造房屋都很困难。全球商品市场的繁荣并没有为更加平稳、多样化的经济增长提供基础，相反却让迅速致富对人们产生了难以抗拒的诱惑。[25]

然而，商品热潮很快退去。随着 1973 年后高收入国家经济的波动，全球市场对于原材料的需求下降了。大宗商品价格跌落，发展中国家的问题也随之暴露：在那里创业和传播新观点，效率低下且壁垒较高。规划者为了把经济带上新高度，提出的政策倾斜于特定的部门和某些有关系、有背景的个人，而这成了经济增长的障碍。就如同在卡尔·席勒的德国，还有墨西哥、巴西和印度尼西亚发生的一样：所谓政府计划可以促进繁荣、提高生活水平的观点，被证明不过一场残忍的骗局。

第3章　混乱局面

理查德·尼克松并不十分关注经济。这位第 37 任美国总统更在乎的是现实政治：战争与和平、核威慑，还有大国之间的战略均衡。相反，经济很难为政治带来优势，而其中又有太多问题总统无法解决。本国对通货膨胀、财政赤字的担忧，以及美国盟友对贸易和汇率的关切，都让尼克松无法对经济政策置之不理，但是，只有当这些问题涉及政治的时候，他才会真正地投入其中。国际汇率不稳定对于很多国家来说都成了一个越来越重要的问题，但是尼克松并不认为此事值得总统亲自花费时间和精力去处理。他把经济政策的细节托付给了经济学家，而在他的眼中，经济学家的翘楚就是亚瑟·伯恩斯（Arthur Burns）。

伯恩斯在 1969 年尼克松就职时 64 岁，是美国最著名的经济学家之一。他出身于犹太家庭，家人在"一战"之初逃离了奥匈帝国，而伯恩斯就在新泽西州的贝永长大，他的父亲是一名油漆工人。这个早熟的年轻人获得了哥伦比亚大学的奖学金，主攻经济学。在回到哥伦比亚大学读博士的时候，他成了卫斯理·米切尔（Wesley Mitchell）的门生，此人因开创了经济周期研究而负有盛名——所谓经济周期，就是经济发展中不规律的上下波动。20 世纪 30 年代末，伯恩斯自己也成了哥伦比亚大学的教授，不久之后接任米切尔领导国家经济研究局——研究美国经济的重要机构。1953 年，在艾森豪威尔总统任下，伯恩斯出任经济顾问委员会主任。

作为艾森豪威尔的副总统，尼克松目睹了伯恩斯提供简明实用的建议的能力。当尼克松在 1968 年参选的时候，他就让伯恩斯负责领导团队完善其竞选策略。就职之后，尼克松把伯恩斯带到了白宫，让他在内阁中担任总统顾问。作为一名共和党总统，最青睐的经济学家竟然是民主党人士，这个事实完全没给尼克松带来任何困扰。[1]

这位新顾问的学术专长是美国经济政策——通货膨胀、失业率，还有通过熨平经济周期来保持经济平稳增长。不过尼克松手下也有其他经济学家可以完成这些工作。伯恩斯反而被委任处理一堆乱七八糟的国内事务，从扶贫项目到税收改革再到石油进口配额。然而，他最重要的工作却是摆出学者的派头。一头整齐的中分银发，戴着无框眼镜，手中永远拿着烟斗，伯恩斯成了晚间新闻节目的常客。他声调尖厉，语速缓慢，总是用简短的语言耐心解释经济学原理，并且逐一反驳来自左翼或右翼的批评，以维护尼克松的经济政策。伯恩斯梦寐以求的职位是财政部长，但是在 1969 年 10 月，他却升迁到了一个更为重要的岗位之上。尼克松提名伯恩斯担任美国联邦储备委员会主席。

伯恩斯是第一位担任美联储主席的专业经济学家。他在经济周期领域的专长得到了重视。20 世纪 60 年代中期，尼克松的前任，林登·约翰逊，向美国人民献上了"枪支与黄油"——他在没有增税也没有削减社会项目支出的情况下，在越南建立起一支军队。美联储忠诚地支持了约翰逊的政策，始终将短期利率控制在较低的水平，以确保政府能够用较低的成本借债支付战争。从短期上看，这一政策组合有效地保障了就业率，工资水平也快速提升。但它同时也推高了消费品和劳动力需求。物价不断抬升，蚕食着工人工资和养老金。

等到 1970 年 1 月伯恩斯入主美联储之时，通货膨胀率眼看就要冲破 6%，达到了 20 年以来的最高值。1969 年年末，尼克松开始收缩美军在越南的势力，国内生产需求开始下降。但是即便各处都在裁员，工资还是不断攀升。高失业率和高通胀率的不幸组合威胁着尼克松在 1972 年连任的希望。总统指望着他的新联储主席力挽狂澜。他看上去似乎是找对了人：全世界没有哪个经济学家像伯恩斯那样深入地研究过政府应该如何应对经济周期。

然而，尽管伯恩斯在专业领域享有盛誉，但他却不是处理70 年代经济危机的理想人选。在他眼中，他并不是全美最重要的经济机构的独立领导者——这一机构，在制度设计之时就着意使其能够避免政治压力。他是尼克松的人，他要不遗余力地满足总统的政治需要。"我就靠你了，亚瑟，别让我们陷入衰退。"尼克松对他说。伯恩斯看重他与总统的亲密关系，为了维护他们的交情，他情愿回应政治风向的要求。虽然在公众面前始终保持着冷静与教养，但当其他联储官员试图挑战他的权威时，他的反应却相当强烈，甚至喜怒无常。就在美联储董事会会议室的红木桌边，他利用自己对政府税收和支出计划的了解为一个又一个的经济政策进行辩护。[2]

当时，美联储已经发展为一个重要机构，但还没有像后来那样，成为经济领域的德尔斐神庙。当时的经济学家还没有认识到，货币政策（美联储调节宏观经济的基本工具）正是遏制通货膨胀的核心政策工具。当时的货币工具主要是调节企业和消费者短期借贷的利率。如果美联储实行"紧缩"政策，就意味着借贷的成本上升，建房和买车的人会减少，所以对于生产资料和劳动力的有效需求也会相应降低，企业也因之难以提高物价，工人难以要求更高的工资。或早或晚，紧缩的货币政策终会平息通货膨胀——但是在短期内，失业率无疑会上升。相反，如果美联储选择"宽松"政策，贷款的成本将会下降，企业会更有活力，失业工人重拾就业机会，但是物价也更容易攀升，工人也会要求更高的工资。

美联储手中有几项可以影响流通中的货币量的政策工具，但它的日常工作应该如何开展始终是一个极具争议的话题。自由主义者支持的学派认为，美联储应当致力于维护普通美国民众的利益，将就业问题放在第一位；无论通胀率是多少，只要把失业率维持在 4% 左右就算完成了目标。保守主义者支持的反对学派则认为，既然美联储无法长期刺激投资或者创造就业，货币政策的唯一目标就应该是稳定物价。大部分政客都会避免比较极端的态度，比如尼克松。他们希望美联储同时保持低通货膨胀率和低失业率，而且不能给选民带来任何不快。

伯恩斯始终站在经济学思想主流的一边。和很多那个时代的著名经济学家一样，他认为导致通货膨胀的因素中有很多不在美联储的控制范围之内，从工会要求提高工资（由劳工部掌管），到钢铁企业提高价格（由商务部掌管），到财政赤字（由管理与预算办公室掌管），再到外汇汇率（由财政部掌管）。伯恩斯不认为美联储的货币政策对物价上涨有影响，他告诉担心通胀的美国人去其他地方寻求帮助。"要求联邦储备系统对物价稳定承担全部或者主要责任是不明智的。"他在 1957 年说。接任美联储主席之后，他继续强调美联储在这一问题上无能为力。保密了几十年的美联储机要政策会议备忘录显示，伯恩斯对于央行的政策调整能否扼制通货膨胀深表怀疑。[3]

伯恩斯的观点是：政府需要对"公众心理"进行管理。作为央行官员，伯恩斯的想法至少可以说是非正统的：伯恩斯在英格兰银行和德国央行的同僚当然不认为他们的角色是国家首席心理学家。但是按照伯恩斯的思路，对抗通货膨胀需要总统、内阁和独立的央行联合起来，告诉工会克制提高工资的要求，参与制定针对物价上涨的决策，并在经济低迷时敦促企业进行投资。在很多方面，他的观点与联邦德国财政部长卡尔·席勒惊人地相似，尤其是他相信，为了保持经济的稳定增长，政府应当出面引导数以百万计的私人决策者的行为。伯恩斯认为政府应该经常性地调整支出计划、税收和利率以影响公众心理，这一观点与尼克松把货币政策当作可以随心所欲地控制经济增长速度的工具的想法不谋而合。[4]

结果是，那个时代最杰出的一位经济思想家酿成了一场经济灾难。20 世纪 70 年代初，伯恩斯掌管的美联储采取紧缩政策以图遏制通胀；几个月之后，政策来了个大逆转，货币政策不断放松，以求降低失业率。1970 年 5 月，伯恩斯向尼克松发出警示，他认为仅使用货币政策这一种工具抑制通胀将会引发"严重的经济衰退"，并敦促后者成立专门委员会审查物价和工资，但并不对其进行管控。远观这场光怪陆离的经济喜剧，不难得出结论：华盛顿不愿支付抑制通胀的政治成本。在 1971 年上半年短暂下降之后，美国的通货膨胀率开始直线飙升。

伯恩斯无力抑制通胀，其影响已经远远超出了美国本土的范围。当时美国已经是全世界最大的经济体，美元是国际贸易与投资的关键要素。导致美元贬值的通货膨胀打破了世界经济近四分之一个世纪的平静。

这种平稳发展的态势起于二战的废墟。1944 年 6 月，同盟国军队节节进逼，德军败退，太平洋战场也胜利在即，来自 44 个国家的代表在美国新罕布什尔州的布雷顿森林集会，讨论战后经济的发展规划。国际金融体系的新秩序是这次会议的主要议题。代表们同意，各国都应当让汇率保持对美元的稳定。一旦外汇交易者推动一国汇率偏离官方价格，该国政府就有义务使汇率回归稳定。政府可以采取的措施包括控制资金向本国的流入和涌出；通过央行调控利率，影响投资者持有货币的意愿；或者在公开市场上买进或卖出货币以调节汇率。在极端情况下，一国政府可以请求一个新的机构——国际货币基金组织，来调整本国汇率。唯有一种手段是各国都不应当采取的：除非在生死攸关的紧迫关头，绝对不能通过限制进口来支撑本国汇率。新秩序的目标是鼓励国际贸易，而不是给国际贸易增加障碍。但在大萧条时期，事情却向着相反的方向发展。[5]

布雷顿森林协议通过稳定国际汇率和削减贸易壁垒，令战后经济发展的黄金时代成为可能。这一体系最杰出的贡献就是给各国的政客戴上了镣铐。如果内阁大臣要求在选举之前降息以刺激短期经济增长，央行领导就能以影响汇率稳定、激怒其他国家为名加以拒绝。同样，如果议员呼吁降低汇率以帮助本国企业扩大出口，政府也能够不假思索地立即回绝。但是布雷顿森林体系也有一些严重的缺陷。如果一国通胀率偏高，它的央行无法轻易用提高利率来解决问题，因为高利率很可能会吸引更多热钱流入本国，从而抬高该国对美元的汇率。如果一国经济过分低迷，它的央行也无法单纯通过降低利率来刺激经济，因为投资者会把手中持有的该国货币换成美元，导致本国汇率下降。而且整个体系的维系都要依赖于美国 —— 它承诺以 35 美元 / 盎司黄金的价格兑换任何国家多余的美元，然而只有在美国的黄金储备充足，并且其他国家没有囤积美元的情况下，这种安排才能够正常运转。[6]

到了 1968 年，其他国家的美元储备大幅攀升，而美国却无力继续履行用黄金兑付美元的承诺。伴随金融环境的震荡，布雷顿森林体系让美国的经济形势雪上加霜。1969 年，美联储通过提高利率来对抗通胀，但在布雷顿森林体系下，其他国家也不得不提高利率以维持汇率的稳定 —— 即便他们国内的通胀率并没有过高，比如联邦德国就是这种情况。等到了 1970 年，亚瑟·伯恩斯开始降低利率之时，其他国家又是不得不与美国保持一致 —— 即便低利率对本国经济极为不利，比如日本就是这种情况。美国的廉价货币政策导致通货膨胀在全球肆虐。

为了扑灭这场急火，各国政府纷纷转而采取一种神奇的反通胀政策，这种政策既不会激怒选民，又不会影响汇率，那就是：通过行政命令的方式阻止价格上涨。挪威在 3 年之内发布了 3 次价格冻结政令。奥地利向抬高价格的企业征收重税。比利时命令企业在涨价之前通报政府。西班牙授权市政府决定本地的食品价格。英国冻结了物价、工资、房租，甚至股息。加拿大设立了专门的政府机构，对工资和物价上涨进行审核。就连美国也加入了进来。央行官员通常会对政府的价格管控嗤之以鼻，无论是一袋水泥还是一杯咖啡，价格都不应该由政府决定。但是 1971 年 8 月 15 日，在伯恩斯的支持下，尼克松在国家电视台上发表声明，美国将连续 90 天冻结物价和工资。除此之外，总统还出人意料地宣布，他国政府将无法再用美元从美国兑换黄金 —— 这在后来被称为"尼克松冲击"。[7]

价格管制无疑会受到公众的追捧。在美国，即便是《纽约时报》，尼克松的主要批评者，也对总统敢于实施此项政策的魄力大加赞赏。从短期上看，价格管制似乎遏制住了通货膨胀的势头，但它并没能解决问题的源头，那就是央行持续的货币增发。此外，管制还阻塞了正常的市场调节。管制施行的时间越长，积累的不满就会越多，选民们开始质疑为什么有些工人的工资增幅要高于其他工人，以及为什么政府允许某些商品涨价但又不许其他商品效仿。物价压力也不断累积，管制一旦放开，价格就有可能直冲云霄。

与此同时，美国停止美元兑换黄金的决定并没能稳定住剧烈波动的汇率，金融市场的秩序受到破坏，企业则无法安排生产。相较于危机频发的布雷顿森林体系，一个明显的解决方案就是将汇率的变化交给市场，让市场来决定一美元到底值多少马克或是多少法郎。很多倾向自由市场的经济学家拥护这一主张。他们认为，数以百万计的企业和个人将对美元和马克的相对价值做出判断，汇率向市场均衡水平的靠近必将比向各国政府的协议水平的移动更加平稳。和很多央行官员一样，伯恩斯也强烈反对汇率的市场化。在他眼中，央行对于汇率水平的指导至关重要，是保持世界经济平稳发展的关键。但一个不可回避的事实是，以美元为中心的固定汇率制得以维系的前提是，其他国家的货币政策仅以稳定汇率为唯一目标，无论本国经济面临何种困境。

为了重新建立合理的世界金融体系，首脑会议不断召开。1971 年年末，一场在史密森学会举办的会议上，各国达成妥协，美元将对所有主要货币贬值，而其他货币的汇率可在更大的范围内浮动。尼克松宣称，史密森协定是"世界历史上最重要的货币协议"。

和之前的布雷顿森林协定一样，史密森协定仍将美元置于世界货币体系的核心。美国可以自由行使各项经济政策，而其他国家则需要适应美国的政策，把本国汇率控制在允许的浮动范围内。但是签订协议的墨水还没干，闻到血腥味儿的外汇投机者们就发动了新一轮袭击。

1971 年年底，伯恩斯在尼克松的压力之下，呼吁在 1972 年大选之前降息，提振萎靡的美国经济。他在美联储的同事，大部分是由尼克松的民主党前任任命的，一致同意降低利率以促进就业，国会中的要员也支持这一决定。他们中的大部分相信，失业率和通货膨胀率逆向相关，这在当时已经成了普遍的认知。而他们愿意接受较高的通货膨胀率，只要有足够的选民能够重返工作岗位。但是那些通货膨胀率已经高于美国的国家并不愿意采取同步措施。伯恩斯在联邦德国的同仁，德国央行主席卡尔·克拉森不顾刚刚与内阁发生冲突而卸任的前财政部长卡尔·席勒的呼吁，拒绝降低本国利率。在这场混乱之中，外汇投机者们趁火打劫，买入马克、抛售美元。随着汇率的振荡超过协定的幅度，美国总统办公室的秘密录音设备记录下了尼克松当时的反应，他看似相当急于洗清自己在整件事中的责任；当他的幕僚长 H. R. 霍尔德曼（H. R. Haldeman）向他汇报意大利货币危机的情况时，尼克松的回答是："我他妈的才不在乎里拉呢。" [8]

亚瑟·伯恩斯的低息贷款在全世界流转，刺激着世界经济的增长。在很多国家，短期利率已经跌到了减去通胀率之后，企业还款金额甚至低于本金的程度了——这强烈地刺激着企业去修建大厦、购买设备和雇用劳工。建筑业掀起了新的热潮，汽车的销量刷新了历史纪录。1972 年，在排除通胀因素后，法国和德国的普通居民，人均购买能力提高了 3%，美国和加拿大提高了 4%，日本、芬兰和西班牙则提高了 7%。再一次，政府和央行适时的措施似乎创造了经济繁荣。就拿尼克松来说，他认为伯恩斯在美联储的第一年工作取得了惊人的成功。随着失业率的降低，再加上一个软弱的民主党对手，尼克松在 1972 年 11 月轻松取得连任，赢得了 55 个州中的 49 个。 [9]

但是该来的总是会来。正如经济学家们喜欢指出的那样，货币政策并不是央行管理者用来开启立竿见影的经济效果的开关。它的影响是逐步显现的，滞后的时长也不可预知。1971 年年末和 1972 年年初的宽松货币政策在实施了几个月之后，物价和工资的波动才开始显现。等到尼克松连任之后，全世界主要经济体的通货膨胀率都开始飙升了。

第 4 章 信仰危机

死灰复燃的通胀和汇率乱局开始搅动世界金融市场之时，掌握着公共话语权的媒体，注意力却集中在完全不同的方向上。他们忧虑的并不是全世界都将陷入经济危机的深渊。事实上，他们反而担心经济形势太好，人类在创造前所未有的物质财富的同时，将会造成经济与环境的严重失衡。20 世纪 70 年代初期，新环保主义对于人们的经济观点有着深远影响。新环保主义的追随者大都属于较为富裕的上流阶层，对于他们来说，不断提高的人均收入和物质生活水平是人类社会面临的考验，而不是值得夸耀的成就。

1972 年 3 月，一家并不出名的纽约出版社发布了新书《增长的极限》(*The Limits to Growth*)，其内容可谓惊心动魄。此书的作者来自著名的麻省理工学院，并有一个叫作"罗马俱乐部"的名不见经传的组织为其背书，还使用了计算机建模的方式来分析"人类的处境"。该书语言清晰，又充满疑虑，但是蕴含的自信不亚于任何受过系统训练的经济规划者："如果世界人口水平、工业化程度、环境污染、食品产量和资源开发的发展趋势保持不变，这个星球会在未来 100 年内达到增长的极限。接下来最可能的结果就是人口和工业能力突然而且不可控制的衰退。"[1]

《增长的极限》在全世界引发了轰动。这本书被翻译成了 37 种语言，全球销量超过 1200 万册。书中连篇累牍地向世人发出警告：由于人类对于经济增长毫无节制的追求，全世界将很快因为人口过剩而陷入停滞。"在一百年之后，绝大多数重要的不可再生资源都将变得极其昂贵。"该书甚至推断，伴随着新发掘的铜矿，需求的飙升将会在 48 年内耗尽世界资源。人口增长将会导致"严重的土地短缺"。人类排放所有污染物的速度都在"成指数倍增长"。尽管作者对于他们的预测进行了小心论证，但提出结论的语气却如同神启："如果世上尚有大量适于耕种的土地未被占用，在人口不断增加时，每个人还可能得到更多的食物。但在所有土地都被占用之后，人口数量与人均食品量就不再可能同时增长。"

对于世界人口增长与食物短缺的警告并不新鲜，英国牧师托马斯·马尔萨斯在 1798 年就做出过类似的预测。但是马尔萨斯没有受到重视，主要原因是，他的论断距今已过去了两个多世纪，但预言仍然没有成真。《增长的极限》超越了马尔萨斯——除了食物短缺，它还预言世界将缺少家庭取暖用的石油、工厂需要的金属，甚至可以饮用的净水。而它真正的创新之处在于其中散发的科学光辉。全书共使用了 48 张图和 4 张表，还对计算机运行结果和正向反馈循环进行了讨论，充满了马尔萨斯所缺少的严格的定量分析。正如经济学家沃尔特·海勒和卡尔·席勒会利用计算机预测经济增长，科学家也正在挥舞着同样的工具预言世界的命运。

《增长的极限》本意就在于挑起争论，而对于此书缺陷的公开谴责也相当无情。"更不用提，几乎没有一个严肃的经济学家会认为，本书中的预测除了可以算作经济建模的有趣实验之外，还有任何其他价值。"《科学》杂志的批判振聋发聩。威廉姆·诺德豪斯，全球最知名的环境经济学家之一，指出书中的模型采用了 43 个变量，而这些变量"没有一个是从真实数据或者实证研究中提取的"。一个很有影响力的法国政府官员宣称："这些分析没有把人类的创造力考虑进去。"英国苏塞克斯大学的教授们则语带嘲讽地指出，如果《增长的极限》是在一个世纪前写出的，它的作者就不必担心即将到来的石油短缺了，因为那时石油还不是一种常用资源呢。[2]

尽管存在这样那样的缺点，不能否认的是，《增长的极限》向深度沉迷于就业率、通货膨胀和消费能力的政客和央行领导提出了挑战。战后世界惊人的快速增长不仅不可持续，还有悖公义。人类靠着掠夺地球资源积累起了财富。现在到了找回平衡的时候了。"地球的资源是有限的"，作者强调，只要地球人口不断膨胀，每个人就都得接受人均资源减少的事实。试图始终把物质生活水平维持在如今的程度是不现实的。走下坡路的残酷转折不可避免："这个世界的基本运行模式是，在人口和资本指数化增长之后，一场大崩溃将随之而至。"而这场大崩溃，作者说，很可能离我们不远了。

《增长的极限》的流行并不是一桩孤立事件。它是随着一项新的事业 —— 环保主义，开始席卷全球的。

在战后重建初期的艰苦岁月中，关心环境问题不用说是一种奢侈。解决数亿人口的温饱问题才是当务之急，重新建起的发电厂上空的几缕烟雾更是成功的象征。随着经济水平的提高和污染问题的加剧，1948 年多诺拉烟雾事件和 1952 年伦敦大烟雾这样的灾难迫使人们不得不开始关注污染对于健康的危害。1956 年，英国开始尝试将所有的燃煤发电厂从大城市迁出，而从 1961 年起，加利福尼亚要求新车装备减少烟尘排放的设备。然而即便到了 1962 年蕾切尔·卡森（Rachel Carson）的畅销书《寂静的春天》（*Silent Spring*）强调杀虫剂对人和鸟类的巨大危害之时，公众对于环境问题的认识仍旧相当不足。[3]

公众当时也没有完全认识到，大量的人类活动，从排干沿海湿地到发电厂燃煤，到底会对植物、动物和人类造成怎样的伤害。在战后的 20 年内，数百种新的塑料和化学制品被发明出来。政府机构缺少研究产品安全性的资金，而生产企业也对这个领域的独立科学家不屑一顾，他们的逻辑是，"只要有人因为未知的原因死亡，环境污染就会被当成替罪羊"。监管机构仍然广泛使用1888 年问世的林格曼表对空气污染程度进行测量：检测员会把烟囱排烟口的颜色和一张展示了不同灰黑色度的图表进行比照，只要污染达不到遮天蔽日的程度，就不会做出任何处理。在很多地方，所谓的控制污染就是将烟囱建得更高，以便污染物随风飘向远处，或者将排污管接得更长，以便污水排到大海的深处。[4]

20 世纪 70 年代初期，人们对于环境问题的焦虑与日俱增，这与另一个逐渐引发警惕的问题息息相关，那就是人口过剩。"人口爆炸"这样的词汇被用来描述战后的人口增长情况，而他们的担忧并不是全无依据的。1950—1970 年，世界人口增长了超过 10 亿，也就几乎增长了 50%。非洲、亚洲和拉丁美洲贫穷国家的人口增长得最快，部分国家的生活水平在这 20 年中几乎没有提高。可以明显看出，人口的急速增长在欠发达国家导致了极端的贫穷甚至饥荒。而对于这个问题更具洞察力的一种现代解释是，生活在乡村的贫困人口缺乏社会保障，他们需要多生养子女才能在晚年得到照顾，而这种观点在当时还没有被广泛接受。

对未来的预期相当悲观。人口统计学家预计，在本世纪结束前，全球人口至少还要增长 20 亿，而这必将引发不可避免的灾难性后果。"试图养活全人类的战役已经结束，"斯坦福大学生物学家保罗·埃尔利希（Paul Ehrlich）在他 1968 年出版的《人口爆炸》（*The Population Bomb*）一书中宣称，"不论现在出台多少应急方案，20 世纪 70 年代都将有上亿人死于饥荒。"[5]

埃尔利希的观点成了新的传统智慧。政府和国际机构，比如世界银行，开始用计划生育作为预防环境灾难的一种措施。环保组织将人口增长列入了重点关注的问题。环保运动和与之相关的人口零增长运动大大突破了政治的界限。1970 年 4 月，第一个世界地球日，数百万美国人聚集在一起呼吁更加清洁的环境，游行、演讲和辩论把对世界充满期许的大学生、担心野生动物栖息地的狩猎者、关心孩子健康的母亲、想在周末去森林远足的公司高管团结了起来。突然之间，绿色环保变得无比重要。[6]

就连理查德·尼克松也不能免俗。尼克松用不着环保主义者。"他们感兴趣的是要摧毁整个系统。"白宫录音机捕捉到了他在 1971 年发表的言论。但是尼克松凭借其敏锐的政治嗅觉感知到，即便是那些既不关心濒危蜥蜴也不打算去野外露营的美国人，也对人口过剩感到忧虑。尼克松要求国会成立一个人口委员会。国会同意了，并强调这个委员会应当主要研究人口增长对环境的影响。委员会的研究结果在 1972 年公布，与《增长的极限》的出版同年，这篇报告的结论是"本国人口的持续增长不会带来任何的实际收益"。对于一个喜欢在高速公路牌上吹嘘城镇人口的国家来说，这一结果无疑出乎意料。对于房屋建筑商、家电制造商以及其他成千上万受益于人口快速增长的企业来说，他们的前景面临挑战。虽然已经凭借认真看待人口问题收割了不少荣誉，尼克松还是对报告中的很多结论表示了反对，然后就将其束之高阁。[7]

在大西洋对岸的英国，一份很有影响力的新兴杂志《生态学家》(*The Ecologist*) 在 1972 年呼吁将全国人口从 5000 万减少

到 3000 万以下。三分之一的瑞士选民支持限制移民，以防出现
"瑞士人口过剩"。新成立的联合国环境规划署在当年六月举行
了第一次会议，同意发表一项声明，为各国政府限制本国人口
数量的权力背书。那些厌倦了有关人口零增长的政治辩论的人，
可以看看名叫《Z.P.G.》的科幻电影，电影中描述了一个恐怖的
21 世纪，政府为了对抗人口过剩，命令将所有哺育新生命的人
处以死刑。[8]

对于不断壮大的环保运动，政治上的反应是相当迅速的，而
且不仅只发生在美国。在第一个地球日之后的两年里，加拿大
颁布了《清洁水源法》；美国修改了毫无约束力的《清洁空气法
案》；加利福尼亚率先对汽车尾气排放进行了限制；而法国、瑞
士、加拿大、英国、日本和美国都设立了全国性环保机构。尽管
地球日是一项积极的运动，倡导全人类联合起来让世界变得更加
美好，但是《增长的极限》也向激烈的全球环境政策讨论释放了
相当负面的信息：人类正在毁灭地球，无限制地追求以 GNP 衡
量的经济增长和收入的提高，只会让事情变得更糟。法律法规也
起不了太大的作用。一切都已经太迟了。

新环保运动对正统的经济学理论提出了直接挑战。正如很
多评论家提出的，评价经济情况的传统方式，比如人均国民收入
增长率和国民生产总值，完全没有考虑到环保因素。钢厂和炼油
商的产出被视为纯粹的增长，污染引发的危害并没能给它们减
分。然而，讽刺的是，如果企业或者政府在造成污染后出资治理

污水，这些投入就又能作为经济增长计算一遍。环保人士们嘲讽说，加把劲儿污染，经济就增长得更快了，这句话可谓切中肯綮。

但是，基于这个事实，他们得出的结论却是完全错误的：经济增长不过是一种幻想——或者，更糟糕的是，繁荣是人类的敌人。"全世界三分之一的人口位于发达国家，他们已经陷入了享乐主义的深潭，他们崇尚消费，追求象征着社会地位的符号，被层出不穷的现代小发明所奴役，却将人类的精神价值抛诸脑后。"一位以色列外交官在 1971 年对其他国家的外交同仁说道，当时以色列还是一个相对贫穷的国家。在这一新语境之下，增长就意味着不堪忍受的污染、无法估量的环境破坏，还有对自然资源的粗暴掠夺。"如果你接受上述观点，你就很难否认这一结论——污染、能源生产和物质材料的消耗最终都必须受到限制。"两名年轻的耶鲁大学科学家在 1971 年的研究中写道。富裕国家不应该再去追求更多的财富，而是应当追求"静态经济"，也就是污染和实物库存都不再增加的一种状态。9

而这就不仅仅是环保主义了，而是对二战后所有非共产主义国家所追求的目标的一次彻底摒弃。战后初期，在一片废墟和混乱之中，没有什么比经济增长更加重要。经济增长让数百万流离失所的人有食物得以果腹、有房屋得以避寒，为民主政府取代战时独裁提供了支持，并且以奇迹般的速度提高了人们的生活水平。但是到了 20 世纪 70 年代初期，这些选民中的绝大多数都有了车，建起了自己的房子，得到了受教育的机会，社会中已经有相当一部分人开始反思战后一代的所作所为。繁荣已经过去。国民生产总值变得无关紧要。正如未来学家赫尔曼·戴利（Herman E. Daly）所总结的："对于穷人来说，国民生产总值增长还是一件好事，但是对于富人来说就未必如此了。"[10]

　　然而，随着事件的发展，新的法规和技术进步无限期地推延了危言耸听者们预言的最后审判日。《增长的极限》出版之时，美国农民平均每英亩①地收获88蒲式耳②玉米；40年之后，得益于转基因技术、精准灌溉和电脑控制的耕地拖拉机，玉米的平均亩产量已经提高了三分之二，而这一点书中的模型并没有预测出来。虽然地壳中铝土矿量的总数不变，但是其越来越高的价格促使人们寻找能够替代铝的新材料，回收啤酒罐的生意也日渐兴隆。汽车业、建筑业和发电厂对于矿物燃料的利用更加高效，单位产出所需的原材料也大大降低。当年大行其道的声称创新和法规都无法改变即将降临的灾难的说法，已经被证明是完全错误的。[11]

　　上述的一切都是未来发生的。而在1972年，迫在眉睫的问题是清理排向天空、河流和海洋的污染物，以及处理数百万吨被随意堆放在世界各地的有害废物。按照新的法规要求，大部分成本都将由制造商和发电厂承担，他们需要清除废气中的有害气体

---

①　1英亩 ≈ 4046.86平方米。

②　1蒲式耳（美制）≈ 35.238升。

和微粒，还要在废水排入最近的河流前对其进行处理。过去，厂商在很大程度上回避了这些支出，把环境破坏的后果丢给了社会。现在，政府通过环保许可证和非法排污罚款，要求他们承担起应尽的责任。

环保法规最终带来了广泛的收益，包括公众健康和环境清洁等方面。但它也让企业将投资中越来越多的部分用于安装污染控制设备，而不是建设新的厂房和购买机械设备。随着世界经济的黄金时代走向终结，这将成为增长所要背负的另一项负担。[12]

第 5 章　大滞胀

　　1973 年伊始，总统的首席经济顾问仍对未来坚信不疑。艾伦·格林斯潘，亚瑟·伯恩斯的门生，理查德·尼克松的竞选顾问，力劝他的委托人保持信心。格林斯潘的政治野心是他支持美联储主席和总统的原因。尽管当时已然是物价攀升、汇率动荡，他仍不愿挑伯恩斯的毛病。他的预测中没有对已经迫在眉睫的危机给出一点警示。"像现在这样能够让人对于局势绝对乐观的情况是相当少见的。"他说。[1]

　　格林斯潘并不是孤军奋战。当时的主流观点就是，政府和央行的高明举措再一次带领世界经济走出了湍急的漩涡，回归到稳定强劲的增长的道路上去。"发达国家将迎来 20 年来最大的繁荣。"《英国卫报》报道宣称。工作机会充足，不断提高的收入更让人信心倍增，人们开始毫无节制地消费。在美国，采购经理们到处抱怨所有货物都在短缺，不论是卡车部件还是玻璃和木材。尼克松的经济顾问委员会预计经济增长将达到近 7%，而通货膨胀的脚步也会相对放缓。日本银行观察的结论是"商业增长的势头正在稳步提升"；而英格兰银行则预测"产出持续快速上升"。尽管有个别的悲观人士预感到了前路艰难 —— 美国所罗门兄弟投资银行的亨利·考夫曼（Henry Kaufman）就曾发出警告："1974 年将充满荆棘"—— 但大多数企业的经济顾问更倾向于化工巨头杜邦的首席经济学家查尔斯·里德（Charles Reeder）的观点，他对公司的董事们说："当前的繁荣形势应该还能持续相当长的时间。"[2]

对于里德的乐观预期，最为明显的威胁就是外汇市场的动荡。每一份新的经济形势报告都进一步地鼓励投机资金押宝史密森学会上达成的汇率协定无法维系。几个月前达成的这项协定曾被尼克松称为"世界历史上最重要的货币协议"，很快就要分崩离析了。随着协定的破裂，有的货币升值，有的货币贬值，没有人想持有大把贬值货币。各大媒体的新闻头条都是汇率即将失控。焦虑的情绪开始传播，通货膨胀率再次上升的迹象更让情况雪上加霜。1973 年元旦刚过，股票价格在世界范围内开始了漫长而痛苦的下跌。从英国到美国，再到香港和日本，投资者持有的股票价值在两年内蒸发了超过一半。[3]

经济观察家们对于股市的下跌视而不见。美国经济学家保罗·萨缪尔森曾开玩笑说"华尔街指数成功预测了过去五次大衰退中的九次"，这些人也借此自我安慰。在 1973 年最初的几周里，经济即将崩溃的市场信号不仅仅是没人希望看到的，更加是无人愿意相信的。一切都运行得相当完美。1973 年 1 月是美国建筑工人有史以来第二个最忙的月份，英国和日本的房价还在大幅上涨。一项联邦德国政府研究报告中判断，1973 年是"一轮新的周期性上涨的开端"，经济增长率大约会达到 6%。日本的预估更加乐观：三井银行预测出 12% 的惊人经济增长率，即便日元兑美元的汇率还在攀升。按照这种速度，日本的经济总量在 6 年内就会翻倍。而且为什么不该这样呢？在战后重建近 30 年之后，仍有四分之三的日本家庭没有抽水马桶。还有大量的建设需要完成。[4]

所以在 1973 年初，尽管实体经济一片大好，工厂加班生产，家庭消费支出空前，但金融市场形势紧张，危机一触即发。1 月，焦虑的意大利人开始怀揣里拉跨越边境兑换瑞士法郎，导致瑞士法郎价格大幅上升，最终瑞士不得不放弃瑞士法郎兑美元的固定汇率。然后，市场又将矛头指向了美元，投资者不断卖出美元买进德国马克和日元。有一小段时间，就连通常比较疲软的法国法郎都看似坚挺了起来。这简直就是投机者的梦想乐园：为了维护固定汇率，世界各国的央行总共以官方汇率买入了 80 亿美元，结果却是竹篮打水。2 月 12 日，投机者取得了胜利。日本决定停止维护日元兑美元的固定汇率，将汇率交由市场决定。交易者立刻就推高了日元的价值。主要欧洲国家的货币也升值了。当一切尘埃落定，1 美元能兑换的德国马克还不足 6 年前的一半，能兑换的日元也只有原来的三分之二。以美元为中心的固定汇率制度——布雷顿森林体系，正式走向了终结。[5]

央行官员们对于现状最为悲痛，因为他们中的很多人对于固定汇率制都有着近乎宗教般的信仰。美联储官员杰弗里·布赫（Jeffrey Bucher）在瑞士参加了央行联合国会议后汇报："周日的高层会晤气氛阴郁，而且并不完全是因为天气。"但是央行官员的担心无济于事：放弃布雷顿森林体系的决定是不可逆转的。事情的间接后果是石油输出国的普遍不满。他们一向使用美元标价，但是美元的贬值意味着每百万桶石油能够换取的德国卡车和日本工字梁更少。石油输出国组织，也就是欧佩克，要求石油价格进一步上涨以弥补美元贬值造成的损失。艾哈迈德·扎基·亚马尼（Ahmed Zaki Yamani），一位原本鲜为人知的沙特阿拉伯官员，就此走上历史的舞台，成了家喻户晓的人物。[6]

亚马尼，1973 年时 42 岁，在石油圈内已经是个名人了，但是对于外界来说却仍是谜一样的存在。他的父亲是一名法理学家（在沙特阿拉伯就是宗教学者的意思）。他在麦加长大，然后在开罗大学学习法律。在摇摇欲坠的沙特财政部担任了几年低级官员之后，他被政府派往美国，并取得了纽约大学和哈佛大学的法学学位。回到沙特之后，他开办了本国第一家律师事务所，为想要在他尚且贫穷封闭的祖国做生意的外国企业提供咨询。接下来，亚马尼又担任了一段时间沙特皇储的法律顾问，皇储很欣赏他的才华和谨慎。1962 年，30 岁的亚马尼被任命为石油部长，在一个经济完全依赖于石油的国家，这是一个相当重要的职位。

亚马尼是一个非同寻常的人物。在一个几乎所有政府部门都有皇室亲族执掌的国家里，他身为一介平民，却执掌重权。他能流利地用英语和法语交流，喜欢歌剧和滑雪，在纽约和维也纳就像在利雅得一样自在。亚马尼一向彬彬有礼，并以广泛的人脉和始终响个不停的电话著称，他在麦加大清真寺的冥想室和撒丁岛上的游艇晚宴中周旋自如。不在国内的时候，他更喜欢穿着萨维尔街的高端定制西装，而不是阿拉伯的至踝大袍，他的黑色卷发和络腮胡都修剪得相当整齐。亚马尼还是一个相当上镜的人，他会直视着摄像机，发言简短，语速适中，语调温和。当一名记者提到有报道说他每年夏天都在沙漠帐篷里度过时，亚马尼顽皮地环视自己在日内瓦洲际大酒店顶层的总统套房，反问道："你看我住的是帐篷吗？"[7]

20 世纪 60 年代，沙特阿拉伯的石油产量在全世界仅次于美国和苏联。但当亚马尼在 1962 年出任石油部长的时候，他的祖国还处于贫弱之中。石油生意主要被"七姐妹"掌控 —— 一个由美国和英国公司组成的石油组织，控制着全世界四分之三以上的石油储备。外国人指挥一切：他们拥有钻机、管道、线路、泵站，还有把石油运送到国外精炼厂的油罐车。在这些石油公司里，只有相当少数的沙特人、利比亚人、伊朗人和委内瑞拉人能做到管理岗位，而他们本国政府既没有专业技术，也不懂金融知识。在沙特阿拉伯，美国财团阿拉伯–美国石油公司一直在抽取该国的石油资源，每桶石油只支付 30 美分的特许使用金和 32 美分的所得税。这给沙特政府带来的年收入还不足 10 亿美元。[8]

　　沙特阿拉伯和其他四国在 1960 年联合成立了石油输出国组织，试图在与石油七姐妹的博弈中取得一定有利地位，但是此时的欧佩克还未经历练，而且内部矛盾重重。亚马尼试图代表沙特国王在成员国之间进行调节。这个任务对于没有坚定决心的人来说几乎是不可能完成的。有些国家力主将石油收入用于抚慰他们年轻而且快速增多的国民。其他人口较少或者有其他收入来源的国家，则希望将石油作为对抗帝国主义、犹太复国主义或者其他敌人的筹码，不论这个敌人是真实的还是凭空妄想出来的。1967年 6 月，以色列与埃及、约旦和叙利亚开战，一些阿拉伯政府呼吁暂停向以色列在美国和欧洲的盟友输出石油。一向以临危不乱为傲的亚马尼主张反对这一激进的措施，然而未能成功。但他同时也非常清楚，很多公开声明削减石油产出的国家都在背地里打开了阀门。他的估计是正确的。石油还在不断输出，而禁运令则成了一纸笑话。

　　然而，阿拉伯世界中的民族主义和社会主义情绪正在觉醒，阿拉伯人开始要求收回矿产资源和这些资源所产生的财富。出于对被边缘化的担忧，沙特阿拉伯决定站到潮流的最前端。亚马尼在 1968 年宣布，沙特政府希望"参与"到阿拉伯-美国石油公司的管理中。他到世界各国的首都进行巡回访问，特别强调"参与"不等于"征用"，但同时也意味深长地指出，有些政府在无法购买股权的情况下就会直接把外国公司收归国有。他坚称："参与管理是国有化的替代方案。"美国国务院的专家们却不吃这一套，直接指责他的提议"与其说是项目，不如说是计谋"，阿拉伯-美国石油公司的人更是立即表示了拒绝。在这件事上，美国政府给沙特施加了很大的压力。但是亚马尼的外交策略最终取得了胜利。1972 年年末，在经历了四年的拖延之后，美国和欧洲的石油巨头同意向沙特阿拉伯、科威特、阿联酋和卡塔尔出售各自石油公司股权的四分之一，并在十年之内移交主要控制权。阿拉伯国家终于在董事会上取得了一席之地。[9]

石油输出国组织日益增长的国际影响力引起了北美、欧洲和日本的警惕。在六个阿拉伯国家联合主导了一波小规模的涨价以弥补美元贬值带来的损失之后，国务卿威廉姆·P. 罗杰斯（William P. Rogers）在 1972 年 3 月提醒尼克松："阿拉伯和其他石油产出国的议价能力正在提升。"富裕国家不断上升的石油消费无形中扩大了出口商的影响力。证据就是 1972 年 9 月，亚马尼在华盛顿的乔治城大学提出，他的国家已经做好了满足美国石油需求的准备；作为回报，沙特希望美国豁免石油的进口税，并且允许他们购买炼油厂和化工厂。美国官方没能及时做出回应。亚马尼在接受《时代周刊》的采访时说："不要忘了，宝物掌握在沙特阿拉伯的手中。"这是一次并不含蓄的警告，向世界宣告沙特在石油定价中的话语权。

1973 年 1 月，科威特的"议会"通过了一项决议，号召阿拉伯国家团结起来，"在犹太复国主义的武装力量重新集结之时"，以石油为武器进行斗争。其他的阿拉伯国家政府也发出了类似的宣言。与之相应，1973 年的头几个月里，对于石油价格的担忧漫布华盛顿、伦敦和其他大国的首都。4 月，石油大臣亚马尼和沙特王子——国王费萨尔的儿子，来到了华盛顿，并传达了一条简单的消息：如果美国不能帮助解决阿以冲突，沙特阿拉伯出于成为阿拉伯世界领导者的需要，将不得不和其他国家一道抬高石油价格。当尼克松的国家安全顾问亨利·基辛格建议将他们的谈话保密时，亚马尼开始担心他的消息根本就无法传达到尼克松总统耳中。于是，擅长与媒体打交道的亚马尼立即将他此行的目的透漏给了《华盛顿邮报》。当美国官方坚持亚马尼发表的只是个人意见时，沙特政府重申了他的观点。5 月，费萨尔亲自会见了阿拉伯-美国石油公司的执行总监，宣称美国"绝对必须"改变其中东政策，将阿拉伯国家的利益考虑在内。几周之后，他又会见了阿拉伯-美国石油公司的母公司，警告说如果美国政府不愿意进一步配合，他们就将"失去一切"。国王还罕见地接受了一家美国电视台的采访，对他做出的威胁予以确认。[10]

即便这些富裕的石油进口国想要严肃对待沙特国王的威胁，他们可以选择的应对方案也并不清晰。这些国家全都支持联合国安理会 242 号决议，此决议旨在结束 1967 年的阿以战争，其中要求以色列从"近期冲突中占领的领土"撤出，但是特意没有指明"全部领土"。大多数国家都与以色列交好，并不倾向于支持阿拉伯国家对于以色列撤出东耶路撒冷和其他占领区的要求。另一个解决的思路是通过大幅提升汽油和柴油附加税来降低石油输出国的谈判筹码，但该方案却因为国内政治的考量而被排除了。官员和外交家们折腾出了大量关于"能源短缺""能源问题"和"能源危机"的冗长备忘录和外交照会，但实际采取的行动却少之又少。就连美国和加拿大这一对和平的邻居和亲密的盟友，也无法在石油危机中进行合作。[11]

在这些暴风骤雨般的政策文件背后，思考也相当混乱。长期以来，能源专家和外交政策观察家都认为工业世界的繁荣理应建立在低廉的石油价格上。对他们来说，高油价导致更加严重的通货膨胀是毋庸置疑的，就好像央行对于通胀只能束手无策一样。普遍的预测是，石油输出国组织的激进行为不仅会导致油价的抬升，而且汽油、机油和燃油都会出现实实在在的短缺。石油消费者根据大幅上涨的油价迅速调整经济行为的可能性则完全没有被纳入考量。也许最大的担忧是石油进口国会有大笔的资金流出——用经济学家的话来说，就是国际收支危机——就好像伊朗、科威特和利比亚会从全世界赚到大笔美元之后直接藏在巨大的地窖里，而不去到处消费这些他们新得的财富一样。[12]

每过一周，局势都会更加紧张。1973 年 3 月，布雷顿森林体系土崩瓦解之后的几周里，11 个石油输出国组织成员国宣布要将油价提升 15%。他们官方的说法是为了弥补美元贬值造成的损失。美国试图组织盟友提出反对，但是日本、法国和意大利倾向于接受石油输出国组织的要求。在石油短缺即将来临的警告声中，输出国和石油公司之间的价格谈判僵持不下，会议从的黎波里开到贝鲁特，又从维也纳开到开罗。每次失败的会议都会引领新一轮的标题轰炸。6月初，最后的协议终于达成了。石油基准价从年初的每桶 2.59 美元（折合每加仑 6.2 美分）提高到了此时的每桶 2.90 美元，根据不同地区的运输成本和原油质量有升水或者贴水的调整。此外，原油基准价格将盯住与美元挂钩的一揽子货币，而不单单只用美元标价。如此一来，如果美元进一步贬值，石油价格就会自动上涨。[13]

就在石油输出国组织的威胁引发外交压力并使股票投资者感到惊慌之时，石油产品的消费者似乎却对此一无所知。1973 年的第一季度，美国消费者的石油用量增长了 15%，而建筑和设备的商业石油用量增长率也高达 20%。英国工厂的产能利用率达到了 94.7%，是有史以来的最高纪录。5 月，日本制造商调研后预计 1974 年初产品销量将大幅上涨。世界各地的经济学家似乎都持相同的乐观态度。德国政府在 5 月发布了修订后的经济预测报告，形势依旧一片大好。美联储也是一样，当年联储春季会议纪要中没有关于石油问题的讨论。6 月份美联储发布半年度经济预报，总部位于巴黎的发达国家俱乐部经济合作与发展组织认为："在接下来的 12 个月里，经济会保持持续强劲扩张的态势，大多数国家的失业问题都会得到改善。"[14]

3 个月后，世界经济仍在飙涨。"目前的总体情况是，我们处于史上最为强劲的经济增长阶段之一，几乎所有的商品都供不应求。"杜邦公司的经济学家查尔斯·里德如是告知公司的董事。

在日本，一项调查发现国内制造商计划在下一年度增加 29% 的投资，以应对不断增长的消费需求。在联邦德国，政府希望经济增长率达到 4%，并且失业率要低到可以忽略不计的程度。[15]

10 月 6 日是犹太人的赎罪日，也就是犹太人眼中一年中最神圣的日子。如果说战后的长期经济繁荣在某一天达到了巅峰的话，这一天就是 1973 年的赎罪日。

当天下午 2 点，埃及空军突袭了以色列空军基地、导弹连和雷达基站。几分钟过后，数千人的部队开始进攻苏伊士运河沿岸的以色列防御阵地，与此同时，叙利亚的军队和坦克发动了对戈兰高地上的以色列阵地的进攻。在战争爆发的 48 小时之内，就有 6 个中东国家宣布支持埃及和叙利亚，提议将石油价格提高一倍。在与石油公司高层的一系列谈判失败后，输出国开始独自行动。10 月 16 日，他们公布了一个新的原油基准价——每桶 5.12 美元。"这是石油输出国组织夺取权力的一天。"亚马尼事后说。在短短不到 9 个月的时间里，全世界最为重要的能源价格几乎翻倍。一天之后，石油输出国组织的成员国达成合意，石油立刻减产 10%，并且在接下来的几个月里每个月递减 5%。[16]

他们的威胁来得正是时候，因为全世界正面临一个特殊的问题，那就是短缺。1973 年的大繁荣将人们卷入了消费热潮，矿井、农场、制造商就是没法满足消费者不断增长的需求。日本制造商的报告显示，从电力到铁矿石，几乎所有产品都处于短缺状态。美联储的"红皮书"——一份每年 10 月 10 日定期发送给国内政要的机密刊物，分析地区经济发展形势，指出了"经济势头强劲，人力和物资普遍短缺"的情况。北卡罗来纳州的纺织厂因为缺少工人而不得不停止了夜班，中西部的造纸厂也推掉了不少生意。另一条被标为"机密"的信息是联邦德国经济部对于本国劳动力无法满足经济体系全马力开动的担忧。英格兰银行则认为石油、天然气和煤炭的不足"将对供给环节造成冲击，令经济均衡的维系更加困难"。工人和商品的短缺意味着工资和价格面临着上行的压力，而这给原本就存在的通胀问题添了一把火。[17]

早在石油输出国组织推高油价之前，飙高的通货膨胀率就被认为是 20 世纪 70 年代最为突出的经济问题。1970 年，瑞典的消费品价格就上涨了 8.1%，这是 20 年来最高的通胀率。一年以后，葡萄牙的物价上涨了 15%，而在 1967 年之前，葡萄牙的通胀率一直处于世界最低水平。到了 1972 年，美国成了唯一一个通胀率在 5% 以下的经济大国。这一切都还发生在关键物资的价格尚未发生剧烈变化之前。通货膨胀已经开始失控。

对抗通货膨胀的尝试因为专家对菲利普斯曲线的普遍认可而变得更加复杂。菲利普斯曲线是新西兰籍经济学家 A. W. "比尔"·菲利普斯提出的，旨在说明各国的一项基本经济权衡：如果国家想给每个人都提供工作，就不得不接受较高的通货膨胀率；如果想降低通货膨胀率，就不得不在一个较长的时间段内承受失业率的上升。菲利普斯所用的数据都来自英国，但是高通胀率是充分就业必然要付出的代价的观点，很快被世界各地的经济学家奉为圭臬。专家们得出的结论是，中央银行不能全力以赴对抗通货膨胀，一旦他们成功地压制了通胀率，结果可能是失业率在接下来的数年里都会上涨。[18]

菲利普斯曲线并不是人人叫好。美国经济学家埃德蒙·菲尔普斯和米尔顿·弗里德曼在早些年分别对菲利普斯的理论提出了挑战，坚持通胀率和失业率仅在短期内具有相关性。但是他们的观点在当年无疑相当边缘。当时最为知名的经济学家们，包括美联储主席伯恩斯，都相信压制通货膨胀的代价相当高昂，因为政客们不能接受通胀率下降后接踵而来的高失业率。正如后来成了吉米·卡特总统的首席经济顾问的美国学者查尔斯·舒尔策（Charles Schultze）对事态的解析："我们都知道如何促进就业。这并不是问题所在。我们知道怎样用那些使用过的、标准的、经过证实的技巧——无非是减税、增发货币、向特定的政府项目注资。问题是，当我们推行这些措施的时候，通货膨胀率就会上升。"所以通货膨胀并没有被看作腐蚀一国经济的严峻问题，大多数政府和央行仅把它当作不受欢迎，但又无法避免的麻烦。他们的反应是在不阻碍经济增长或导致大面积失业的前提下，尽可能地应对通货膨胀。[19]

试图控制通胀的努力也受制于人们对这一问题的理解，而这种理解在几年之后就会被认为是荒谬的。20 世纪 70 年代被广为接受的一种观点是，触发通货膨胀的因素有很多，而每一种不同的通货膨胀，应对措施也不尽相同。有货币型通货膨胀，也就是央行增发货币过多导致的通货膨胀；有"需求拉动型"通货膨胀，是指消费者和企业的购买需求高于经济的供给能力，以致卖方掌握提高定价的能力；还有"成本推动型"通货膨胀，也是所谓最具危害性的一个类型，此种通货膨胀被认为是由生产投入的供给方引起的，比如原材料、工业品和劳动力。如果矿场主、炼钢厂和工会要求涨价或者涨工资，使用这些生产投入的企业就不得不相应提高产品价格，通货膨胀率也会相应上升。

弗里德曼坚持，所有的通货膨胀都是货币型通货膨胀，只要中央银行限制货币供给，通货膨胀就会相应消失。就在几年之后，弗里德曼所说的"通货膨胀无论在何时何处都是一个货币现象"就被奉为了至理名言。但是在1973年，很多最具影响力的经济学家还在为弗里德曼眼中并不存在的通胀类型而夜不能寐。需求拉动型通胀被认为需要用提高税收、降低政府支出、提高利率或者限制银行贷款的方式进行控制，这些措施都会缩紧消费者和企业的可支配资金，将需求拉回到与供给相均衡的水平。日本政府执行这些措施的手段相当激烈，他们要求炼钢厂、铝冶炼厂和化工厂推迟资本投资，同时命令银行收紧分期贷款的发放，一切都是为了降低机器和劳动力需求，以求物价攀升的态势得到缓和。

成本推动型的通货膨胀被认为更加麻烦。政府通常采用政治施压和物价管制相结合的方式进行处理。政府部门顺理成章地要求行业限制工资或价格涨幅，同时向工会和工人施压，让他们遵从所谓的"自愿"指导。美国政客很快也学会了这一招，并称之为"强烈呼吁"。一种更为和缓的方式是由政府组建专门的委员会，对价格和工资允许上涨的幅度进行评估。不论哪种做法，前提都是只要杂货店的店员或者造轮胎的工人肯接受外部专家认为合理的工资水平，政府就能在不影响经济发展的情况下逐步调低通胀率。[20]

"强烈呼吁"和物价管制往往大受民众欢迎，至少在开始时是这样的。当时非常流行抨击大企业哄抬物价，以及批判工会提出不合理的加薪要求。大多数情况下，物价管制开始实施后价格上涨的趋势就会得到遏制，政府统计部门得出的通货膨胀率也会下降。但是用不了多久，现实问题就接踵而至。店员会给顾客介绍一款带有褶子的礼服，坚称这件衣服比去年的款式价格要高的原因是多了褶子这种复杂的设计。食品加工商则会说，干旱的天气导致番茄的减产，他们不得不提高番茄酱的价格。码头工人们会坚持他们的工资上涨幅度应该高于飞机机械师和售货员，因为他们的劳动生产率提高得更多。几个月之内，对于不公平的抱怨就已开始发芽，原本可以用在提供新产品和服务上的精力被用来逃避管制，以便取得更高的利润或收入。

到了 1973 年年底，所有应对通货膨胀的措施似乎都失效了。中央银行陷入瘫痪。10 月 2 日，也就是阿拉伯石油产出国提高油价的前夕，美联储在考虑是否要降低短期利率——投票结果是 6 票赞成、5 票反对。伯恩斯两周后对他的同事说，私人观察员也在持观望态度。一位美联储的高级经济学家解释，导致不确定性的原因之一是，由计算机运行的预测模型难以"将近期的价格剧烈波动量化，因为这种程度的剧烈波动在现代并无先例"。专家们被难住了。[21]

从事后来看，鉴于石油在工厂、机动车和发电厂运行中的关键地位，阿拉伯石油输出国在 10 月 16 日宣布上调油价，会给大量进口原油的国家带来经济上的冲击和震动。但是不知为何这一风险在最初并未得到重视。与之相反，发达国家的心态仍旧普遍保持乐观。在禁运令宣布之后，英国和法国政府仍然预测 1974 年经济将会保持繁荣。直到 11 月 14 日，尽管此时的油价已经从每桶 2.9 美元涨到了每桶 5.12 美元，美联储还是提高了对美国经济增长率的预测值，同时降低了对于失业率的预测值。[22]

直至 11 月底，在石油危机发生的 6 个星期之后，现实问题才逐渐显露了出来。9 月，日本经济还一片热火朝天，政府不得不采取特殊措施给经济降温；到了 11 月，同一批官员对接下来几个月经济增长的预测就降到了零。法国经济学家警示说经济可能会一落千丈。在美联储，11 月 14 日给出的乐观的经济预测报告被扔进了废纸篓。一位联储经济学家在 12 月 12 日预测道："收入水平将受到严重打击，企业和消费者心情低落，而在此阶段经济上行的推动力很有可能彻底丧失。"在联邦德国，通货膨胀率已经达到了 1952 年以来的最高水平，一项秘密的经济部内部预测显示，近两万个工作机会将会在 1974 年消失。维利·勃兰特总理相当直率，他告知国会："形势相当不好，而且可能更糟。"[23]

菲利普斯曲线并没有显示出高通胀和经济停滞同时出现的可能。自然而然，这一新威胁获得了一个专属的称谓：滞胀。1973年的石油危机在经济增长停滞的同时拉高了物价，并很可能将滞胀带到以低失业率和低通胀率著称的国家，尤其是联邦德国和瑞士。滞胀现象超出了央行官员和财政部长们的经验。人们为了下面这个问题争论不休：到底是提高利率以应对通胀更重要，还是降低利率以促进就业更重要。然而事实表明，滞胀仅仅是接下来更加严峻的挑战的征兆之一，而此时并没有人注意到，局势已然是山雨欲来。带来了本世纪前所未有的繁荣的经济模式被打破了。[24]

这一经济模式建立在生产率的显著增长之上。生产率可能是经济领域中最复杂的概念之一。其基本概念是，利用固定数量的劳动力、资本和原材料，能够生产出来的产品越多，这个经济体就越富有。鉴于工人的体力存在极限，提高生产率就要更有效地使用机器、技术和商业手段。生产率可以通过很多种方式度量，而这些方式可能相当复杂。但是有一条隐含的假设很少受到质疑，那就是健康的经济体能够更加有效地利用所掌握的资源。

生产率的急速提升在战后给经济带来了健康的收益。而利润越高，工人的工资、股东的分红、企业的纳税以及在新产能上的投资也会相应地提高。正是这一良性循环缔造了黄金时代的辉煌。但是在公众毫不知情的情况下，在石油危机爆发的 1973 年 10 月，生产率增长速度的放缓已经给全球经济的长期繁荣画上了句号。[25]

1973 年 10 月的石油危机并不是生产率困境的罪魁祸首。它只是在已经受到各种因素影响的生产率水平上压下了最后一根稻草。高油价威胁到了以低油价为前提而建设的整套工业基础设施。全世界都将面临困难，并在接下来的很多年进行代价高昂的调整。就在联邦德国的经济顾问委员会提出应对方案之时，"石油进口量的缩减使得经济发展面临新的难题，而这些难题是无法用传统的经济管理手段解决的"。[26]

这场生产率危机将会带来深远的影响。政府和中央银行都知道，或者他们都自以为知道，如何使用"传统的经济管理方式"——提高或降低利率、税收和政府支出——引导经济回归健康。然而，当问题变成生产率增长速度下降时，经济学家的工具箱就令人尴尬地空虚了。

第 6 章 黄金男孩

1973 年初，人们的心情轻松愉快。一年之后，随着石油危机对世界经济的冲击，气氛已经完全不同。通货膨胀率持续走高。联邦德国禁止了移民劳工的引入，而该国的工业从 1955 年开始就依赖于劳动力输入。奥地利很快就如法炮制。随着北欧和中欧地区的"招工"广告牌被摘下，来自土耳其、南斯拉夫、葡萄牙和希腊的家庭，原本数以百万计地进入德国务工，开始真切地感受到了阵痛。英吉利海峡对岸的气氛更加阴霾，一场煤炭工人的罢工引发了大规模的断电，工厂每周只能开 3 天工。在日本，政府正在与被《每日新闻》形容为"灾难性的"局面抗争。[1]

身处危机之中，就很难把目光移到失业和滞胀的紧迫压力之外，展望未来。但是国际经济环境的剧变伴随着利率和大宗商品价格的跌宕起伏，将在世界范围内产生更加深远、更加持久的影响。最直接地感受到这些变化的是全球金融系统。越来越错综复杂的银行和中介机构网将工人的积蓄和石油出口国的利润转化成了新工厂、高速公路以及对提高生活标准至关重要的房屋。银行手中掌握了大量的石油资金，而他们运用这些资金的方式制造了前所未有的新型风险。最先发现金融危机已经迫在眉睫的人之一，是一个威严的高个子英国人——令人敬畏的英格兰银行行长戈登·理查森（Gordon Richardson）。

理查森与亚瑟·伯恩斯的共同点比一般人意识到的要多得多。虽然表面上是无懈可击的英国贵族，但是理查森的出身远没有这么简单。和伯恩斯一样，他也是纯粹凭借着自己的头脑和雄心突破了阶层的限制，跻身于上流社会。

理查森出生于 1915 年，父亲是诺丁汉一家杂货铺的老板。他在声名卓著的诺丁汉中学当上了学生级长，并凭借奖学金进入了剑桥大学学习法律。"二战"结束后，理查森在伦敦的一家公司担任法律顾问，并迅速脱颖而出。施罗德资产管理公司（J. Henry Schroder & Co.），伦敦最有声望的商业银行之一，将他收入麾下。理查森在 1962 年成了该银行的董事长。他以无可挑剔的外表、皇家般的尊贵气度和喜欢"纽约调法儿"的马提尼酒著称，将原本懒散经营的家族企业打造成了国际化的金融机构，处理来自美国和澳大利亚的兼并和收购业务。1973 年 7 月，57 岁的理查森走上了事业的巅峰，保守党首相爱德华·希斯（Edward Heath）邀请他出任英格兰银行的第 116 任行长。[2]

英格兰银行是全世界最古老的中央银行，还保留着穿粉色双排扣常礼服、戴大礼帽的门卫。它处于英国经济的核心，并且手握重权。它负责管理女王陛下的借贷事项。它能够决定哪家公司可以获取外汇，用于进口商品和境外投资。它对利率进行管制，调节企业和购房者能够使用的贷款总额。而且它正式监管着英国境内两类主要的金融机构：承兑所，专门交易政府金边债券的商业银行；高街银行，大部分英国人存储积蓄的场所，比如巴克莱银行和国民威斯敏斯特银行。[3]

由于伦敦的商业银行为世界各地的企业办理股票上市和债券发行业务，银行行长的影响力远远不止局限于不列颠群岛。英格兰银行的高级管理人员经常被派遣去执掌商业银行，央行以此进一步巩固它在伦敦的影响力。央行行长的大部分职权都没有在法律中列明，而正是这种模糊性，让他拥有了更大的权力。行长从位于针线街的华丽办公室走出，即可进入种植着桑葚树、如寺院一般宁静的室内花园。就是在这里，英格兰银行的行长行使着比全世界任何一国央行行长都重大的权力。

但在理查德接管英格兰银行之时，当局的权威已经受到了威胁。在布雷顿森林体系下，政府制定了一系列管制利率和限制资金流动的法规，以保障固定汇率不变。然而，随着布雷顿森林体系在 20 世纪 70 年代初解体，很多限制被摒弃了。国家的界限已经不再重要，金钱自由地涌入能带来更高的收益或者无须纳税的地方。大部分的资金来到了当时最重要的国际金融中心——伦敦，并主要以美元的形式存储。

这些资金中的很大部分都属于中东和北非的石油产出国。随着石油价格的推高，这些国家的财富正在以前所未有的速度积累。石油美元的流入使得伦敦大银行的利润在 1973 年的前半年惊人地提高了 80%。世界各地的银行都在伦敦开设了支行，以期能够分一杯羹。⁴

涌入大银行的资金多到银行无法将其全部贷出。英国政府鼓励他们使用"次级银行"处理过剩的资金，而次级银行的放贷条件要远比大银行宽松得多。很多次级银行的贷款用在了房地产投资领域，这在繁荣时期无疑是一条简单、低风险的收益途径。但在 1973 年 11 月，当一家名为伦敦郡证券（London and County Securities）的公司倒台时，轻松赚钱的好时光也戛然而止。该公司的失败虽然源于经理人的欺诈行为，却引发了消极的连锁效应。各大银行急于召回贷款以维持周转，但是很多借款人的资金已经投进了房地产，无法及时偿还。以国际大银行的标准来看，次级银行规模很小，然而却从国民威斯敏斯特银行等伦敦巨头手中借入了巨额资金。从法律上看，理查森和英格兰银行并无责任。但是理查森还是挺身而出，强迫英国的大银行划拨资金，有序地对次级银行进行清理和关闭。⁵

次级银行危机暴露了一个令人不安的事实：在全世界最重要的国际金融中心，竟没有人对银行进行严格的监管。1973 年 11 月，英格兰银行手中掌握的最新的有关伦敦郡证券的财务信息还是一张日期为 3 月 31 日的资产负债表，而且其中并没有载明有关借贷、担保或者其他义务的细节。比它大得多的银行也在接受这种维多利亚时期的非正式监管。没有审计人员到银行的办公楼里仔细检查他们的记录或研究他们的财务报告。"我们甚至连一份完整的损益表都不需要提供。"克兰沃特-本森银行的一名董事事后回忆道。每隔大约六个月左右，各家银行的高管就会拜访英格兰银行贴现办公室主任，向他出示最新的账目。每年一次，英格兰银行行长会邀请主要金融机构的董事长们喝茶，向他们询问是否有充足的短期资金，以及是否有必要减少房地产投资。据说，只要央行行长的眉头一皱，银行家们就知道要小心留意了。[6]

然而这些银行家们到底如何小心留意则被刻意地模糊了。英格兰银行倾向于保持神秘，行长一般不会发表公开演说。据说，英格兰银行新闻办公室的职责就是"让媒体别进银行，让银行别上媒体"。英格兰银行的历史研究员评论道："查阅 1980 年之前的年度报告，我们连确认这些银行家的身份都做不到，更不用说了解他们采取了哪些措施了。"不同于法国、加拿大、联邦德国和美国的央行，英格兰银行几乎没有发布任何银行监管方面的细则。比如说，一家伦敦银行为了回应央行行长的关注而在几个月内收回了大量的境外贷款，但是央行行长到底希不希望看到境外贷款科目缩减 5% 或者 20%，却是无从得知的。[7]

这种银行监管的方式有其优势。当伦敦的日子还没有这么不好过的时候，英格兰银行贴现办公室的人会每天与银行家们喝茶，听他们讲竞争对手的闲话。如果得到有人在市场上抛售法国债券或者某个机构的客户陷入困境的风声，贴现办公室的主任，甚至行长，就会召集所有银行家并要求他们采取行动。英格兰银行没有罚款和颁布禁令的权限，但是它的告诫有着巨大的权威。没有人愿意和得罪过央行的机构做生意。仅仅是央行行长的一句不满，就足以让最桀骜不驯的银行家屈服。

理查森在 1973 年出任行长之时，英格兰银行正在艰难地追赶金融改革的步伐。虽然每家在伦敦设立的外国银行支行都经过了英格兰银行的批准，可以交易货币并吸收石油美元，但是核准的依据不过是银行母国的一纸证明。因此，就算是为英格兰银行提供信息并及时做出警告的老银行家，对于这些新来的外国机构也知之甚少。更加令人担忧的是，英格兰银行对这些新来的银行的业务（包括账目、贷款审批程序，以及管理风险的方式）几乎一无所知。

理查森在银行监管方面还是个新手，但是上任头几个月的市场狂躁，让他强烈认识到了英格兰银行监管的缺陷。1974 年冬天，在没有任何公开通知的情况下，理查森采取了两项革命性的措施。第一项是内部改革：贴现办公室被一个新部门——银行监管处取代。原来的贴现办公室只有 20 名员工，对银行进行检查也不是它的常规职责；银行监管处的规模更大，人员也更加专业。银行家不会再被请来喝茶了，从今以后，银行需要定期递交有关贷款、存款和借款的详细数据，而且监管处的主任会派遣专员仔细检查他们的文件，面试他们的员工，审核他们的制度。并没有任何法律赋予英格兰银行这样的权力，但是理查森准确地预计到了，任何拒绝央行监管的金融机构在伦敦都无法立足。[8]

　　理查森的第二项举措是国际化改革。央行官员以低调、含蓄的方式提醒金融界，国际银行业的繁荣带来了全新且不可预见的风险。奥特玛·埃明格尔（Otmar Emminger），德国央行一位很有影响力的副行长 1973 年 11 月这样谈及银行争夺外国存款的情况："私人机构的经济利益似乎与整个信贷业的健康发展发生了冲突。"在与美联储主席亚瑟·伯恩斯的一次私人谈话中，理查森更进一步地指出，外国美元流入美国，兑换成其他货币后再出借到世界各地的现状，有可能会打破整个银行体系的均衡。他建议在巴塞尔举行一次会议专门讨论这个问题。9

　　巴塞尔是莱茵河畔一座安静的瑞士小城，国际结算银行就坐落在那里。这家无名的机构由世界各国的中央银行组成，成立于 1930 年，初衷是处理凡尔赛条约下的德国赔偿金。到了 20 世纪 60 年代，其主要职能就剩下了在各国央行之间调动资金。这项工作相当专业而且无趣，以至于很少有非专业人士能将它准确地表述出来。这个默默无闻的地点也有一项优势，那就是周围没有大批的记者紧盯着往来的权贵。

　　20 世纪 70 年代，央行官员们大约每月一次聚在这里开会，主要就是讨论经济形势。1974 年 3 月到 4 月，会议的主题就是如何处理石油输出国膨胀的财富。发达国家的银行为了从大量流入的资金中谋利，就要将美元兑换成其他货币，再将资金贷出到境外。这就相应地产生了一系列风险。即便借方及时还款，但如果汇率向不利的方向变动，还款金额就有可能低于银行应当付给存款人的本息。而且如果某个石油酋长国突然想要提回存款，将这笔钱用作五年期的英镑或荷兰盾贷款的银行就会面临流动性短缺。

这一前景令人担忧，因为在金融国际化、汇率浮动制的新世界里，银行与银行之间比以往任何时刻都更加紧密地联系在了一起。他们不仅相互拆借资金，联合成为银团进行贷款，还会互换货币以满足各自客户的需求。在大多数情况下，这些交易需要拿未来某个日期的汇率做赌注。举例来说，一家西班牙的服装公司预计在 6 个月后会有一笔 100 万联邦德国马克的货款入账，这家公司可以与银行签订协议，锁定 6 个月后这笔资金在西班牙货币上的价值，如果到期日汇率向不利的方向变化，风险将全部由银行承担。相应的，银行又可能与其他银行签订类似的协议以对冲风险。任何时刻，此类交易下都有着数以千计的风险敞口，任意一家大型银行的破产，无论在何处发生，都可能引发世界范围的银行和经济危机。然而没有一家央行有权控制在新世界中诞生的全球银行业。正如美联储官员亨利·沃里克（Henry Wallich）在巴塞尔会议后向他的同僚干巴巴地汇报时所说："有必要进一步明确该领域的职责划分。"[10]

然而，已经没有时间进一步明确了。1974 年 5 月，危机已经近在眼前。

危机爆发的地点相当不可思议 —— 并不是纽约、伦敦或者东京的大型跨国银行，而是一家最多算得上中型的美国银行，富兰克林国民银行。

富兰克林国民银行扎根于纽约郊区，面对大银行的扩张，其原本依靠特许经营权获取的收益不断受到挤压，因此经理人决定到境外寻求更高的收益。1969 年，美联储准许它在巴哈马群岛开设一家分支机构。尽管主审人员对其账面上的不良贷款深表担忧，美联储还是在 1971 年批准了它在伦敦开设分行的申请。在获得了跨国银行的地位之后，富兰克林国民银行赢得了最令人垂涎的奖励。1972 年 6 月 1 日，英格兰银行批准其从事外汇交易，正式接纳它成为"大联盟"的一员。一个月后，一位名叫米歇里·辛德那（Michele Sindona）的意大利律师获得了富兰克林国民银行 21.6% 的股权。[11]

时年 52 岁的辛德那，一路从西西里岛的贫穷乡村打拼到了意大利商业圈的顶端。作为蔬菜商人的儿子，他获得奖学金进入大学学习法律，并在"二战"期间靠走私蔬菜赚到了第一桶金。他衣着考究，剪裁得体的套装口袋里总是露出一方白色手帕，他与黑手党、天主教堂、意大利政界高层都建立了联系。除了打理梵蒂冈银行的投资外，他通过一系列控股公司在意大利、德国和瑞士持有多家银行、房地产和制造业企业的大量股份。他在美国的生意不多，富兰克林国民银行正好提供了一处据点。

然而，辛德那的律师们坚持，他的持股不应该达到取得控制权的程度——这一点相当重要，因为一旦取得控制权，就意味着美联储将有权审查辛德那的其他商业行为。将购买富兰克林国民银行的股份严格当成一项投资，正如辛德那声称他在做的那样，是不需要美联储的批准的。

事实证明，辛德那绝非一名被动的股东。他推动富兰克林国民银行加强在外汇市场上的投资，而且很快就在银行的国际部里安插了自己的人手。这些人很快就不顾监管制度的限制，让银行向自己的股东辛德那的公司提供借款。富兰克林国民银行的外汇交易员对外汇变动方向的预测相当不准，也因此损失了大量资金，但是辛德那的手下利用从辛德那的商业帝国里挪东补西的方式掩盖了这些损失。由于没有一家监管机构可以监管辛德那掌管的所有银行，也就没有人发现他们的欺诈。然而流言似乎掌握了真相：1973 年秋天，一些满怀疑虑的银行暂停了与富兰克林国民银行的外汇交易。但是这些消息外部人员无从得知。1973 年12 月，在纽约的圣瑞吉斯酒店的一场晚宴中，意大利总理朱利奥·安德烈奥蒂（Giulio Andreotti）专门赞扬了辛德那在外汇市场上的运作，将他称为"里拉的救星"。一个月之后，约翰·沃尔普，美国驻意大利大使，更是提名辛德那为"年度人物"。[12]

1974 年 5 月 3 日，伦敦的一家银行向官方传递了那些流言，纽约的调查员顺藤摸瓜，发现了富兰克林国民银行进行非法交易并隐瞒损失的证据。5 月 10 日，美联储接管了这家银行。但是联储官员立即看出，他们不能简单地将富兰克林国民银行关闭。它是数百笔外汇交易的参与方，其中很多笔还有几个月才到期。如果这家银行突然倒闭，与它做交易的银行就要蒙受严重的损失。出于对造成全球性金融恐慌的担忧，美国官方维持着富兰克林国民银行的基本存续，逐渐减少它的持仓，最终才拍卖它的残值。

富兰克林国民银行只是金融稳定的时代终结的第一个迹象。就在美国人竭力控制损失的同时，联邦德国政府遭遇了一场极其相似的危机。最新的威胁来自科隆，当地一家鲜为人知的小银行突然压垮了半个地球之外的金融市场。

赫斯塔特银行（Bankhaus Herstatt）是一家致力于服务科隆金融界精英的私营机构，它的口号是"储蓄不应该是一场冒险"，然而它的行径却与之背道而驰。这家银行的老板伊万·赫斯塔特（Iwan Herstatt）允许年轻的外汇交易员团队，也就是他的"黄金男孩们"，规避内部控制，并在外汇市场上自由对赌。某知名会计师事务所出具的赫斯塔特银行的财务报告显示，其资产足以覆盖全部交易损失，这些资产包括在瑞士经济银行的存款。瑞士的银行保密法相当严格，规定瑞士的银行不得向任何第三方透露赫斯塔特银行的存款规模，这也许就是审计师和德国的银行监管机关没有对存款进行核实的原因。如果做了尽职调查，他们就会发现，所谓的瑞士经济银行并不存在。当监管机关最终在 6 月 24 日关闭赫斯塔特银行的时候，它的亏损已经接近 5 亿马克，是其存款人存入的资金的 6 倍。

跟接下来发生的事件相比，上述亏损几乎称得上是微不足道。某个周二下午 4 时，德国官方抓捕了赫斯塔特本人，《明镜周刊》称这次行动为"一次避免金融混乱的闪电袭击"。但与美国不同，德国的监管机关没有考虑到赫斯塔特与境外银行密集交易的事实。就在倒闭之前，赫斯塔特又收到了一些其他时区的银行的付款，但是向外国银行做出的相应付款却发生在倒闭之后。这些付款受到阻碍无法完成，给世界各地的银行都造成了损失，造成了外汇市场上连续数月的混乱局面。[13]

赫斯塔特倒闭的冲击引发了第三场跨国银行的破产风波。尽管此事受到的关注不多，但从某种程度上来说更加令人担忧。以色列–不列颠银行（Israel-British Bank）的倒闭并没有威胁到世界经济，但它揭示出，很多借以维护银行体系稳定的流程存在着危险的漏洞。[14]

以色列–不列颠银行是以色列的第六大银行，但是从国际标准来看，它只能算条小鱼。以色列–不列颠银行成立于1929年，由波兰移民建立，最初的名字是巴勒斯坦–不列颠银行，由英国犹太社区的领袖人物沃尔特·内森·威廉姆斯（Walter Nathan Williams）的继承人控制。威廉姆斯家族在犹太复国运动中很有影响力，而且与以色列的右翼政治团体关系紧密。到了1974年，该行在以色列已经有了八家支行，在伦敦有一家子公司。威廉姆斯的女婿，哈里·兰迪（Harry Landy），一名出生于威尔士的会计师，当时是以色列–不列颠银行的主席。另一个女婿，约书亚·本西翁（Joshua Bension），是副主席兼总经理。就在该行位于伦敦霍尔本的总部——威廉姆斯国家大厦，这两人同时还经营着一系列其他公司，包括英国的保险公司和以色列的葡萄庄园。[15]

给自己的股东和管理人提供关联贷款，是银行业务中最有潜在危害的行为之一，因为它给动机不纯的银行家提供了打劫自己公司的机会。正因如此，1970 年，以色列银行监管机构命令以色列-不列颠银行限制其向威廉姆斯集团的贷款。但是兰迪和本西翁拒不接受。他们找到了一条回避监管的新路，办法是让自己的银行用资产向两家瑞士的银行提供担保。有了特拉维夫的以色列-不列颠银行的资产作为抵押物，这两家瑞士银行向兰迪和本西翁在瑞士和列支敦士登的控股公司提供了 7500 万美金的贷款。如此操作下来，兰迪和本西翁就有办法将资金从以色列转移出去，而这又违背了以色列的外汇管理规定。[16]

赫斯塔特事件让这种手段暴露在了光天化日之下。随着金融市场的动荡，银行急于收缩国际业务 —— 包括撤回他们存储在特拉维夫的以色列-不列颠银行的款项。1974 年 7 月，也就是赫斯塔特银行倒闭两周之后，特拉维夫的以色列-不列颠银行发现他们的流动性不足以清偿外国存款人了。本西翁以银行在瑞士的资产为支撑，向以色列当局申请一笔应急贷款。就在当局准备拨款文件的同时，以色列中央银行的律师发现，这些资产已经被冻结，作为向兰迪和本西翁的公司提供秘密贷款的抵押。以色列当局因此撤销了应急贷款，特拉维夫的以色列-不列颠银行也就无法偿还伦敦的以色列-不列颠银行的贷款。两天之后，伦敦支行倒闭，尽管哈里·兰迪承诺"我们会坚持下去"。[17]

一项调查显示，以色列–不列颠银行并不是赫斯塔特危机的无辜受害者。该行业务兴隆靠的全是对监管者的欺瞒。周一到周五，它把资金留在伦敦，以取悦英格兰银行。等到了周末，伦敦支行就将资金借给它在特拉维夫的总行，确保其短期资金量能够满足以色列的监管要求。下周一一早总行就向伦敦支行还款，再次显示伦敦支行强大的资金实力。而当表演谢幕之时，以色列–不列颠银行远比它所展示的要窘迫得多。该银行的业务盘根错节，以致法庭指定的审计师团队花费数月才将其梳理清晰。受害者名单中美国政府赫然在列，因为富兰克林国民银行向以色列–不列颠银行提供的贷款，美国政府损失了210万美元。而以色列–不列颠只是一家名不见经传的小银行，经营着相对简单的业务。如果仅仅是两个国家的九家支行就能将监管方蒙在鼓里，那么对于那些手握石油美元的巨型银行，比如东京的日本第一劝业银行或者纽约的大通曼哈顿银行，他们不知道的事情又有多少呢？[18]

米歇里·辛德那最终因富兰克林国民银行的倒闭被判处65项联邦重罪，在美国的一家监狱服刑4年后，又被转移到意大利继续服刑，1986年死于一杯加了氰化物的咖啡。辛德那到底是选择了自杀，还是为了防止将安德烈奥蒂总理牵扯进丑闻而被谋杀，至今未有定论。伊万·赫斯塔特在1991年被认定为精神失常之前，曾两度因欺诈而定罪。约书亚·本西翁，在以色列被控窃取4700万美金，1975年被判入狱12年，两名首席拉比呼吁宽大处理也无济于事，1977 年由总理梅纳赫姆·贝京释放。哈里·兰迪因欺诈被判处 5 年，但此判决 1979 年在英国的法庭被推翻。无论是老于世故的辛德那、心宽体胖的赫斯塔特、虔诚的本西翁，还是口若悬河的兰迪，他们尽管性格千差万别，却都在银行监管体系中发现了同一个漏洞 —— 如果一家银行的业务跨越了国界，就没有任何一国的监管者能够完整、清晰地掌握它的运转情况。[19]

戈登·理查森向亚瑟·伯恩斯指出了这个漏洞，他们在 1974 年初把问题摆到了各国央行长官的面前。他们称，跨国银行业务中存在的问题，即便发生在小银行之间，也有可能引发大范围的经济危机。1974 年 12 月，各国央行官员要求本国的银行监管者提出解决方案，避免再次发生类似令人心惊的国际传导事件。[20]

数十年之后的今天，已经很难想象，1975 年某个星期二，各国银行监管者是怀着怎样的心情或者想法聚集在巴塞尔弗雷甜品店楼上的单调会议室里的。与会者都是技术专家 —— 籍籍无名的银行监管人员，而不是卓有声望的央行官员。大部分人互不相识。他们的语言也各不相同。在会议室里，代表们戴着耳机，听同声传译将大会的进程翻译成英语、日语、意大利语和法语。在茶歇期间，他们的闲谈和交流都很费力。

与会人员不确定自己是否有充分的法律授权，以及是否有资格将本国的信息在会上共享。有些人需要考量国内的政治形势，而有些参会代表所在的机构并不具备监管本国银行的全部权限。美联储无法代表财政部的货币监理署,而后者又没有出席巴塞尔会议;日本银行与未到场的财政部关系疏远,这也是人尽皆知的事实。外交上的考虑也产生了干扰,尤其是法国更倾向于将金融监管作为一项欧洲事务来处理,而不是带上美国、加拿大和日本一起玩。更何况这个有关银行规制与监管实践的委员会到底是干什么的也尚不明晰。会议议程主要由主席决定。经过一番谨慎地运作,理查森为一名同事争得了主席的位置,他就是英格兰银行的乔治·布伦登(George Blunden),而该人在处理银行违规方面经验并不丰富。[21]

　　时年 52 岁的布伦登,是英格兰银行的资深知情人。作为英格兰银行终身员工的儿子,他在"二战"期间参军,在牛津大学学院毕业后进入了英格兰银行,然后就再未离开。20 世纪 70 年代初,他升任管理服务处主任,负责管理行政办公室和电脑系统。他并不是银行监管领域的专家,但是英格兰银行的其他人也同样不是 —— 毕竟,英格兰银行的监管更多要依赖于社会规范,而不是会计标准。布伦登的组织能力足以弥补他在监管经验方面的不足。针对银行系统数据信息不足的情况,他要求各家银行按月度和季度提交报告,内容包括外汇存款、房地产贷款、关联企业贷款等方面的详细数据。有了这些数字,布伦登手下的监管人员就可以比对不同的银行,制定严格的监管制度以规范他们的行为。[22]

　　在第一次巴塞尔会议中，布伦登宣布，中央银行行长们希望委员会能够设计出一个体系，该体系能够为潜在的银行危机提供预警。此计划很快就以不切实际为名而被否决。经历了数月的讨论之后，参会的监管者决定专注解决对他们造成最大困扰的一个问题——监管银行的境外分支机构。

　　简单来说，在 20 世纪 70 年代，银行有三种方式在母国以外拓展业务。第一种是成立子公司，这种形式类似于在境外设立本地银行，需要接受当地的全部监管政策。除此之外，子公司还要有自己的财务资源——用银行的话说，就是"资本"——即便境外的母公司破产了，它也能用自己的资本履行义务。第二种是设立境外分行，也就是仅在境外设立据点，这个据点拥有很少或者几乎没有自己的独立资产。如果一家支行无法向存款人付款，其总行需要代其履行义务，也可能不履行；加拿大和瑞典认为境外支行可能引发的风险太多，因此不允许外国在本国设立境外支行。第三种开展跨境业务的方式是成立合资银行，由两个或两个以上的国家共同持有股份。这种安排的问题是一旦出现危机，并不能确定这些境外的合作方是否会承担责任。[23]

　　能够达成一致意见的是，外资经营的业务存在潜在的风险。外资的前哨已经遍布全球各地——从 1971 年到 1974 年，欧洲主要金融中心的境外支行数从 303 家上涨到了 472 家，但是监管者对它们的忽视令人震惊。他们对于本国银行的境外业务知之甚少或者一无所知，很多国家的法律又禁止监管者跨境分享信息。

德国的银行通过在卢森堡的子公司大举向波兰提供贷款，而德国的银行监管机构对此毫不知情，结果就是，德累斯顿银行在卢森堡的子公司破产，几乎导致全球最大的一家银行以及与之有业务往来的数百家重要金融机构瘫痪。日本的银行在欧洲和北美迅速扩张，但是日本央行承认他们极少对这些银行的境外支行进行审查。负责监管美国绝大多数大型银行的美联储，在境外完全没有监察人员。尽管很多美国银行在境外从事着本国法规所禁止的业务，比如发行债券和交易现货，美国的监管者完全没有能力监督他们的行为。[24]

经过对上述问题长达一年的研究，各国监管者达成了共识。1975 年 9 月，他们建议各国修改法律，允许银行监管机构在国际层面互通信息。他们相信，母国的监管机构应当有权检查本国银行在其他国家的分支机构，而分支机构所在国的监管机构应母国的请求，有权对该分支机构进行检查。

这一初衷良好的安排，后来被称为《巴塞尔协议》，在当时饱受赞誉，它代表了过时的国家主权观念被更为开明的国际合作共识所取代。然而，最为棘手的问题，即金融机构跨境业务的最终责任主体是谁，尚未得到解决。"想要制定出明确的规则，将所有情况下的监管责任边界都确切地体现出来，是一项不可能完成的任务。"参会者们得出结论。新协议中的内容，没有一条能够预防类似富兰克林国民银行和赫斯塔特的危机发生，更不用说看穿以色列-不列颠银行的花招。运用国家权力监管跨国银行在政治上过于复杂，因此与会人员干脆决定完全放弃讨论。在金融国际化的新世界里，因为各国的弃权，将无人对监管工作负责。[25]

银行监管者讨论的时间越长，流入石油出口国口袋的资金就越多。1973 年 10 月，沙特阿拉伯出口轻质原油的官方价格还是每桶 5.12 美元，这个数字在 1974 年 1 月升至每桶 11.65 美元，到了 1975 年又达到了每桶 12.37 美元，当年石油输出国组织入账的资金达到了 1350 亿美元。随着大量资金涌入银行体系，全世界的银行都在法兰克福、纽约、贝鲁特和亚特兰大设立了据点，使尽浑身解数吸纳储蓄，然后再将贷款发放给他们之前完全没有接触过的客户。在那些想在新业务中分一杯羹的银行中，有很多并没有国际贷款的经验，对他们的新客户也缺乏了解。这是一颗定时炸弹，监管者也都知道。他们在巴塞尔讨论得越详细，也就越担心那个银行希望他们忽略的问题 —— 资本不足。[26]

资本对于银行来说至关重要。简单地说，资本代表了银行在遭受重大损失时偿付存款人和交易伙伴的能力。银行通过向投资方出售股份、在年利润中提取部分资金、建立不良贷款准备的方式筹集资本金。一条基本的原则就是银行的资本不能用于贷款，它必须以现金或者短期证券的方式闲置出来，以备紧急情况使用。在理想的情况下，一家银行发放的贷款越多，用于预防坏账而配置的资本金也应该越高。但是银行家们痛切地意识到，大量闲置资本将导致股东回报率下降。20 世纪 70 年代中期，很多银行几乎完全没有自有资本。纽约花旗集团的沃尔特·里斯顿，几乎算得上全世界最具影响力的银行家，宣称精细化管理可以降低银行资本金的必要性，他明确表示，他的银行将尽可能少地持有资本。大银行的贷款和交易规模日益扩大，但是他们的资本金却没有相应地增加。[27]

第一个公开敲响警钟的人是亚瑟·伯恩斯。伯恩斯惊讶地发现，美联储不得不出手扶助富兰克林国民银行，并给赫斯塔特事件擦屁股。1974 年 10 月在檀香山，伯恩斯在美国银行家协会会议上致辞，这次他完全没有费心客套和寒暄。"银行发展的速度太快了。"他直截了当地说。他们过于激进地吸收短期存款，而发放贷款时对期限和还款可能性又考虑得太少了。随着银行业务的扩张，"对维持银行信用起到关键作用的资本缓冲被逐渐稀释，尤其是在一些大型银行"。他还宣布，监管机构打算采取"短暂休整"的政策，在银行拥有更加稳健的基础之前延缓银行的扩张。[28]

公众对这些问题几乎一无所知，因为各地的银行监管机构不约而同地将衡量银行实力的关键指标——资本与贷款以及其他资产的比率秘而不宣。在不利消息被散播出去的极少数场合中，监管者会反过来帮银行遮掩。1976 年 1 月，华盛顿邮报报道，当时全美第二大和第三大银行——第一国家城市银行和大通曼哈顿银行，出现在"问题机构"的官方清单上。而他们的监管者，货币监理署的长官詹姆斯·E. 史密斯，坚称他们属于"全世界最稳健的银行机构"。但在大量借款人明显丧失还款能力的情况下,这两家银行怎么还能称得上稳健,史密斯没有深入说明。很多法国和日本的银行几乎没有任何资本,一旦他们的贷款无法收回,政府就会陷入被动。[29]

银行究竟应该持有多大比例的资本,这一问题相当敏感,监管委员会在 1976 年 10 月决定暂不讨论。每个国家都要独自面对、独自解决。没有国家经得起激进的改革。如果一家银行必须持有的资本要比它的境外竞争者高出许多,这对它来说将是一个劣势。保罗·沃尔克 1975 年出任美联储主席时,以及约翰·海曼 1977 年担任货币监理署长官时,都曾要求美国银行增发新股或者提留利润以提高资本水平,他们都遇到了层层的阻力。哪怕是资本水平的微小提高,都需要数年才能实现。虽然表面上看石油美元源源涌入,国际信贷业务蓬勃发展,银行业的基础实际上却越发不堪一击了。正如戈登·理查森担忧的,国际金融的扩张速度太快了,监管者的能力远远达不到保证其业务安全稳健的水平。用不了几年,严重的后果就会浮现,被贪婪和石油美元刺激得胆大妄为的银行业将会带垮整个世界金融体系。[30]

第 7 章　配额与侍妾

只要世界经济持续繁荣，政客和政府官员们就会乐于居功。但是当繁荣转向萧条，正如 1973 年最后几个月发生的，他们就要饱受指责。同样的法律和政策，之前被认为在创造就业和提高生活水平方面功不可没，现在却被指为阻挠经济发展的障碍。政府的管理者，曾经以专业人士和服务于公众福祉的无党派公务人员自居，如今也受到攻击，有人说他们是自私自利的官僚，为了收拢权力不惜扼杀创新、维护低效率。扩大竞争可能是经济复活的关键的观念开始流行，随之兴起的，是一场世界范围的放松管制运动。

然而，放松管制运动第一波浪潮的掀起，却不是出于经济发展方面的考虑，而是针对理查德·尼克松的政治问题。1973 年 10 月石油危机爆发之时，美国人并没有做好应对高油价以及汽油和柴油短缺的准备。作为人口向郊区迁移的结果，大多数住宅以及越来越多的办公大楼和商业中心都坐落在人口密度低的区域，轨道交通无法覆盖；除了几个大城市之外，几乎每个人都

是独自驾车上班。美国人对于大型汽车的喜爱是出了名的，而
V-8 发动机和动力排风空调的流行又进一步降低了燃油的效能。
1963—1973 年汽车的平均耗油量提高了 18%。一般来说，开车
的人每周都要加一次油，美国人花了很多时间在加油站排队上。
而对柴油的零星供应扰乱了货物运输业，让很多工厂无法按时交
货，每天需要开车穿越大片国土的货车司机更是感到愤怒。尼克
松是历来入主白宫的总统中最能敏锐把握政治风向的一个，他很
快意识到果断采取行动的时机到了。1973 年 12 月，他任命了一
名"能源沙皇"。[1]

从很多方面来说，这一任命都是 20 世纪 70 年代初政府的
典型反应。在黄金时代，经济可以自我调节并导致价格变动的观
点还未被广泛接受。对于市场力量的不信任是一种通病；在几乎
所有国家，经济生活中最细小的细节，从存款账户的利率到杂货
店的营业时间，都是由法律、规章和官员的突发奇想决定的。政
府还可以利用法规对某些社会政策进行强化，甚至不需要进行政
治斗争。股票经纪商需要赞同政府对投资者买卖股票时必须交纳
的佣金的规定；这种固定价格表面上保护了因缺乏经纪商的建议
而可能做出错误决策的散户，但主要还是充实了股票经纪商的腰
包。大型企业往往使用一种很复杂的电报系统 —— 电传（telex）
进行交流，因为当局有意提高长途电话的价格，用于对本地通话
进行补贴。受制于银行监管，每当贷款利率上升，贷出款项就会
从住房按揭流向商业部门。这样的约束长期有效，人们都已对此

习以为常。

尼克松选来整顿混乱的能源市场的人，看问题的方式与众不同。财政部副部长威廉·西蒙（William Simon）是弱肉强食的资本主义的坚定支持者。时年46岁的西蒙通过交易市政债券——一种由美国政府或地方政府发行的免税证券——积累起了大量财富。与很多财政部的高官不同，他既没有常春藤大学的背景，也没有研究生学历。比起学术上的追求，他更喜欢体育运动，从一所不太知名的大学毕业后，他进入一家默默无闻的小投资银行工作，凭借自身的能力，成了著名的投资银行所罗门兄弟的资深合伙人。证券市场之中，机会往往稍纵即逝，这使得西蒙敢于行动，不屑拖延；坚决和果断是他性格中最大的特点，记者曾经把他称作"人形电锯"。西蒙是虔诚的天主教徒。"我是一名不干涉主义者，"他对采访的记者说，"我相信托马斯·阿奎那的理念……凡是个人能够和应该做到的事情，社会都不该为他代劳。"2

在尼克松的第一个任期里，西蒙回绝了几个无关紧要的政府职位，直到1973年1月，尼克松在第二个任期伊始将其任命到财政部就职。当时的石油价格已经开始上升，尼克松建议西蒙组建一个委员会，修改有关石油进口的一些有争议的限制性规定。西蒙在处理能源事务方面没有什么经验，但是这一任命意味着他马上就要进入一个被联邦法规和各州法令主导的领域了，而这些法规有很多曾被他公开抨击为奇思怪想。国会急于让尼克松加强国家对石油市场的掌控。西蒙对此强烈反对。他声称，尼克松政府不想也不需要在石油生产和精炼方面追加限制。他认为，市场的力量将会治愈短缺，因为高油价会促使风险偏好者钻取更多的石油。能够把价格调整下来的唯一力量，他直白地说，就是"生产石油或者汽油的能力"。[3]

尼克松与国会的关系已然十分紧张。他此时深陷水门事件的泥潭，距被迫辞职已经不远，而他的副总统斯皮罗·阿格纽早在1972 年末就因偷税漏税而下野。面对如此形势，多数官员可能会选择与政府的监督机构和解，但是新上任的能源沙皇对于激怒国会乐此不疲。西蒙的领地，正式名称是联邦能源办公室，就设在总统的行政办公楼内，在大多数联邦机构和部门的楼上，以防他们给采取果断行动制造障碍，也回避了意图控制能源政策的国会。在负责能源办公室的同时，西蒙还继续兼任财政部副部长，因为他在经济领域有着非凡的影响力。尼克松认为，能源问题相当棘手，必须要有一名强势人物才能应对。他对他的内阁说，1942 年德国就任命了建筑师阿尔伯特·斯佩尔主管军工业，如果希特勒没有将武器生产全权交由斯佩尔负责，纳粹德国能支撑的时间就要短得多了。[4]

缓和公众对于汽油管道和天然气短缺的怒火的最明显方案是提高产量。但是西蒙很快意识到，纵使他手眼通天，也还是控制不了石油的生产。所有美国沿海、内陆以及阿拉斯加的石油钻探活动都受到联邦法律的严格管控，1969 年加利福尼亚圣塔芭芭拉附近的海上油井井喷事件的痛苦记忆还历历在目，国会不愿放松对钻井的管制。立法者也不愿修改限制能源市场的法令。这些法律授权政府在全国能源短缺的情况下提出石油供应分配计划。西蒙在接管能源部 3 个星期后行使了这项权力，制定了在必要情况下定量分配汽油、航空煤油等石油天然气产品的详尽计划。但是，他在计划经济中加入了一个市场控制变量：如果要实行定量供给方案，每个 18 岁以上的驾照持有者每月只能购买 32~35 加仑的汽油，配给券就要允许自由交易。这样一来，定价的主体就是市场力量，而不是政府命令。

西蒙起草的配给计划只是一种伪装。他从根本上反对定量供给，也无意将该项计划付诸实施。计划的公布赚取了国会和媒体的掌声，但此后就被西蒙束之高阁。相反，他很快就着手推动放松管制，以鼓励私营企业提高石油和天然气产量。1974 年初，这个能源沙皇开始利用他在媒体中的影响力大力宣传，反对政府对能源的控制。西蒙对于官僚体制和政府监管的公开抨击，在社会上引发了一场关于政府经济职能的大辩论。

在美国，能源在所有经济部门中受到的管控最为严格，而该领域法规的复杂程度更是无人能出其右。1938 年的法案要求联邦动力委员会确保天然气价格"公平合理"。该委员会落实法令的方式是监管将天然气从气井运输到其他州储油库的输油管道，然而它对不跨越州界的输油管道没有监管权。1954 年，最高法院裁决该委员会不仅要对输油管道进行监管，还要监管生产商对天然气的定价。这极大地提高了委员会的权力，也大大增加了它的工作量。然而，既然联邦政府无权管理一州之内生产和使用的天然气，这就意味着，本州的发电厂和外州的发电厂对于产自同一气井的天然气要支付不同的价格。因此，联邦动力委员会发现，他们能够管控几万个气井注入跨州输油管的天然气的价格，但却对注入州内输油管的产品价格无权监管。[5]

由于从无监管天然气井的经验，联邦动力委员会着实慌了手脚。1955 年，委员会落地了一项方案，所有天然气井的所有者都要向委员会提交材料以披露成本。然后，所有者被要求在一个高到能够体现合理利润的水平上定价。委员会是在照搬一个久经考验的做法，因为自 20 世纪以来，美国的铁路公司和电力公司基本就是按照这种方式接受监管的。

然而选择这条监管路径还有个小问题：经营天然气井和运营铁路完全不是一码事。很多天然气井同时也出产石油，勘探与开发的成本中，究竟哪些是钻取石油的成本，又有哪些是钻取天然气的成本，都要通过复杂的判断来加以区分。有些油井距离主要消费市场较远，需要调整价格以覆盖更高的运输成本。新天然气井的钻井成本比几十年前钻好的气井要高。以成本为基础的定价，导致新井产出的天然气比附近旧井的产品要贵得多，因此这些"新井天然气"也就更难销售出去。此外，在现有的 4700 家生产商提交了大量成本数据后，委员会在 1960 年预估，为所有生产商给出正确的定价大约要用 83 年，假如没有新气井开发出来的话。而且，这些调查还无法解决一个政治上相当敏感的问题：便宜的"旧天然气"到底是应该卖给需要采暖的家庭消费者，还是想要降低成本的化工生产商。[6]

如果说之前的天然气市场只是略显混乱的话，针对部分（不是全部）石油价格的联邦法规更让价格一团乱麻。20 世纪 60 年代中叶，对于得克萨斯、俄克拉荷马以及其他天然气资源丰富的州的生产商来说，在本州销售天然气所得的收入要远远高于销往外州。自然而然，他们会尽可能在本州范围内做生意。而在没有天然气资源的州里，就算是向家庭和企业供气的机构，也无法获得足量的天然气供给。为了满足需求而宁可多出些钱的消费者也不能如愿，因为跨州的天然气售价是由政府决定的，并不是买方与卖方之间博弈的结果。

在克利夫兰，受雇于 700 余家企业的 3 万多名工人于 1970 年 1 月被迫停工 10 天，原因就是当地的天然气储备耗尽。全国天然气跨州供给不足率在 1971 年是 2%，1972 年达到了 5%，1973 年则超过了 6%。从纽约到北卡罗来纳州的东部城市受到的冲击最大，因为那里完全不出产天然气，但却因家庭采暖和燃料厂开工需要消耗大量能源。就连通常尖锐批判能源产业的《华盛顿邮报》，也同意美国天然气联盟的观点，即认为政府价格管制抑制了新能源的勘探。有多达 1800 万户家庭订阅的持保守党态度的月刊《读者文摘》，在 1973 年 4 月告诉读者："我们根本没有必要面临这样的天然气短缺。"[7]

美国的石油市场，如果有什么不同的话，只能说比天然气市场更加缺乏理性。从 20 世纪初，跨州输油管道的费率就在联邦法规的管制之下了，1932 年国会又对进口原油、汽油和润滑油设置了高关税，以保障本国生产商的利益。1955 年，一届由艾森豪威尔总统任命的委员会建议，出于国家安全的考虑，应将进口石油控制在本国需求量的 10% 以内，于是相关政策进一步紧缩。当大大小小的炼油厂对此建议视而不见时 —— 1956 年的下半年，进口石油占比达到了 12%—— 艾森豪威尔命令除太平洋沿岸之外所有区域的大型炼油厂"自愿"减少进口原油 10%，而小炼油厂进口原油则需取得联邦政府颁发的许可。这就意味着，弗吉尼亚州的印第安纳标准石油精炼厂或者新泽西的赫斯炼油厂可以进口多少桶原油，将完全由美国内政部决定。[8]

诡异的是，这种依赖企业自愿降低石油进口的尝试，反而导致了石油进口量的上涨，而不是下降。无法进口足量原油的精炼厂不得不增加本地购买量，这进一步抬高了国内原油的价格。美国原油的售价高出进口原油 18%，但是所有精炼厂都要以统一的价格出售汽油和柴油，不管他们使用的原油产自何处，这就意味着对于国产原油依赖度较高的精炼厂将面临利润的萎缩。因此，精炼厂就有极大的动力尽可能多地进口原油。那些过去从得克萨斯州或者路易斯安那州进口原油的精炼厂，开始谋求使用中东和委内瑞拉石油的许可证，因为此时的竞争环境让他们别无选择。

在"自愿"减少石油进口的项目失败之后，艾森豪威尔在

1959 年颁布了强制管制进口的法令。根据该法令，每一家精炼厂分配到的进口配额至少应为之前进口量的 80%。但是，现实中存在很多复杂的情况。本国石油的价格逐渐超越了原本就很贵的来自加拿大西部的石油，中西部地区的精炼厂开始从加拿大进口石油。为了保持进口总量不变，政府就不得不减少大西洋沿岸精炼厂的配额，这些厂商主要从中东和委内瑞拉进口石油。大型的精炼厂千方百计避免使用昂贵的国产原油，最终找到了一个解决办法，就是从小厂商处购买进口配额。政府出于政治上的考虑，往往会给一些小厂商分配特殊的进口额度。小厂商成了大厂商的"侍妾"，靠转售配额赚取一定利润，不再劳神自己去精炼石油。

　　还有其他规避管制的方法。新英格兰地区主要依赖石油来采暖，因此取得了在配额体系外进口燃油的权利，其他地区的分销商纷纷在东北部购买便宜的燃油，然后转运到西部销售。所有方案中最离奇的要数"布朗斯维尔环线"。墨西哥的重质原油先用船只运送到得克萨斯州的布朗斯维尔，然后经过加热泵入油罐车，通过卡车运回墨西哥。在那里，油罐车又会绕一大圈，穿越格兰德河边境回到美国，再驶向布朗斯维尔码头，把原油重新装回船上，走水路运送到各个精炼厂——所有这些麻烦，都只为将其认定为陆路抵达的石油，以满足特殊配额的要求。[9]

　　石油进口配额体系不仅复杂死板，还相当低效。截至 1969 年，进口限制事实上导致东海岸的精炼厂不得不以每桶 3.9 美元的价格购买国内原油，而不是以每桶 2.3 美元的价格从中东进口原油。毋庸置疑，高油价会传导给消费者，即便尼克松的反通货膨胀计划正在试图控制价格上涨的趋势。但是强制使用国内原油的政策极大消耗了美国的原油储备，导致美国对国外原油的依赖度上升——与该计划的初衷恰好背道而驰。尼克松为反通货膨胀设置的官僚机构让情况雪上加霜。1972 年夏天，政府官员鼓励精炼厂扩大汽油产出，让开车出行更加便宜。从每桶石油中精炼出更多的汽油就意味着降低其他产品的产出，比如燃油。不难预见，冬季降临之时燃油的供给出现了短缺。[10]

即便是消息灵通的公民对于原油进口配额政策中的门道也不甚了然，他们并不太理解旧井天然气和新井天然气之间的争执。但是，加油站前的长队和燃油的短缺都是摆在家门口的问题。在 1974 年那令人焦灼的几个月中，美国人经常能听到一个与以往大不相同的论调：行政管制可能是造成能源问题的元凶，而放松管制有机会解决眼前的难题。

放松管制不是 1974 年才有的新概念。1957 年，国会曾短暂考虑过取消部分有关火车和卡车的法规。1968 年，美国联邦通信委员会允许客户将一些个人设备接入通信电缆，这是电信行业放松管制的一小步。更具影响力的是，芝加哥大学教授、经济学家乔治·斯蒂格勒和罗纳德·科斯从 20 世纪 50 年代起就开始为撤销管制铺设理论框架，他们认为，由竞争决定特定商品和服务的价格，要比由政府机构指定价格更加有利于经济。福特基金会在 1967 年加入了战斗，向布鲁金斯学会——华盛顿著名智库之一，提供了一笔 180 万美元的项目基金。截至 1975 年，该学会就管制与放松管制问题发表了 125 项专著、期刊文章和专题论文。能源危机的警报拉响，石油和天然气行业从 1971 年开始呼吁放松价格管制，而他们在美国企业研究所的盟友们，也设立了项目，专门研究放松管制。然而这些在实际中都没有起到太大的作用。"鼓励竞争的监管改革作为政策处方被很好地表达了出来，但它仅是一个普遍问题的解决方案之一。"政治学者玛撒·德西克（Martha Derthick）和保罗·J. 奎克（Paul J. Quirk）在 1971 年写道。[11]

事实上，民主党和共和党的政客们对于能源领域的放松管制都持矛盾态度。他们想提高美国本土的石油和天然气产量，但是又不想通过价格上涨吸引投机者钻更多的油井。于是，随着政治需要的不断变化，能源政策也反复摇摆，在法规上叠加法规，徒劳地想要完成不可能完成的任务。

1973 年 3 月，尼克松的生活成本委员会——首要职责是打击通货膨胀，对原油价格和大型石油公司的利润率设置了上限。在批准这些新法令之后仅仅 1 个月，尼克松就彻底改弦易辙，开始呼吁撤销对"新井天然气"的价格管制，并宣布将在 7 年内逐步废止原油进口配额制度，从而放松价格管制。6 月，政府再次扭转方向，下令冻结石油产品价格 60 天，致使汽油间或出现短缺。等到 8 月价格冻结期结束之时，只有新油井出产的石油价格解除了管制，但是现有油井出产的石油却没有。和天然气一样，

"新井石油"的售价比"旧井石油"高，即便新油井和旧油井在地理上只有一英里之遥。

如果说尼克松对于管制的态度前后不一，国会的观点更加令人费解。就在议员们纷纷呼吁增加钻井的同时，国会委员会却起草了法案，以强化联邦动力委员会在压低天然气价格方面的职权，这无疑会降低市场增加产量的动力。1973 年 11 月，也就是石油禁运前的 7 个星期，国会将联邦政府对于石油价格和供给的管制延期到了 1975 年 8 月，即便价格管制必将导致油井所有者生产热情降低，而当时的石油供给已经很紧张了。联邦法律强制要求能源价格保持低廉，无视供需关系的基本法则。[12]

这就是西蒙在 1973 年 12 月入主联邦能源办公室时所面对的形势。对于放松管制的问题，他与尼克松的暧昧态度截然不同。后来，他还曾亲口承认他认为尼克松的经济政策"非常愚蠢"。他发现，不论尼克松对他的内阁是怎么说的，他这个能源沙皇完全没有阿尔伯特·斯佩尔那样独断专行的大权。"我立刻意识到，我的计划是要以高效率、商业化的方式进行运作，跟由政府机构集中配置资源的方式全然不同。"他后来写道。既然不能通过一纸命令改变华盛顿，他开始尝试长篇大论地说服政治中心的人物。他让自己成了放松管制改革的预言家，利用任何场合宣扬将能源领域从政府的层层控制中解放出来的必要性。[13]

他的第一个机会出现在 1974 年 1 月，他在向国会报告时指出，联邦价格管制导致某些家庭可以以每加仑 23 美分的价格购买燃油，而他们的邻居却不得不支付双倍的价格。3 月，他成功地说服尼克松否决了一项法案，该法案的内容之一就是将原油价格写入法律。此后不久，尼克松告诉共和党领导们，他想要终止政府对天然气价格的管制。"你们是愿意用更高的价格买天然气，还是压根就没有天然气可买？"他质问他们。但是他的计划还是无疾而终了。共和党在国会的两院都是少数派，即便他们能够团结起来支持放松能源领域的管制，他们的票数也不够通过议案，更何况他们完全谈不上团结。来自东北部地区（石油是当地采暖和公共交通系统的主要燃料，人们利用轨道交通上下班）的共和党，和来自俄克拉荷马州（盛产石油和天然气）的共和党，或者佛罗里达州（当地对于空调消耗的电能的价格远比冬季采暖的价格要重视得多）的共和党，在诉求上有着很大的差异。[14]

　　放松石油和天然气管制的问题事实上相当棘手。大量的投资决定、供给安排和定价公式都是基于现行法规设计的。有些工厂和发电厂签订了按固定价格购买天然气的合同，期限长达几年之久；如果立即解除管制，将促使旧气井的所有者扩大生产，天然气的平均价格会下降，签订了固定价格合同的使用者将不得不支付比竞争对手更高的成本。从另一方面来说，如果让新井天然气的价格自由化，而旧井天然气仍旧保持价格上限，旧气井的所有者就可能干脆停产，也不愿以低于市场价的价格出售。如果价格管制被完全解除，石油的价格是会下降，还是上涨到波斯湾的出口商设定的水平呢？没人能够确切地知道。而且，要是美国的天然气储备已经消耗到放松管制也无法刺激生产的地步，又该如何应对呢？有人提示国会，如果真的是这样，美国家庭的取暖费账单将会大幅飙升。[15]

国会和连续四届政府并没有毕其功于一役，一举取消全部管制，而是在此问题上始终举棋不定，一方面鼓励增加钻井提高产量，一方面压制成品价格，保障农民、轨道交通系统和化工产业等多方的利益，确保其能得到足够的能源。尽管 1978 年通过国家能源法案本意就是解除对能源价格的管制，但是联邦政府对天然气价格的管制直到 20 世纪 90 年代才逐渐取消。为了保障国内供给充足和价格低廉，对石油出口的限制一直延续到了 21 世纪，该项政策甚至在新资源的发现使美国由石油进口国转变成了出口国之后还在施行。[16]

西蒙作为能源沙皇的任期是短暂的，因为尼克松在 1974 年5 月又转而任命他做财政部长。在新职位上，西蒙继续充满激情地抨击过度规制对经济造成的伤害。1974 年 8 月尼克松因水门事件辞职之后，杰拉尔德·福特接任美国总统，他成了西蒙的关键盟友。9 月 10 日，也就是福特上任后的一个月，西蒙呼吁在能源领域"全力削减政府管制"，包括石油和天然气的价格限制。"我们的政府，"西蒙说，"对能源市场中短期资源的有效配置设置了最大的障碍，并打算持续设置障碍。"福特将讨论的范围扩大到了政府在各个领域的行政管制，并将管制列为把通胀率推高到 1947 年以来的历史最高点的原因之一。[17]

　　公众对于排队加油和天然气运输的"布朗斯维尔环线"充满怒火，舆论的不满终于将放松管制从学术概念转变成了现实问题。西蒙不会错过任何大张旗鼓进行宣传的机会。联邦法规和通货膨胀"正在缓慢地、隐蔽地，但也一时不停地啃噬着我们社会存在的基础。"这位财政部长在 1975 年 2 月当众宣布。"我们必须摆脱政府管制的重拳，当今经济的很多方面都受它的荼毒。"他在两周之后撰文写道。但是从哪里切入呢？在能源领域的放松管制陷入僵局之后，福特政府将眼光投向了政治前景更明朗的行业：交通运输业。[18]

　　交通运输是美国经济中最先陷入严格政府管制的行业。1887 年州际商业法是行政监管发展史的重要一步，正是这部法案创设了一个对整个铁路系统具有管辖权的联邦机构。随着时间的推移，州际商业委员会和其他类似机构开始掌管起了美国的输油管道、沿海船只、内河驳船、公交、卡车和飞机。

　　这些监管主要有两个目的：促进运输行业的稳定，以及确保承运公司不进行歧视。只有一两家航空公司获准经营所有的国内航线，机票的定价还要通过政府的审批；航空公司提出增设航线的申请鲜有通过。想要跨城市运送货物的卡车车主，必须要证明他进入异地市场能够服务于公众的"便利和需要"。货运公司还必须就它运输的货物和收取的费率获得批准，以确保没有用不公平的手段从其他货运企业或者铁路运输处抢生意。关于火车票价是否公允的问题，更有着无休无止的调查审核。沿海运输的各种收费都必须低于同线路的铁路费用，但是又不能低到有损铁路行业的程度。

大部分政府都有类似的法规，或者直接控制着国有的运输公司。而且几乎每个国家都有自己的"旗手"——一家飞国际航线的航空公司，政府通过限制国际竞争来保护它的利益。就拿巴西来说，巴西与美国政府专门签订了条约，对两国之间的国际航线有几家航空公司可以通行，哪些机场可供使用，每天可以运行多少个班次，每架飞机可以乘坐多少乘客，以及机票的价格是多少做出了规定——所有这些都是为了确保泛美航空公司和巴西航空公司能够平均地分享客源。如果其他的公司想在亚特兰大和里约热内卢之间提供航班，通道是完全关闭的。

价格和市场准入方面的法规保护了运输企业的利益长达数十年之久。票价高和效率低的弊病已经根深蒂固，不仅对交通系统的使用者造成了负担，也拖累了整个经济。航空旅行成了奢侈的享受，价格远高于普通美国人能够承受的范围，国内航线近半数的座位都是空的。从孟菲斯向堪萨斯市运送电视机的卡车，如果没办法进到允许它回程携带的货物，就不得不空车返回。2% 的铁路营业额被用于赔偿托运货物的损毁，而铁路公司并没有降低这项成本的动机，因为依照法规，他们可以将这笔费用转嫁给乘客。但是到了 20 世纪 70 年代，由于燃油价格不断提高，以及越来越多的制造企业和零售商发现拥有自己的卡车车队远比与受到严格管制的火车公司和铁路打交道要有利可图得多，交通运输业就陷入了困境。很多主要的货运铁路濒临破产，航空公司则警告政府，他们可能需要财政补贴才能维持生存。[19]

在这种情况下，福特和西蒙在政治派别高墙的另一端找到了盟友：马萨诸塞州的参议员爱德华·肯尼迪。肯尼迪和其他主张自由化的民主党参议员都相信，政府对于交通行业的管制根本不是在扶助弱势群体，而是以牺牲消费者的利益为代价来扩充某些公司和他们的高薪员工的腰包。1975 年冬天，肯尼迪组织了一场听证会，在会上，学者、消费者保护组织和福特政府的官员们指出，监管要对高价飞机票、空着一半座位的航班、某些航线的航班不足某些航线上又航班过多的现状负责。几个月后，政府揭晓了一项削减航空监管的计划 —— 而且，为了锦上添花，还增加了卡车和铁路方面的内容。

西蒙的宣传彻底地煽动起了公众的情绪，铁路公司的财务问题也非常严峻，这甚至使对放松管制的支持超越了意识形态的差异。吉米·卡特，1977 年当选的民主党总统，任命康奈尔大学的经济学家阿尔弗莱德·卡恩担任民用航空委员会主席，这是管理航线的专门机关。卡恩上任之后，立即开始游说国会将自己的部门裁撤掉。国会也乐于效劳。当年下半年，对国内航空货运的价格管制也被取消。1978 年，国会撤销了联邦机构控制航空客运票价和航线的权力。对卡车运输、公交服务、铁路运输和远洋海运等领域放松经济管制，也已排入日程。总的来说，对于放松管制充满热情的国会在 9 年里通过了 8 项法规，极大地限制了政府在交通运输行业中的权力。[20]

　　运输业仅仅是个开始，国会在 1980 年通过法案，解除了对银行存款利息的管制。令人料想不到的是，这项改革带动了金融行业的巨大发展，同时也剥夺了政府决定哪个经济领域更应该得到信贷的权力。限制电信、电力及其他产业竞争的法规很快也受到了密切关注，对石油和天然气放松管制的话题再次进入了公众的视野。去管制的浪潮迅速蔓延到境外，当地舆论把目标指向了那些限制商店营业时间、约束在售商品范围、允许企业结成价格联盟、保护高价国际航班的法律。到了 1978 年，去管制运动在法国进展得相当顺利，作为一个从路易十四时期开始就由政府主导国民经济的国家，法国在 185 年后第一次废止了对面包的价格管制。[21]

　　在航空和电信领域，去管制化引发了创新的浪潮，从隔夜包裹速递，到打折机票，再到移动电话革命，正如它的倡导者威廉姆·E.西蒙许诺的那样，放松管制提供了恰到好处的经济激励。去管制化还给欧洲城市注入了新的生机，改变了商店必须在晚上 6:30 前打烊的规定，还让日本消费者第一次体验了商场打折。

　　然而，在其他的领域，放松管制的效果并没能达到预期。其中就包括美国的能源产业，它正是西蒙推动去管制化的起点。随着加油站外不再排起长队，以及消费者日益适应油气价格波动，紧急停供天然气的事件也被逐渐淡忘。然而，放松管制并没能点燃西蒙预见的开采热情。美国本土石油产量从 1970 年到 2008 年始终保持下行趋势，在生产商可以自由定价之后相当长时间仍是这样，而天然气的产量在 23 年之后才超越了 20 世纪 70 年代初的水平。

放松管制带来了巨大的福祉，但并非没有代价。存贷款利率的自由化让美国的银行业更加不稳定了，致使上千家专门从事住宅抵押贷款的储蓄贷款协会在 1986 年到 1995 年间倒闭。纳税人不得不为绝大多数损失买单。在其他行业，受管制的企业此前在无竞争压力的情况下赚取了稳定的收益，提供了高质量的就业机会。而随着垄断地位的丧失，相应产品的价格急转直下，在原有制度下生活滋润的股东和员工发现自己越过越差。超低的机票价格让数以百万计的人第一次坐飞机出行——但是来自廉价航空公司的竞争导致了老牌航企的收入下降和大面积裁员。伴随着机票价格的下调，灰狗长途巴士的客流量在 6 年内减少了 40%，而巴士司机的大幅降薪也接踵而至，直接引发了旷日持久的罢工活动，以及 1990 年该公司的倒闭。1991 年，去管制运动在大西洋的彼岸登陆之后，英国电信公司共裁撤了近 10 万名员工。[22]

然而，总的来说，放松管制的整体效果无疑是积极的。跟不上时代的企业被淘汰了，随之而去的还有陈旧的工作岗位。新企业和新机会风起云涌，没有了严格的法规束缚手脚，新产品——可变利率储蓄账户、移动电话、针对高尔夫爱好者和美食家的私人电视频道——也层出不穷，所有这一切都给消费者带来了好处。如今企业可以摆脱监管者的干扰，自由地协商价格与服务，因此找到了更有效率的经营方式，经济增长也得到了提振。但是没有了监管法规的层层保护，曾经作为黄金时代的经济基石的稳定性与安全性被严重削弱。在政府恢复生产率增长和振兴经济的努力中，稳定已经成了负担不起的奢侈品。

第8章　出口机器

也许正是厕纸事件让日本认清了眼前的危机。1973 年 10 月底，就在阿拉伯石油输出国降低产量、提高油价的同时，大阪附近开始流传一个谣言，那就是这个国家的厕纸马上就要用完了。某个小报报道了这则新闻，成群的家庭主妇马上就聚集到了杂货店，把见到的每一卷纸都买回家。一则宣称国家没有厕纸储备的政府声明更是火上浇油，公众完全陷入了恐慌。在尼崎，一位年迈的老妇人在商场抢购时被人群推倒，摔断了一条腿。在静冈，一名男子买了整整 1000 卷厕纸，以防万一。在东京，商店给个人消费者的采购数量设置了上限。就在日本人在小小的公寓里堆满成箱的手纸的同时，政府介入了，批发商接到命令清空仓库里的存货，以终止眼前这场闹剧。¹

就连卫生纸市场都陷入了混乱，在日本，人们不得不承认国家已经处于水深火热之中。飙涨的油价给日本带来的威胁要远远高于其他任何发达国家。利用黄金时代的机遇，日本的经济增长速度超越了所有其他国家，从战后的乞讨者发展成为全球第二大经济体。但是石油危机冲击了这个取得了惊人财富的社会的集体梦想。日本政府不顾一切地想要保住他们空前而辉煌的成就。而他们接下来的行动将重新塑造世界贸易的格局，并让其他工业化国家的危机感与日俱增。

20世纪60年代是奇迹般的十年。在其初期，日本的农业人口（1280万）要多于工业人口（940万），而且投身工业的人口大多要操作缝纫机，或者机械地检视注塑机吐出的廉价塑料玩偶。接下来的十年中，制造商投入了大量资金购买西方最先进的设备，每年都能将平均生产率提高10%，与此同时还创造了数百万个工作机会。剔除通胀因素，日本的人均收入增加了1倍以上，数百万名消费者买上了冰箱、汽车和彩色电视机。只要肯做，就有工作的机会。公司千方百计地留住员工，向焦躁不安者承诺终身职位，这种新的方法很快被视为宝贵的传统。[2]

然而，到了20世纪70年代，通商产业省负责规划日本未来的精英官僚开始担心国家经济很快就要坠入谷底。他们的担忧是有理由的，因为繁荣背后的基础远没有看起来那么牢固。

日本经济迅猛增长的主要原因可以归结到三个方面。一是引进欧洲和美国的技术。日本的企业大量购买境外专利，然后用它们提高本国工厂的效率。据估计，仅仅是新技术一项，而且其中的绝大多数都是进口的，就为日本经济贡献大约每年2%的增长率，直到石油危机爆发。二是大量投资资本的注入。受到利息收入低税率政策的鼓舞，日本家庭的储蓄率在20世纪50年代末开始飙升。银行将这部分资金以贷款的形式发放给了制造商。第三个重要原因与前两项紧密相关，那就是经济的规模效应。技工的小作坊转变成了装备着现代机器的巨型工厂，规模经济的作用凸显了出来。[3]

日本的"高速增长时期"，几乎就是一部制造业的发家史。到了 1970 年，国内总收入的 45% 都是在工厂车间里创造出来的。但是这样的高增长率难以永葆。利用西方技术升级工业的红利已经成为过去。廉价的贷款和过分的热情导致资本投资过剩。一旦大型工厂完全取代了低效作坊，生产率的飞速提升也就难以复制。到了 1970 年，超过一半的日本工业产量都来自工人数大于 300 的厂家。

与此同时，经济的其他领域却仍保持着极端的低效。1970 年，日本有 711,269 家食品商店，每家店平均只为 43 个家庭服务。烘焙店的平均雇员人数是 2 名，而药店的平均雇员人数是 3 名。由于法律限制了零售店的规模，每年新开张的小商店又有数千家之多。在银行，只是把几百美元兑换成日元就要花上 15～20 分钟，需要与数名银行职员交谈，这些职员都要对交易进行批准，最后才能换得区区上万日元。在电子业和金属制造业的生产率在奇迹十年中领跑的同时，卡车运输业和铁路业的生产率几乎完全没有提高。[4]

通商产业省的专家们预见 20 世纪 70 年代是现代化的时代。他们提出增强日本的服务产业。他们倾向于准许零售企业扩大规模，这样成百上千的夫妻商店业主就不得不找更具有生产性的工作谋生了。而且，他们敦促制造商转型，尽快从基础的金属锻造业，转向更适合发达经济体和高素质劳动力的产业，比如计算机产业和航空发动机制造。70 年代初期布雷顿森林体系的崩溃，更凸显了他们指导日本脱离劳动密集型产业的先见之明，因为日元的升值让日本制造业陷入阵痛。就在 1971—1973 年这两年时间里，用美元衡量的时均劳动力成本提高了 38%，导致大量日本制成品在世界市场上失去了竞争力。1973 年，通货膨胀率已经高达 18%，工人们两位数的工资上涨幅度根本跟不上通胀的步伐，却让日本的出口品在国际市场上更加昂贵了。到了 1973 年秋天，石油危机冲击日本经济，实业家们开始对自己的前途担忧，而家庭主妇们则开始对被报纸形容为"疯狂"的物价感到恼火和不满。[5]

正是黄金时期低廉的原油价格，让日本这个既不出产石油也不出产天然气的国家能够大力发展化工、制铝和钢铁产业，所以石油输出国组织的提价行为立即威胁到了日本工业的核心利益。似乎就在一夜之间，日本人的心态从担忧急转直下，变成了彻底的阴霾。两年之前，各大公司都急于为装配线和柜台添置人手，刚刚中学毕业的 15 岁男孩平均每人能拿到 5.8 个工作邀请。但到了 1973 年的最后几个月，多余的员工则面临着被解雇的命运。女性员工最先受到了"经营规模下降"的冲击，企业解雇了临时工和兼职员工，其中大部分都是女性，以保障父亲和丈夫们还有工作。但是随着公司利润的萎缩，男性员工也被贬为低收入的合同工，按兼职的时间表工作，或者被迫提前退休。政府要求企业减少能源消耗，以节约珍贵的石油，但工业产量还是陡然下降。3 月将近，警察署提醒政府，可能会有暴力冲突发生，因为又到了工会每年发动"春季攻势"要求涨工资的时间。[6]

政府在尽力鼓励乐观的情绪。1974 年 1 月时，政府预计到 1975 年 3 月经济增长将达到 2.5%。即便预测成真，这仍会是 1945 年美国向广岛、长崎投放原子弹以来日本经济表现最差的一年，但是增长的部分还能勉强给工人们加薪。然而，现实却远比人们预想的严酷。随着石油危机大幅提升进口价格，国际贸易迅速转向逆差，日本的外汇储备能否支撑到买够供照明使用的石油都成了疑问。与此同时，飙升的物价证明了政府关于通货膨胀将得到遏制的预言再次破灭。到了年均通胀率超过 20% 之时，日本央行认为除了提高利率已别无选择，尽管经济仍然疲软不振。"通胀问题必须得到解决，"手握重权的通商产业省次官山下英明告知媒体，如果解决不好，"日本经济将面临全面崩溃。"[7]

反通货膨胀的战役对消费者和企业都造成了沉重的打击。1973 年，日本还是一枚璀璨的国际巨星。但到了 1974 年中期，日本的经济表现已经比所有的发达国家都差，社会稳定也受到了威胁。日本急需大量的美元支付石油账单。政府首脑们认为，他们除了扩大出口别无选择。[8]

出口导向型增长远远谈不上什么新观点。早在20世纪五六十年代，日本就通过出口女装和收音机，然后是纺织品和钢铁，重建了举国的制造业。日本几乎每年都面临贸易逆差，因为进口原油和工厂设备的花销要远高于出口的收入。但是这些进口得来的生产资料，为工业产量的大幅提升奠定了基础。第一批出口的日本汽车，即便数量极少，也出现在了美国和泰国的街头。1968年9月，通向加利福尼亚州的集装箱服务一经开通，国际运输成本降低，美国电气商店的货架上就挤满了日本制造的电视机、音响和微波炉。日本的长期贸易逆差终于扭转为顺差。[9]

政治压力在美国立即显现了出来。美国的汽车公司、钢铁企业和电子制造商对来自太平洋彼岸的突如其来的竞争相当不满。1968年春天，美国国务院要求日本和欧洲"自愿"减少向美国出口钢铁。几个月之后，美国的彩电制造商请求政府对日本出口的电视机征收惩罚性关税。8月，理查德·尼克松为了在竞选中争取到南方的支持，承诺当地的纺织企业，他将尝试减少毛织品和人造纤维制品的进口。

尼克松兑现了自己的诺言。1969年1月宣誓就职不久，他就指派了首席竞选顾问去处理纺织业的事务。当记者问他是否会在贸易方面制裁日本时，他回答说他"更愿意在双方自愿的基础之上处理"。其言下之意，如果日本不限制纺织品的出口量，国会将通过法案对日本纺织品采取进口配额制度。东京没有忽略他的暗示：美国是日本最大的贸易伙伴，20世纪60年代末日本出口总量的三分之一都是美国购买的，更不用说美国还是日本的盟友和保护者；日本的军事支出相对有限，但有数以万计的美国士兵驻扎在日本的本土和冲绳岛上。1969 年 11 月日本首相佐藤荣作访问华盛顿时，主要议题是将冲绳岛归还日本管理，但是纺织品出口的问题也在议程之中。出人意料的是，全球最大的两个经济体的最高领导人花了两个多小时讨论羊毛和合成纤维。经历了两国政府高层之间长达两年的艰难谈判，最终在 1972 年年初，日本同意限制向美国出口纺织品的增长。[10]

美国人的强烈怒意让日本感到震惊。谁能想到一国总统会因为衣服的布料而去严厉指责另一国的首相呢？作为回应，通商产业省转变了对日本企业的指导方针，并在 1972 年宣布："'无论如何，我们都必须扩大出口'的理念已经不再适宜。根据现今的形势，该政策极易引发其他国家的不满。"通商产业省建议，日本应该转向出口技术密集型商品，而不仅仅是扩大现有出口品的出口总量。[11]

通商产业省并不是简单地提出不含倾向性的建议。在日本的大环境下，无视其意见的企业将自食苦果，因为通商产业省采用的是胡萝卜加大棒的指导方式。胡萝卜就是发放给企业的贷款和津贴，用于提高能源使用效率，促进受鼓励的行业的发展，以及在夕阳行业裁员时补贴失业的工人。在某些情况下，几家竞争企业甚至可以获准无视反垄断法的规定，共同决定哪些工厂需要关闭。大棒就没有那么昭彰了，但是重要性却丝毫不减。对通商产业省的意见视而不见的企业，会发现自己很难申请到银行贷款。他们为了对抗进口产品而提出的贸易保护要求将得不到回应。而且政府可能会把"自愿"的出口限制强加给他们。通商产业省的话并不是真正的法律，但是鲜有企业敢与之相抗。

能源匮乏和产能过剩的双重压力让高耗能的传统工业难以为继，曾经推动日本崛起的重工业走向了衰退。尽管工会在1975年建议降低工资以避免大规模裁员，但很多生产钢铁、纺织品、铝制品和化工产品的工厂已经病入膏肓。商业领袖们已经开始认清现实，一位经济学家在1976年就轻描淡写地说："9%的增长率，一度被认为是70年代下半叶合理的发展速度，现在看起来已经不太可能实现了。"需求的复苏毫无希望，很多工厂被整个拆除。制造业开始大批裁员：1973—1979年，80万工人失去了工作；1976年，失业率从20世纪50年代初期到此时第一次达到了2%，而且没有降低的迹象。[12]

为了减轻旧有经济产业衰退的冲击，政府采取干预措施，以避免大面积失业。按照计划，如果企业愿意将衰退产业的工人转移到新兴产业，政府将对其返还部分税收。此外还有工资补贴、培训津贴，以及为远离家乡寻找工作的工人提供的补助。政府还设立了专项基金，专门用于补贴被迫削减工作时间的工人。在特定产业中，如果企业愿意对45岁以上的工人进行再培训，政府将支付他们工资的四分之一。然而尽管从外部观察者的角度来看，通商产业省几乎无所不能，但事实上它还是遇到了相当大的阻力。1973—1978 年，日本船舶制造商的订单量下降了 90%，造船业的规模无疑应当缩减。但是没有地方愿意失去本地的造船厂，也没有企业愿意关闭自己的码头。直到 1978 年，距离造船业危机的爆发已经过去了 5 年，日本国会才授权建立了一个拆船协会。由国家和地方政府、银行业、大型商社和船舶制造商共同注资组成。到了 1980 年末，这家大型卡特尔共并购和拆除了日本 138 家造船船坞中的 50 家，减少了 119,000 个工作岗位，但也让产业中余下的其他企业有了更坚实的发展基础。[13]

类似的故事也在很多其他行业上演。1972 年，日本的铝产量高达 100 万吨。10 年之后，总产出下降了 70%，近一半的熔炼厂都关门大吉。制造电钻、压缩机和电风扇等简单电器的厂商，眼睁睁地看着市场需求越来越少。造纸商在 1977—1981 年间关闭了七分之一的纸板制造设备，而纺织企业则将尼龙纤维产量降低了五分之一。1972 年艰难制定出来的要求日本限制向美国出口人造纤维制品的协议，最终被证明是一张废纸，因为出口量从未达到总量的上限 —— 很多纺织厂已经永久关闭了。[14]

旧经济结构为新兴产业让路，在此过程中，管理与设计的重要性已经超越了低价的能源和廉价的劳动力。日本将通过汽车、先进的电子产品和精密仪器而不是成吨出售的日用品创造财富。

新兴经济在汽车行业的效果最为明显。战后日本汽车制造业的发展不啻为一部传奇。丰田公司，最初以生产织布机和缝纫机发家，曾经考虑是否要关闭它规模极小的汽车制造生产线，直到

1950 年朝鲜战争爆发，大批军用卡车的订单扭转了局势。本田公司，另一家以制造电动自行车起家的企业，直到 1963 年才生产了第一辆小客车。而到了 20 世纪 60 年代中期，这些企业已经颇具实力，日本汽车行业的年生产量高达 250 万辆。想把迅速累积起来的收入花在汽车上的工人，除了购买本国制造的汽车外，并没有太多的选择。进口关税导致美国福特汽车或德国大众汽车的价格比原价高出 30%～40%，而且给进口的大型车上牌照的费用也远高于小巧的国产车。事实上，很少有经销商愿意经营进口汽车。1966 年，全日本仅进口了 15,244 辆汽车。

1973 年石油价格的飙升给日本的汽车制造商带来了巨大的机遇。虽然日本制造的车型小，也不特别舒适，但却比大型的美国车和德国车省油得多。制造商受到了政府的鼓励，在日本各地开设了大量新的装配厂、发动机生产厂、变速器生产厂和部件厂。1966 年，日本的汽车生产量占全世界的 5%，同时也留下了质量差、易损毁的恶名。直到 1973 年末汽油价格飙升，达特桑和丰田汽车才开始畅销境外。此时，制造商扩增的生产能力为迅速提高产量创造了条件。日本的汽车年产量在 1973 年为 450 万台，等到 1980 年，这一数字变成了 700 万台。卡车、引擎和动力摩托的产出已经过剩。从 1973 年到 1980 年，日本的汽车出口数量翻了 3 倍，而卡车的出口量增长得更快。随着汽车品质的提升，更多富裕的境外消费者愿意给日本制造一个机会。1978 年，日元的大幅升值也没有对汽车销售造成很大的打击。那个时候，日本汽车在美国已经随处可见，及至 1980 年，日本制造已经占到美国汽车销售总量的四分之一。[15]

正如通商产业省的规划者所预见的，小型汽车成了日本"新知识经济"时代的先锋。20 世纪 70 年代，排除通胀因素后，日本劳动者的人均研发支出提高了 70%，日本从山寨产品的制造厂转变为创新的发源地。随着"更轻、更薄、更短、更小"的信条在日本产业界盛行，高速计算机、采用一流光学技术的高端照相机、数控机床和高功率彩色复印机，开始大批地从日本工厂中产出。也不是每项努力都能够点石成金——通商产业省谋划多年，想生产出日本自己的喷气发动机，结果却一无所成——但是成功的案例已经足以让日本跻身出口大国的行列。[16]

1973 年石油危机之下，日本国际收支再次转为赤字，回归到了 1969 年以前的常态。1974 年的贸易逆差则高达 60 亿美元，无疑是日本经济史上的峰值。但是收支表里的红线只是暂时的。重建的出口机器开始运转，同时国家又出台了限制进口的大部头法规，日本的贸易顺差开始以前所未有的速度积累。充沛的外汇让日本经济涅槃重生。到了 1975 年，日本经济再次进入增长期，虽然速度远远低于 1973 年之前。整个 70 年代末和 80 年代初，日本的经济表现都远远优于其他先进工业国家。直到后来，人们才会认清，这些收益实际上付出了沉重的代价。专注于打造知识密集型制造业的日本政府，几乎完全忽视了国内极其低效的服务业。日本服务业 1980 年的生产效率竟然比 1970 年还要低。用现在的眼光看，阻碍开设大型商场、在货运领域限制竞争、强制银行在周末关闭自助取款机，以及很多其他类似的限制措施，都是对经济增长的一种拖累。但在当时，制造业一片蒸蒸日上的繁荣景象，日本服务业的严峻形势几乎没有受到任何关注。[17]

抛去日本的贸易顺差不谈，石油危机以来，国际贸易形成了相对稳定的模式，而这将成为一个长期性的问题。日本与向其提供原材料的国家（比如印度尼西亚、伊朗、沙特阿拉伯、加拿大、澳大利亚）的贸易长期保持着逆差，与高收入国家的贸易则始终是顺差，这些国家先进的工业制品与日本是竞争关系。一方面日本从贸易逆差转向了顺差，另一方面美国却从1975年前的国际收支基本平衡转而陷入了巨额贸易逆差的泥潭。美国的中西部地区，重工业的心脏，开始被称为"铁锈地带"，成了"去工业化"这一顽疾的第一批受害者。加拿大和欧洲也有自己的铁锈地带，英国的中部地区、德国的鲁尔工业区、法国和比利时的煤铁城市，都将很快与美国往昔的工业重镇一样破败凋零。[18]

贯穿整个黄金时代，各国的制造商都从看似永无止境的商品需求中获益。利润无疑是丰厚的——远远高于农业、采矿业或者服务业——而增长的资本又被投入到了提高工资、研发新产品和建设更多的工厂上。1973年全球经济增长放缓，加之日本挤入了先进制造商的行列，台湾和韩国也受日本启发走上了迅速工业化的道路，在石油价格攀升推高成本的条件下，仍然出现了全球制造业生产能力的过剩。随着制造业利润的暴跌，大批工厂都仅仅是部分开工，或者干脆完全关闭。[19]

在代议民主制社会中，没有任何政府能够被动接受某个行业的整体消亡，以及随之产生的大量失业。挽救衰退行业的政治压力是巨大的。美国、加拿大和西欧诸国在面对制造业危机时，第一反应都是扶植地方工业并保住工人的饭碗。尽管各国的政策有所不同，但是主张的论调都是大同小异。照其说法，制造业在经济增长中扮演了特殊且不可取代的角色：工资高于平均水平、为国家生产率的增长贡献重大，而且在研发方面的投入也远高于服务业。日本正在通过不正当竞争威胁他国的制造业基础，在补贴出口行业的同时，将外国产品排斥出日本市场。面对这一指责，通商产业省从中协调，各国政府提出要"创造公平的竞争环境"，以保证本国制造业得以良性发展。

在美国，救援行动主要以贸易保护的形式展开。1974 年石油危机之后的大萧条时期，国会为大企业和工会的行动铺路，声称进口对他们造成了"严重损害"。政府凭借《1974 年贸易法》向他国施压，要求减少向美国运送的货物，如果各国不愿主动配合，新法律将按照受损企业的要求提高关税，直至该产品被赶出美国市场。各行各业的生产商，从皮鞋到打字机，一致宣称他们受到了"严重损害"——这个概念在法律中并未明确定义——要求政府把他们的境外竞争者拦在国门之外。最终的结果是形成了某种奇特的产业政策，那些在华盛顿最能发挥政治影响力的行业受到了保护，而不是在经济上更加重要的行业。[20]

螺栓、螺母和螺杆行业的境遇，为我们提供了新规则运行的标准案例。美国有成百上千家螺栓和螺母生产企业，其中一些是高度自动化的，另一些则相当落后，需要戴着手套的工人用火钳夹着螺栓在炼铁炉中定型。1977 年 12 月，美国国际贸易委员会，一个独立的政府机构，在听取了企业和工会的请愿后，裁定此行业受到进口的严重损害，而进口品的四分之三来自日本。委员会敦促卡特总统对进口螺栓、螺母和螺杆增加关税，下限为商品价格的 20%。卡特拒绝了这一提议，因此更加坐实了他自由贸易主义者以及亲日派的名声。[21]

几个月之后，国会议员在 1978 年 6 月要求国际贸易委员会再次调查此事。委员会再次建议提高关税。这一次，卡特没能顶住压力，同意将关税提高 15%，为期 3 年，从 1979 年 1 月开始实行。高价的进口产品给本国制造商创造了提价的空间，使用螺栓和螺母的生产企业被迫支付更高的价格。根据一项测算，通过限制来自亚洲的进口来"拯救"一个美国工作机会的成本是 55 万美元——而此时，普通螺栓生产工人的平均年薪仅为 2.3 万美元。尽管如此，卡特的政策也无法保全一个落后的行业。排除通货膨胀因素，美国螺栓、螺母和螺杆在 20 世纪 80 年代中期的年销售收入还是比 1979 年低了 15%。[22]

螺栓行业仅是 20 世纪 70 年代中以保留工作机会的名义争取到政府保护的众多行业之一。政府直接救济的情况非常少见。更加通行的做法是利用 1974 年贸易法，加强关税或者配额限制，提高进口品的价格，事实上就是迫使美国消费者为保留不必要的制造业工作机会买单。轴承、彩色电视机、超高强钢、铣削和钻孔机床的制造商都争取到了进口保护，以提升其产品的竞争力。[23]

面对日本的出口繁荣，欧洲选择了一条更加折中的道路，来保护他们岌岌可危的本国工业。欧洲各国政府在要求日本限制录音机、纺织品、汽车、卡车、摩托车、特殊钢、轴承和电视机出口的同时，还为本国的造船厂、炼钢企业和飞机制造业提供现金补贴。根据《欧洲经济共同体条约》，"区域援助"是被允许的，政府的补助流向了经济上陷入困境的区域，比如意大利南部和与民主德国交界的联邦德国地区。然而制造商的经营情况并没有得到多少改善，主要是因为没有哪一个欧洲政府有魄力下令关闭主要工业园区，以消除过剩的产能。

1977 年，艾蒂安·戴维侬，前比利时外交部官员，当时是欧洲工业与能源事务专员。戴维侬相信，钢铁和化学等重工业的问题，自由市场无法给出答案。他害怕个别欧洲国家为了保护自己的重工业而提高对邻国的贸易壁垒，无视 9 个成员国间的自由贸易承诺。20 世纪 50 年代成立的欧洲共同体，其初衷就是重建煤炭和钢铁工业。戴维侬担心，一旦上述情况出现，欧共体将会陷入生死存亡的危机。[24]

在联邦德国的强烈反对之下，戴维侬坚持推行建立钢铁卡特尔的计划。其核心思想就是，只要各成员国的企业和政府同意关闭落后的工厂或者对其进行现代化改造，钢铁制造商就可以通过内部协商来限制产量并确定价格。为了防止进口的产品打乱上述安排，欧共体就进口限制与日本等国进行协商，获准进口的钢铁仅能以商定的价格出售。戴维依计划对于欧洲的钢铁消费者来说代价高昂，但他至少在朝着迫使钢铁行业缩减规模的方向上努力。随着旧工厂的倒闭，1978—1981年，欧洲钢铁业的就业机会减少了五分之一，到了20世纪80年代，在欧盟委员会的压力之下，还有更多的就业岗位流失。类似的"危机卡特尔"在纺织业、化工业和玻璃制造业也出现过，旨在淘汰过剩的产能。1975年，当欧洲的造船业与韩国交手之时，这一新晋的亚洲竞争者得到了政府的高额补贴，欧洲政府的反击策略是为造船厂提供接近成本价二分之一的补贴。尽管如此，10年之内还是有近100家欧洲造船厂倒闭了。[25]

美国和加拿大对于欧洲的现金补贴及"危机卡特尔"政策持尖锐的批评态度，仅在汽车行业是个例外。两国在1965年建立了统一汽车市场，总部设在底特律的汽车"三巨头"——通用、福特和克莱斯勒——在两国均有生产工厂，而且汽车和零部件可以自由出入两国边境。直到20世纪60年代末，他们还能独占市场——彼时廉价、质量欠佳的日本车仅有学生和年轻人问津，因为他们负担不起更好的选择。随着汽车质量的改善，日本制造商的市场份额也在稳步提升——尤其是在油价飙升的1973年。1979年伊朗革命引发的第二轮石油价格暴涨，导致市场对北美生产的大型高耗油汽车的需求骤减，而体型小、省油的日本车赢得了市场的青睐。

1979 年，克莱斯勒，底特律三大汽车巨头中规模最小的一家，濒临破产。它质量低劣的口碑让买家却步，而且它的生产线中没有一款是当时需求最旺盛的小型汽车。该公司和汽车工人工会向华盛顿求助，声称克莱斯勒的倒闭将造成生产线和部件厂的 20 万工人失业。经过激烈的争论，国会同意为一笔 15 亿美元的贷款提供联邦担保，来维持公司的资金运转。[26]

这笔贷款避免了克莱斯勒立即倒闭的命运，但是解决不了该行业面临的更大问题。1980 年可能是美国汽车制造史上最为困顿的一年，汽车工人工会和福特公司依据 1974 年贸易法提起申诉，声称日本进口品对美国汽车业造成了严重损害，要求对其进行制裁。国际贸易委员会驳回了这项请求，认定贷款利率过高和美国企业缺少小型车辆的生产才是问题的关键，而不是来自日本的进口。但是，随着美国国内汽车制造商和零部件生产商在 1980 年的危机中裁员了近 30 万人，汽车产量也下降了四分之一，到了 1980 年 11 月前夕，对政府介入的呼声已经相当高昂，不容忽视。在这场势均力敌的对峙中，卡特总统，虽然曾公开反对就进口车辆制裁日本，此时却改变了立场。他的竞争对手，罗纳德·里根，骄傲地宣称自己是自由贸易的支持者，却对一名底特律的克莱斯勒工厂工人说，汽车行业的情况特殊、不能一概而论。里根认为，美国政府"无论如何也要说服日本，让他们明白，为了日本自己的利益，也要放缓向美国出口车辆的节奏，直到我们的汽车工业恢复元气"。[27]

面对美国贸易制裁的威胁，日本通商产业省在 1981 年 5 月 1 日宣布了向美国出口车辆的"自愿限制"，此时距里根宣誓就职还不到 3 个月。日本承诺，在接下来的 3 个财务年度中，他们不会向美国出口超过 168 万辆汽车。1 个月后，日本政府"预测"当年对加拿大的汽车出口量将会比上一年度下降 5.8%，要求各汽车制造商自行调整出口计划，以便与政府的预测保持一致。所谓的"自愿"限制还会持续好几个年头，而北美消费者为此支付了高昂的代价。国际贸易委员会的测算显示，1984 年间，日本的出口限制为美国提供了 44,100 个工作机会，但汽车买主却因为高价而多支付了 85 亿美元，平均每增加 1 个工作机会的成本是 19.3 万美元 —— 大约是美国汽车工人平均工资的 6 倍。在加拿大，这个数字可能会更高。继续给每个被裁员的工人发放工资都会比现在的办法便宜得多。[28]

日本的情况要好很多。得益于"自愿"出口限制，日本的汽车制造商得以用更高的价格卖更少的车。整个 20 世纪 80 年代初期，他们共计从美国和加拿大收割了大约 70 亿美元的利润。除了在北美兴建整车装配厂之外，日本公司还将这些利润投入到开发高端车型上 —— 既然他们能向美国出口的汽车数量是有限的，合乎理性的做法就是尽可能销售最有利可图的那种。制铝、化工和钢铁制造业中被裁员的工人，在汽车行业找到了新的工作机会，缓解了艰难的产业转型之痛。[29]

在 1973 年之后的 10 年，以帮助工人阶级为名，保全本国陷入困境的行业成了各工业国的一项重要事业。打着醒目的"结构调整"的大旗，盈利微薄的制造商直接接受的国家津贴就高达数十亿美元。借助政府限制竞争的政策，比如限制进口和合法组成卡特尔，制造商通过提高价格赚取的利润更是超过百亿。但是国家付出的真正代价，远远不止高价的商品和财政补贴。在全球经济受到低生产率增长困扰的时期，多数国家的结构调整政策有组织地辅助了毫无增长潜能的夕阳产业，而不是更有活力、更具创新性的新兴产业。其最终结果就是加剧了生产率的衰退，而非终结这一现象。

这一点在钢铁行业体现得更为淋漓尽致。几乎每个国家都在扶持自己的钢铁行业，即便不是处于经济目的，为了国家荣誉也会这样做。钢铁行业往往能够提供制造业中最具优势的薪资，而且还有强大的工会为工人争取利益。通过购买储备钢的方式，政府保全了一定数量的钢铁行业工作岗位。这些成本中一部分由纳税人承担，还有一部分由以钢铁为原材料的行业负担，这些企业不得不比他们的境外竞争者花更多钱购买钢材，负担更高工资的能力也因此降低。但是还有一部分成本难以计算，那就是对经济增长的负面影响。20 世纪 70 年代，钢铁业已经沦为最不具创新意识的制造类行业。美国的数据显示，金属制造企业，主要就是钢铁厂，研发投入与销售投入的比例在制造业大类中是最低的，而且专利的数量也远远低于其他制造类行业。他们的设备陈旧，往往无法与最新的技术进步相匹配。到了80年代中期，很多被政府以高昂的代价保全下来的钢铁厂，被采用新方法炼钢和铸造的工厂所取代，最终也没能逃脱倒闭的命运。如果政府没有插手对旧式制钢企业补贴和保护，这些新技术可能会发展得更快。[30]

与钢铁业类似，政府在危机的年月中对纺织业也偏袒有加。20世纪70年代，很多国家的服装制造工人数量比其他任何行业都高。但是自动化的缺位——衬衫和长裤都是由教育程度很低的工人在缝纫机前一针一线缝制出来的——也就意味着，发展中国家的工人可以轻易以更低的成本生产同样的产品，因为他们的工资水平要低得多。放弃了让本国公民享受平价服装的便利，以美国为首的第一世界在1973年签署了一项国际条约，允许使用关税和进口配额控制纺织品贸易。《多种纤维协议》及其后续方案详细规定了一国可以向另一国出口的胸衣和羊毛衫的数量。牺牲消费者的利益，该协议将富裕国家低效率的服装生产业延续了近30年，在维护社会安定的同时，推迟了资本和劳动力向那些它或他们能够贡献更多经济增长的产业转移的步伐。

尽管在当时没有引起注意，黄金时代的终结实际上开启了一场全面的经济转型，20世纪以来就是经济明星的大规模工业园区，将不再是经济增长的主要动力。取而代之的是有能力组织分散的小型工厂网络的制造商，他们的生产链条由全球化的供应链衔接，雇用的工人也少而精。每个人都能进入工厂拿高工资的时代已经结束了。对于新经济来说，真正的价值是创新、设计和市场营销创造出来的，而不是将原材料转化成制成品的物理过程。20 世纪 70 年代晚期，日本和韩国还是新兴的工业强国，但是用不了几年，他们的制造业也开始了大面积裁员。急于完成国家复兴伟业的政府不愿接受这个现实，但是工业经济已经被信息经济逐步取代，无论何种力度的政府补贴都无法逆转这一进程。

第9章　美梦告终

　　经济上，工业的困境是一种挑战；心理上，则是一种毁灭性的打击。1973 年年末萧条的景象初现之时，发达国家中超过四分之一的非政府工作岗位都是制造业提供的。很多其他类型的工作，从货运卡车司机到工厂附近酒吧的服务员，再到拿津贴的退休人员，虽然不直接从工厂领取工资，但是生计却全赖制造业的发展。战后的工业扩张让广大工人阶级生活水平稳步提高，而且受到福利政策的鼓舞，在经济上的安全感也是空前的。然而随着收入丰厚的工作岗位的减少，工人们发现自己开始原地踏步，要尽极大努力才能维持前 25 年的物质生活水平和工作进取心。福利国家确有优势，但其加之于社会成员的负担也愈趋明显。政府无法保证生活水平的持续提高，社会上的不满情绪开始积累，为严峻的政治后果埋下了隐患。

　　为什么，在战后的这些年里，几乎所有人的生活都得到了显著的改善呢？目前的最佳答案，是美国著名经济学家西蒙·库兹涅茨给出的，该观点潜移默化地影响了很多精英人士。他的理论将发达工业社会的经济发展与更加均衡的收入分配联系在了一起，被称为库兹涅茨曲线。

库兹涅茨在布尔什维克统治下的俄国学习统计学，1922年出逃美国。他在哥伦比亚大学学习经济学，比阿瑟·伯恩斯（Arthur Burns）早一年拿到硕士学位，并与伯恩斯一道成了经济周期学家韦斯利·米切尔（Wesley Mitchell）的门生。1927年，库兹涅茨取得博士学位，加入了国家经济研究局（该机构很快将由伯恩斯领导），并且发展出了很多统计学概念，至今仍用于国民收入和生产率的统计。库兹涅茨是当之无愧的国民生产总值之父，这个概念从20世纪30年代至今都被用于比较经济体的规模和增长能力。不过，与大多数使用该数据的政客不同，库兹涅茨强调，体现公民生活水平的很多方面都无法在国民生产总值中反映出来。正如他在1934年对国会所说："一国的福祉很难通过关于国民收入的指标来衡量。"[1]

第二次世界大战期间，库兹涅茨将他的注意力转向了经济增长的基础。从14个国家收集数据之后，他得出结论，一个国家内部的收入分配可能与该国所处的经济发展阶段相关。

库兹涅茨坚信，那些经济发展在20世纪50年代处于前列的国家已经经历了三个阶段的增长。第一阶段，随着农业社会向工业化和城市化转型，大批的佃农与手工业者流离失所。他们的技能在贬值，收入也随之下降，而掌握资本的人则通过投资工业大赚特赚。这一现象首先出现在18世纪末期的工业革命时代，当时，号称"机器破坏者"的团伙到处损毁蒸汽织布机，因为他们认为机器是导致下层民众贫困潦倒的根源，而政府在背后支持部分厂商垄断经营，以牺牲消费者的利益为代价，让工厂主们牟取暴利。于是，成千上万的工人陷入赤贫，社会不公平现象愈演愈烈。

经过数十年的发展，库兹涅茨认为，鉴于农民被赶离家园、工匠被迫失业的现象越来越少，工业化初期的社会矛盾得到了缓解。然而，在发展的第二阶段，工资水平仍然相当低下，因为城市中聚集着大量不具备专业技能的待业工人，工厂招工毫无困难，没有提升工资的必要。政府对失业者和伤残人士的救助全然缺位，劳动者找工作时无法进行挑选，在工资谈判中处于绝对劣势。这就是卡尔·马克思眼中的 19 世纪中期，一小撮资本家剥削贫困潦倒的工人阶级，而劳动者完全看不到改善现状的希望。

马克思对他所处时代的解读是正确的，库兹涅茨说，他错在将其误认为这是资本主义经济的永久性特点。随着经济迈向第三个发展阶段，大量人口涌入城市，出生率开始下降。这意味着，家庭收入中有更高的比重投入到了子女的抚养和教育中。出生在城市的新工人阶级，大多数接受过学校教育，掌握了适应现代经济的各项技能，取代了上一辈半文盲式的工业移民。他们也更加善于运用政治影响力，能够推动立法，建立保护低收入水平家庭的社会机制。因此，库兹涅茨得出结论，当经济发展到特定阶段，收入不公平的现象就会逐渐消失。这一过程自 19 世纪末的英国开启，美国和德国在一战时期也相继加入。第二次世界大战之后，越来越多的国家跨入了上述进程。[2]

按照库兹涅茨的理论，收入差距呈倒 U 形曲线分布，开始时两极分化愈发严重，但最终差距会慢慢缩小。这一观点对于黄金时代经济政策的制定者是一种安慰。所有人都知道，政府指导是为了缓和经济周期，保证经济以前所未见的水平稳定增长，同时把失业率控制在可以接受的范围内。现在库兹涅茨似乎在暗示，更加公平的社会分配机制也是计划的一部分，至少在工业国家就是如此。随着收入的增长，几乎人人都能感受到生活水平的逐年提高。普通人也可以和富人一样积累财富。在每个人的生活都得到改善的同时，贫富差距也在逐步缩小。这是一幅诱人的愿景。

对收入分配状况进行评估，从来就是一项冒险的事业。"收入"可以通过很多角度进行解读：一些学者着重研究工人税前时薪的变化，其他学者则更关注家庭而不是个人，而且会同时统计投资收入而不仅仅是工资 —— 两者得出的结论很可能大相径庭。衡量某个国家公民的收入差距，同样有很多不同的路径。较为常见的方式是统计中产阶级在人口中比重的变化，但是对比长期失业者和处于前 1% 水平的富豪的收入，可能会得到一些不同的视角。短期趋势与长期趋势也有所不同：股市的低迷可能意味着富人在一两年内销售股权的资本收入会降低；但是只要股市出现转机，情况就会立刻得到逆转。而且，毋庸置疑的是，收入水平并不能展示财富分配的全貌。绝大多数家庭都有收入来源，拥有不动产、股票、债券和企业的比重则小得多。

无论用何种方式衡量，没有争议的是，第二次世界大战之后，发达国家中经济资源的分配远比战前要均衡得多。对 12 个具有现成数据的发达国家进行研究，其中有 11 个国家，20 世纪 50 年代和 60 年代收入前 1% 的富豪的收入占全国总收入的比重，远低于 20 年代和 30 年代的水平。1962 年，九分之一的联邦德国家庭依赖不到人均工资一半的收入勉强生存，到了 1973 年，这个收入水平最低的群体已经不到总家庭数的十六分之一。20 世纪 40 年代末，近三分之一的美国家庭收入低于官方确定的贫困线，及至 1973 年，排除通胀因素，平均工资仍达到了当时的历史最高水平，此时收入低于贫困线的家庭只占九分之一了。仅在瑞士这一个国家，最低收入阶层没能缩短与金字塔顶层人士的距离。[3]

收入水平的提高，使得越来越多的人可以购置房产和进行储蓄，所以，在黄金时代，财产的分布也比以前更加分散。1939 年，荷兰前 1% 的富裕家庭集聚的财富占全国总量的一半，但是到了 1973 年，这一比重下降到了四分之一。1948 年，挪威前 1% 的富人拥有全国 34% 的财产，但在 1973 年只剩下了 22%。研究 20 世纪 60 年代法国和美国的遗嘱信息可以看出，普通百姓掌握的财产占总量的比重远远高于战前。鉴于财产可以滋生利息、分红和租金，财产分布得越分散，对于收入公平也就越为有利。

公平问题得到改善并不是一项奇迹。很多国家在 20 世纪 30 年代和 40 年代初提高了所得税最高税率，扩大的税收用于弥补战争支出。某些国家在战后仍然维持了这项政策，对于高收入人群，所得税有时会占到全部收入的80%。高昂的遗产税使得将巨额财产留给下一代相当困难，随着时间的推移，财产的分布变得更加均匀。在巴黎的毕加索博物馆，我们可以看到清楚的例证，馆中展示的很多艺术品都是为了冲抵遗产税而上交给法国政府的。英国国民信托（British National Trust）经营的文物级乡村宅邸，很多都是由世代居住在这些豪宅里的主人捐献的，因为家主去世后，子孙无力承担巨额的房地产遗产税。

工会的力量是帮助普通工人提高待遇的另一个因素。战后，很多国家的领导人都赋予了工会极大的权限，或者是为了提升国家凝聚力，又或者是战败后在同盟国的要求下行事，比如联邦德国和日本。制造业的繁荣对于工会实力的上升贡献重大。在战后世界中，很多新的工作机会都来自制造业。仅以日本为例，1950年，每5个工人中就有1个从事制造业，到了1970年，从事制造业的工人每3个中就有1个。与农业和服务业的劳动力相比，制造业工人加入工会的热情要高得多，因此，制造业的发展为工会提供了日益壮大的潜在队伍。在几乎任何类型的工厂做工都比干农活回报率要高，服务业、小时工以及其他对于教育水平和专业培训没有过高要求的工作，在薪资上也都无法与制造业相匹敌。所以，制造业的增长自然让相当高比例的劳动力都得到了提高收入的机会。

强大的工会并非一定能促进收入分配的公平化，因为与工会签约的工人往往绝不是底层中的底层。然而，在战后世界中，工会的影响力远远不止于与个别企业，甚至整个行业协商工资。他们成了政治谈判桌上的常客，大力倡导提高最低工资，建立失业救济、带薪病假、年假和养老金制度。在有些国家，工会在支持女性同工同酬的运动中发挥了重要作用。于是，随着大批女性进入劳动力市场，双职工家庭的收入也相应上涨。有时，全国总工会的领导人甚至会与行业组织的首领和政府高官谈判，确定国民收入中多大的比例应当用于支付工人工资，又有多大比例应当作为企业利润，以此限制大公司股东和小企业主的收益，进一步抚平收入分配的差异。[4]

但是，正如经济学家托马斯·皮凯蒂所指出的，战后世界收入更均等的最关键原因并非是经济政策，而是由战争造成的悲剧。第二次世界大战摧毁了巨量的资本：大量住宅、商店、办公楼和工厂被夷为平地，其中的生产设备和家具财物也随之化为乌有。即便是财产没有被破坏或充公的企业，也受物价管控、原材料短缺和消费能力下降等原因的影响，经营出现了极大困难。那些人间蒸发的财物属于特定的富裕人群，所以战争对资本的破坏起到了均衡财富分配的效果。而且，鉴于大部分财富都被用于滋生利息、分红和租金，资产的灭失对于拉低收入差距也有作用。贫富差距之所以会缩小，不仅仅是因为穷人的境遇在改善，还有一部分原因是富人在一小段时期内遭遇了劫难。[5]

向平等社会迈进的潮流在 20 世纪 70 年代中期出现了逆转，

此时工资上涨遭遇了瓶颈。这一现象在各国出现的时间不同，上层人士生活优于普通百姓和贫困家庭的程度也不尽相同。有些国家制定了提升低收入人群消费能力的政策：或是资助需要抚养子女的家庭，或是鼓励银行扩大对买房者和小企业的信贷支持。不容置疑的是，在 20 世纪的最后 25 年里，拥有高收入和大笔投资收益的人享受着高品质的生活，而大多数工薪阶层疲于奔命，艰难地维持着现有的生活水平。

正是在美国最先出现了收入差距扩大的苗头。在 1974 年残酷的大萧条期间，收入中位数的增长率比通货膨胀率还要低。随着经济状况的好转，女性劳动者的收入水平恢复到了衰退前的水平，但是男性的收入却始终没能重振。40 多年过去了，在美国收入恰好位于中位数水平的男性员工数量，在排除通货膨胀因素后，仍然赶不上 1973 年的水平。收入水平排在后面五分之三的家庭，收入占全美家庭总收入的比重开始下滑，前五分之一的家庭所占比重则节节攀升。而且收入水平越高，收入的增长也就越迅速。1973 年，前 1% 的家庭收入占所有家庭收入的 7.4%。等到了 20 世纪末，这个比重翻了不止一倍。[6]

英国的情况也大同小异，普通工薪家庭的购买力在 1974—1979 年持续下降。收入差距即使没有马上扩大，也只是因为工党政府的反通胀政策严厉压制对高收入者的加薪。工资高于特定数额的人员被设置了收入上限，有些时候，高薪人士直接被明令禁止加薪。结果当然是收入变得更加平等了，但是限制政策一经撤销，马上就出现了强力反弹。1977 年，经理人和专业人士的收入大涨，收入差距开始扩大。尽管高津贴和其他社会福利提高了某些特定群体的收入，比如退休人员和单亲家庭，20 世纪 80 年代的收入分配仍然日渐扭曲，而且在接下来的几十年里，收入的不平等愈演愈烈。[7]

在其他发达国家，贫富差距没有那么悬殊，主要就是政府介入的作用。比如加拿大从 20 世纪 70 年代中期开始工资不平等加剧，但是收入的差距并没有明显扩大，这得益于政府向低收入劳动者提供的津贴。直到 80 年代，高薪群体才开始在收入上与普通百姓拉开距离。在日本，贯穿整个 70 年代，收入平等化水平都在提高，但是情况在 1981 年左右发生了变化，收入的差距开始稳步扩大，到了 2005 年，甚至有人称日本的收入不平等现象"在发达国家中最高"。瑞典一向被认为坚守了社会民主与平等的堡垒，也在 1981 年前后经历了收入水平的分化，西班牙和瑞士也是如此。国际上的少数几个异类之一是法国，在整个七八十年代都激进地利用税收和福利政策缩减收入差距，而且一直把这种状态保持到了 21 世纪。

如果发生在其他时期，贫富分化可能都不会是什么严峻的事。毕竟，无论哪朝哪代，总有人比其他人要过得好。但是在七八十年代，芸芸大众和高收入者间的差距在扩大，与此同时，全球的工资增长却在减缓。工资增长放缓的精确比例很难确定，因为在 70 年代，大多数国家仅收集制造业部门的工资数据。在制造业上，史料是一清二楚的。从 18 个欧洲、北美和太平洋地区的富裕国家得来的信息显示，1974 年之后，排除通货膨胀的因素，上述国家中的每一个都见证了工资增长率的急剧下降。工人们眼看着自己与高薪的邻居之间的差距越来越大，他们稳定的中产阶级生活方式正在逐渐崩塌。[8]

到底是什么原因让黄金时代的好日子急转直下？对于工资增长放缓和收入差距扩大，最常听到的解释都与政治决策相关——这个国家没能成功提高最低工资标准，那个国家法规过于严格，不利于刺激就业，国际贸易协定让发达国家的工人面对低工资国家更不具有竞争力，法律允许企业老板在给自己定薪水时既不考虑工人工资也不考查个人表现。类似的结论层出不穷，而且似乎难以避免：人们往往会将他们亲身经历的问题归结成一个看似熟悉和明显的原因，尤其是在专家和政客相互指责的时候。

然而单纯用国内方面的因素进行解读是不够的。每个国家的社会政治形势都有所不同，但工资增长速度降低和收入差距扩大的现象却是全球性的，所有富裕国家和中等收入国家都受到了影响。对于这种全球性趋势的解释也应该是全球化的。最有可能的答案隐藏在一个新闻报道中鲜有提及的经济指标当中，这个指标的逐年波动没有太大的参考价值，但是其长远变动方向却对世界局势有着深远的影响。经济学家称其为"劳动收入份额"（labor share）。

劳动收入份额是指，支付给在职工人的工资收入，除以在职工人所创造的国民收入。通俗地说，就是一国国民收入在初次分配中用于支付工资的比重，而不是支付给资本所有者的分红或者利润，也不是政府提留的税收。劳动收入份额并不是对于工人收入的精准测算，因为很多工人也有资本收入；小企业的所有者可能每周仅领取少量工资，他还能分享公司的利润，如果有的话。而对于广大工人来说，资本收入往往很低——储蓄账户上得来的几块钱利息、员工股份的些许分红。因此，劳动收入份额的变化，对于研究工人相较于资本所有者的整体收入情况，是有所帮助的。

20 世纪 70 年代下半叶，劳动收入份额开始下滑，这种现象不止出现在某个国家，而是遍布了世界各地。下降的趋势起于 1974 年的美国和联邦德国，一年以后传到了日本和英国。1976 年出现在澳大利亚，1978 年到加拿大，1980 年前后到了意大利和荷兰。到了 90 年代初，就连芬兰和中国也开始经历类似的变化。在 46 个具备至少 15 年可信经济数据的国家中，37 个在 1975 年之后表现出了劳动收入份额下降的显著统计趋势。根据一项测算，1977 年到 2012 年间，工资在总收入分配中占据的份额降低了 5%。而早在 20 世纪 80 年代末日本"泡沫经济"破灭、1989 年德国重新统一、1994 年北美自由贸易协定通过以及 21 世纪初中国经济崛起并成为世界经济的重要参与者之前，这一趋势就已经显现。[9]

单独来看，下降的劳动收入份额并不意味着任何人变穷了，而且也不必然反映出雇主确定工资的方式发生了任何改变。如果一个经济体发展得足够迅速，即便劳动收入份额下降，每个人的收入也还是会持续提高。但假如在经济增长总体放缓的同时，劳动收入份额继续缩水，那么可能很多人都会分配到更小的比例。工人报酬在国民收入中的比重下降，就意味着资本所有者取得收入的比重在相应地增长，而这些人原本就属于高收入人群。所以，尽管理论上劳动收入份额下滑并不一定造成经济不平等，但在实践中，却很容易给人造成一种感觉，那就是金字塔顶尖的人愈发地烈火烹油、鲜花着锦，而芸芸大众则是江河日下。[10]

关于这场全球范围的劳动收入份额下滑，经济学家能够给出的最为合理的解释，就是技术变革的速度越来越快。技术革新减少很多工作需要的人工数量，对于 20 世纪 70 年代末的高失业率有着直接的责任。除此之外，技术的发展在某些行业创造了全新的生产和经营方式，从而导致行业竞争加剧。过去，钢铁企业很少面临竞争，因为建设新的炼钢厂需要数十亿美金的初期投入，而电弧炉的发明大大降低了新晋者购置基础设备的成本。在远离城郊牧场的地方进行牛肉切割包装的新方法，打破了几家大型肉联厂在美国的长期统治——尤其是价格方面的垄断。竞争的压力压缩了企业的利润空间，工会和员工争取高工资也更加困难。

一个更为基本的事实是，技术的发展改变了现代经济对于工人技能组合的需求。自动化导致技能和手艺贬值，在劳动力市场上，工人的议价能力也相应下降。在 20 世纪 50 年代，电信工人的罢工就意味着电话无法接通，使用者的日常生活将受到影响。而到了 80 年代，大多数的电话用户都不会对电信工人的罢工有所察觉，因为他们接受的服务并未受到影响。当工厂工人要求加薪时，制造商可以威胁将生产部门转移到人力成本更低的国家，因为现在这样做，不必担心产品质量下降，产品声誉也不会受到影响。随着谈判的筹码向雇主一方倾斜，工会发现，争取更好的待遇和保障就业一样越来越难，对于很多行业来说几乎就是不可能的。最好的情况是，工人能够通过学习掌握重塑其工作方式的新技术。而最坏的情况则是，工人将在领取一笔提前退休金后被迫离职 —— 在信息时代，他们的技术再也无法赚到令人满意的薪酬。

尽管很多著名的经济学家曾经浮夸地宣称长期的稳定繁荣已经到来，然而他们此时却无法对那些生存状态每况愈下的人们做出有意义的回应。政客能够提供的也无非是些老生常谈，比如在技术发展突飞猛进的时代教育和职业培训的重要性。而社会公众已经习惯于相信政府能够为所有人提供经济保障，此时看着政客一筹莫展的倒霉模样，压抑的怒火就开始爆发了 —— 主要表现为对福利国家高税收政策的反感和厌恶。

福利国家的概念，以及与之相生的对于政府社会角色的新理解，诞生于战争的深渊之中。政府应当提供某些保障的观念并不新颖：早在 1883 年，德国就颁发了疾病保障法，而瑞典的残疾人保障计划则可以追溯到 1901 年。然而，这些政策往往只考虑到了城市的产业工人，其他人能够得到的帮助非常有限。比如，瑞典人引以为傲的失业保障体制，直到1950年才只能覆盖70%的工薪阶层，其他人仍然暴露于失业风险之中。美国的养老保险和社会保障体系在1937年启动之时是不包括农民、家政服务员和个体经营者的。有限的覆盖范围及优越的人口结构，使得政府能够以较低的成本提供类似的保障。1940年，第一张社保支票寄出之时，350万名退休者的保障收入是由3500万工人及其雇主交纳的税金支撑的，税率仅为全部收入的1%。对于一名普通的美国制造业工人来说，如果年收入为1200美金，每年的纳税压力也只有12美金。[11]

福利国家的根本目标是广泛推行这些保障。1945年，英国和加拿大开始发放儿童津贴，一年之后，法国也借鉴采纳了这一政策，此时津贴的额度依儿童的人数而定，并不考虑家庭的收入情况。这些为了保障城市工人而设计的政策，能让农民群体得到的好处非常有限。在农民的压力之下，四个北欧国家政府承诺将健康保险和养老保障推广到全民受益，包括农民和个体经营者。

有了中产阶级的坚定支持，扩充社会保障的一揽子计划就在政治上势不可挡。艾森豪威尔总统，一名保守的共和党员，在1956年将社会保障福利金的覆盖范围扩展到了残疾工人。一年之后，由保守的基督教民主联盟及其基督教社会主义同盟控制的联邦德国政府将养老金金额提高了60%。在英国保守党当权的20世纪50年代，社会福利在政府支出中的比重陡峭上升。在更加注重平等的战后新世界中，无论是名门望族还是财富新贵，都不希望被指责为对工人阶级的艰辛无动于衷。[12]

贯穿 20 世纪 60 年代，繁荣的经济使得政府更愿意慷慨解囊。60 年代初，富裕国家之中，以现金形式直接发放给家庭的补贴，比如儿童津贴、养老金、残障及失业补助等，平均要占到国民收入的 6.8%。到了 70 年代初期，该数值已经高达 10%。芬兰，北欧国家中的后进分子，也于 1963 年启动了国家疾病保障计划。一年之后，意大利开始向全体老年人发放养老金，尽管他们并未对社保计划做出任何物质上的贡献。在法国和英国，儿童津贴的增长速度远远把通货膨胀抛在了身后。[13]

福利国家的政策并未止步于直接的金钱补贴。1964 年 1 月，约翰·F. 肯尼迪遭到暗杀后不满 6 周，他的继任者林登·约翰逊就向贫困宣战。国会为此制定了针对穷人的食品援助法案，以及由纳税人资助贫民和老年人的医疗保障法。美国、英国和其他几个国家就"逆向所得税"的优缺点展开了辩论，所谓逆向所得税就是最低收入补贴，可以保证每个家庭都能达到基本的收入水平，资金由政府提供，而且没有资格限制。扩建大学和高等院校的花费巨大，但是数以百万计的新生被招录进来。日本 1950—1975 年间的高等教育录取率提高了将近 800%，西欧的高中以上教育录取人数则翻了 3 倍。绝大多数学生进入的大学院校是国立的，收取的学费很少或者根本不收学费。相比街道清洁工和工厂工人的子女，医生和教师的子女在大学入学考试中取得好成绩要容易得多，因此免费的高等教育又是一项取悦崛起中的中产阶级的补贴政策。

发达经济体中，唯一对福利社会存在抵制的国家就是日本。在1945年投降后的二三十年里，领导人认为日本是一个处于重建阶段的贫穷国家，无力支付昂贵的福利政策。尽管出于经济收益的考量，日本愿意在教育领域进行投资，但他们对于在欧洲和北美盛行的政府资助福利项目仍然时刻保持警惕。但在经历了20世纪60年代非凡的增长之后，日本的经济规模扩大了3倍，政府难以再用贫穷作为借口。在一片颂扬之声中，日本终于在1973年推行了新的健康、养老和收入补贴政策。日本人将这一年称为"福利社会元年"，此时，日本的未来如此灿烂，在多年的奉献和牺牲之后，公民终于要分享胜利的果实了。[14]

所有的福利项目都要花钱。福利国家改变了普通公民与政府的关系：不仅仅是政府向公民提供津贴，而且是政府历史上第一次在相对和平的时期里，要求公民以税赋的形式上缴相当大比例的收入。

从历史角度看，很少有个人需要直接向国家级政府纳税。在这一方面，美国并非不具有典型意义。1939年，第二次世界大战在欧洲和亚洲爆发，所有联邦级别的赋税加在一起也仅占国民收入的7.6%。大部分的税收都是间接税，也因此很大程度上是隐形的：政府以进口税的形式从境外的威士忌和香烟上得来的收入，要远高于直接从工人工资中拿走的部分。联邦政府直接征收的所得税，仅仅占到了全部国民收入的四十分之一。尽管官方的个人所得税率最高可达到 79%，但也只有少数的产业巨头和影视明星受到影响。大约五分之四的美国家庭都不需要向联邦政府支付所得税，因为排除各种免税和抵扣额度之后，他们的收入还达不到 2500 美金的所得税起征点。[15]

大部分其他国家的情况也都类似，直到战争改变了一切。随着政府开始征收各种附加税、超额利润税等，战争时期的赋税压力骤然增加。最为极端的例子是，纳粹德国对其占领的国家施加重税以资助战争，并且利用税收体系剥夺犹太人和其他被驱逐者的财产。在同盟国方面，英国的所得税在 1937—1943 年翻了四倍。所得税起征点被降低，所以等到战争结束之时，大部分工人都要支付所得税；而高收入者面对的最高税率，居然达到了令人咋舌的 98%。

战争也让税赋收缴的方式更为激进。"我需要的就是现金，而且是从当前收入中提取的现金。"英国的财政大臣金斯利·伍德爵士在 1940 年宣称。在只有少数富人需要交纳所得税的时候，他们获准每年或者每半年缴纳一次。但是当数以百万计的中等收入群体被卷入税收体系后，很难想象这些人有充裕的现金每年进行一次大额支付，而且，政府也需要稳定的现金流来为军队和武器买单。美国最先采取措施，从 1943 年开始要求雇主从工人工资中直接扣除税金。"我们搞不定那些家伙，除非从源头上直接截流。"一位财政部的官员在请求参议员支持他们提出的立法议案时说。英国人把他们的扣缴方案命名为"付你所得"，似乎每周从工资里扣除所得税，是在给工人们一个报效国家的良机。然而，不论如何包装，都无法逃避一个现实，那就是每周的工资存根都在提示着税收的陡峭上升。[16]

战争结束之后，所得税的形式保留了下来，但是起初大部分工人都不需要交纳或者只需交纳很少一部分。在日本，战前和战时交纳所得税的人数都不足 100 万；即便美国在 1947 年强制改革之后，这一数字上升到了 700 万，但是仍然不足日本成年人数的七分之一。尽管在 1949 年需要交纳所得税的英国工人人数约有 1400 万，但在 10 年之前这一数字还只有 380 万，仍然有近一半的成年人收入达不到所得税起征点。1951 年，典型的美国家庭交纳的联邦所得税还不到全部收入的 3%，而且仍有很多家庭完全不需要交税。在加拿大，"针对个人的直接税收"1950 年时仅占人均收入的 6.4%，比战时减少了三分之一。1958 年改革之后，联邦德国的基础税率虽然高达 20%，但是为了保护普通工人而创设的津贴制度，使得大部分人交纳的税款低于全部收入的6%。[17]

向普通工薪阶层收轻税，高收入者收重税，可以保证税后收入更加平均，实现重要的社会目标。但是，一个大多数人不交或者仅交很少的所得税的体制，确实无法满足福利国家日益增长的财政需求。

福利国家体制可以说是一项丰功伟绩。它给数百万名退休津贴的领取者提供了尊严，使其无须在老年之时面对赤贫。伤残保险保护了劳动者的家庭，避免在工人遭遇工伤后全家陷入贫困，而医疗保险确保了即便是最贫困家庭的孩子也能及时就医。失业保险则减轻了经济萧条造成的阵痛，不仅有利于失去工作的劳动者，对这些人光顾的生意和购买商品的生产厂家也有裨益。经济学家将社会保障体制称为"自动稳定器"，此言非虚，因为正是这些保障措施使得消费者在艰难的时事中仍有基础的消费能力。[18]

但是，政府推行慈善并非没有成本。尽管工资水平、商业利润和消费能力在迅速提高，福利国家的支出增长的速度更快。纵观各发达经济体，从 1960 年到 1974 年，单单扶贫项目支出就提高了 150%，远远超过了通货膨胀率。在 24 个发达国家中，仅有芬兰这个半岛小国 1974 年社会保障支出占国民收入的比重低于1960 年。随着社会支出的增长速度超过了工人收入的增速，福利国家体制在被看作一项优势的同时，也被视为一种负担。[19]

把许多其他事情联系起来看，1973 年这个关键的年份对于福利国家来说也是个转折点。生产率增长速度下降，商业利润出现暴跌，导致工人工资的增速开始下降。然而福利国家体制的发展却没有一并放缓。恰恰相反，数百万名在经济下滑过程中失业的工人，排着长队领取政府提供的津贴。还有几百万人认为自己的年纪太大，已经不适合再就业了，开始提前领取养老金。到了1980 年，西欧的大部分女性在 60 岁之前停止工作；男性则是 63

岁。那些基于收入水平的福利支出，比如住房补助和食品津贴，也相应上升了，因为越来越多的家庭符合了申请的条件。比如说，美国政府的食品券计划从 1974 年到 1976 年耗资几乎翻倍，原因就是受益人的数量增加了近 50%。[20]

社会保障体系肩负了重任。在经济困顿的艰难时刻，它保护家庭免遭失业危机的蹂躏，抚平全球衰退的影响，这也是此项制度建立的初衷。但是为了实现这一目标，社保体制用税收和强制扣款抽取了越来越多的资金，并且通过只有最专业的政策研究人员才能弄懂的公式重新分配到各个领域。仅举一例，20 世纪 70 年代的前 5 年里，联邦德国的政府支出提升了 93%，而经济增长仅有 52%。在西欧，到了 70 年代末，社会保障体系 —— 还不包括一些医疗项目和高等教育 —— 相当于经济总量的近六分之一。[21]

除了减少福利之外，唯一保持收支均衡的方法就是加税或者举债，而减少福利无论在哪个国家都相当于政治自杀。1965 年，24 个发达国家的税收平均占国民收入的 24.8%。1973 年，随着福利国家体制的发展，平均税收达到了国民收入的 28%。到了 1977 年，这一数据上升到了 31%—— 在十几年的时间跨度里，它的增速已经相当惊人。税收上涨的规律出现在了每个发达经济体中，无一例外。最极端的例子是瑞典，在 12 年里，税收的比重上涨了 13%，等到 1977 年，国民收入中的每个瑞典克朗都有 45% 被划为税收。[22]

通货膨胀就是这种现象的罪魁祸首之一。在大多数富裕国家，个人所得税都是按梯度征收的，收入所处的梯度越高，相应的所得税税率也越高。在澳大利亚，高过起征点第一梯度的收入只需承担 8% 的温和税率，但超过第 27 级梯度的收入则要面临高达 66% 的税率。在意大利，1～32 级税收梯度的税率从 10% 一直提高到 72%；在日本，低收入者只需按 10% 的比率交税，而高收入者可能要对收入的最高部分交 75% 的所得税。通常而言，这些税收起征和梯度金额是不随通货膨胀变化的，也就是说，假如一名工人年收入的提高仅仅是与物价指数的上涨一致，但是多赚回来的里拉、日元或美金，需要交纳的所得税要高于前一年的水平 —— 排除通胀因素后，此人拿回家的实得工资要低于原有水平。因此，尽管名义工资每年都在上升，很多家庭还是感到可支配收入越来越少了，因为他们现在处于更高的所得税征收梯度。[23]

因此，在通货膨胀高歌猛进的十年，税收着实让人烦恼，而且也更具争议。即便收入增长已经跟不上通胀的步伐，政府还能稳稳收取家庭收入中越来越多的份额。工厂工人和街道清洁工感受到的税收压力并不亚于他们的老板。1969 年，联邦德国的普通工人家庭每多赚一马克只需支付 19 芬尼的所得税 —— 也就是说，边际税率为 19%。但是到了 1978 年，边际税率几乎翻了一倍。英国家庭中除了最为富裕的一批，1979 年支付的所得税占收入的比重比 1969 年多了 10%。记者彼得·詹金斯的测算结果是，有两个孩子的英国家庭，收入为行业平均工资，1976年需要交纳的税金占全部收入的26%，在四年内上涨了7%。加拿大的情况更加严重：从1958年到1985年，普通加拿大公民的所得税税率居然提高了20%。[24]

同样重要的是，至少从政治的角度上看，高税收直接给个人收入带来了沉重负担。在早些年，为福利国家买单的主要是企业，方式是交纳营业税或为员工交纳社会保险。当然，企业最终会将这些成本转嫁给股东或者员工，但是对于员工来说，他们增加的成本是隐形的。而且，发达国家财政收入的一大部分源于对消费征税（如营业税），或是对资产和财富征税（如遗产税），这部分税收的占比在1970年高达43%。纵观各发达经济体，收入税和社会保障费用在1970年占政府收入的34%，在1975年占38%，而到了1980年，占比就几乎高达40%了。福利国家的成本迅速转嫁到了收入税的身上，这些钱直接来自工人的腰包，他们眼看着工资中越来越大的比重被扣掉。工薪阶层抱怨负担了越来越多的政府支出，是完全有理有据的。[25]

然而，即便普通公民交纳税金占工资总额的比重每年都在提高，政府也还是做不到收支相抵。为了兑现社会福利的承诺，政府大量举债，巨额财政赤字成了常态。美国政府的财政赤字在20世纪60年代还无足轻重，及至70年代却翻了三番，这还是在国防开支大幅削减的情况下。1973年之前，日本政府的支出还大抵与收入相等，但此后大面积财政赤字变得司空见惯。联邦德国在 1973 年前财政赤字尚且有限，之后也是大幅提升。[26]

在富裕国家中，政府财政状况的巨大变化可以通过政府债务与国民收入的比例反映出来。从 1946 年到 1974 年，该比例始终在下降，因为各国都在偿还二战期间借下的债务，并且避免举借新债。从 1975 年开始，平均债务率开始上升，这一趋势一直延续到了 21 世纪。就在政府债台高筑的 70 年代下半叶中，利率开始大幅飙升，致使政府预算的相当比重用于支付利息。这些利息的账单也进入了工薪阶层的视野，他们交纳的所得税和社保为政府收入贡献了相当大的一部分。他们担心，将来他们的孩子还要继续为这些利息买单，而他们的担忧并非全无道理。[27]

早些年世道更加安定，人们普遍愿意用高税金换取更好的社会福利。美国在 20 世纪 60 年代出现了几次反对税收的零星抗议活动，但这些抗议往往是针对地方政府为建设学校和维护公园而征收的房产税，而非联邦政府用来提供养老金、医疗保险、贫困和失业补助的收入税。这些抗议活动零零散散分布在各地，在全国范围内并没产生多大影响。但是进入 70 年代，随着经济环境的恶化，利率和通货膨胀率脱离了政府的控制，社会前景的不确定性增加。此时，政府提高税收以资助福利社会的尝试开始碰壁。大规模的反对税收运动，最初是在富裕且田园牧歌般和谐的丹麦王国中涌现，而这要感谢一位名叫摩根斯·格里斯楚普（Mogens Glistrup）的税务律师。[28]

格里斯楚普所在的律师事务所，据说是哥本哈根最大的一家，其主营业务就是帮助客户避税，方法是在一些傀儡公司之间搭建贷款链条，利用丹麦允许纳税人从收入税基中扣减利息支出的规定，达到避税的目的。1971 年 1 月 30 日，44 岁的格里斯楚普出现在电视节目中，大谈特谈税收的问题。手中高举着纳税申报单，上面写着应纳税额为零，他将避税者比作二战时期破坏德国铁路的爱国者。

格里斯楚普的滑稽之举让他一夜成名，而且演变成了一股政治势力。丹麦政治长期以来由四股势力把控，也就是所谓的"旧"党，他们分别代表各自的利益群体，比如说农民和工会。在社会立法方面，四个旧党派几乎都是一致行动，很多立法提案甚至是全票通过的。选民们相当青睐这个承诺打破旧秩序的圈外人。在保守党拒绝提名他为国会议员之后，格里斯楚普利用其炙手可热的名声在 1972 年组建了进步党。进步党没有什么正式的组织，但是格里斯楚普在吸引公众关注方面确实是个奇才，他发表了很多尖锐的评论，比如说建议解散军队，用一台电话答录机取代国防部，答录机在接通后只会用俄语说"我们投降"。他宣称："在当前形势下，你在政治领域中能做的最为严肃的事情就是取笑当权派。"[29]

丹麦成为当代反对税收运动的发源地并非偶然。尽管 20 世纪 60 年代是繁荣的十年，丹麦却始终保持着全欧洲最低的经济增长率，进入 70 年代后也没有任何好转。丹麦的通货膨胀率在发达国家中位居前列。而福利国家政策的加强给丹麦人带来了沉重的税收负担。1965 年，丹麦国民收入的 29.5% 都用于纳税。仅仅 6 年之后，政府就将全国总收入的 40.8% 收入囊中。普通家庭真切地感受到了经济上的压力，而民众消费的增长率比国家的经济增长率还低。对自己国家未来的担忧加剧了人们的不安。1972 年，丹麦以全民公投中高达 90% 的支持率加入欧洲共同体。过了不到一年，民意调查却显示，至少有一半的丹麦公民对这个决定表示后悔。

尽管格里斯楚普本人并不上镜 ——"他向来衣着随意，身材胖墩墩的。"一位美国外交官向国务院这样汇报 —— 但他吸引选票的魅力丝毫不受影响。格里斯楚普在竞选中呼吁取消收入税，并且承诺在当上总理后，每十分钟就裁撤一个官僚机构，1973 年 12 月，进步党成了议会的第二大党派。丹麦人称之为"地震式选举"，一夜之间就重塑了整个国家的政治生态。即便没有政党愿意与进步党组建联合政府，格里斯楚普对当权者的不断攻击还是让他的理念得到了颇多关注。20 世纪 70 年代中期的民意调查显示，丹麦人对于社会事业和收入再分配政策的态度愈加负面消极。"丹麦正在从福利国家的阵营中仓皇撤离，或者至少是要远离福利社会所必需的税务负担，无论如何，这仍然是一场大撤退。"一位《金融时报》的记者宣称。[30]

在挪威，有一个人堪称与格里斯楚普一时瑜亮。安德斯·兰格（Anders Lange），比格里斯楚普整整年长了一辈，在 20 世纪二三十年代就与右翼的祖国联盟关系紧密，但在战争期间强烈反对纳粹统治。战后，他进入一家养狗人俱乐部工作，并且开始出版《爱狗者日报》。最初的时候，这份报纸有关政治的内容无非就是政府对狗主人的征税，但后来涉及的政治话题越来越多。1953年，报纸遭遇经济问题，一名员工携款潜逃，报社也因之倒闭，但是兰格开展了一项副业，专门组织抗议游行来反对社会主义青年运动者的示威活动。当兰格在1960年重新发行报纸之时，对共产主义者、政客和官僚机构的抨击成了家常便饭。两年后，《爱狗者日报》更名为《安德斯·兰格日报》。视野开阔了之后，报纸很快孕育了一场由不满者组织的政治运动。

挪威的经济比其他欧洲国家都要健康，但是兰格对于官僚机制和税收的抱怨还是引发了人们的共鸣。1973年4月，在奥斯陆的一家电影院内举行的公共集会中，人们投票支持安德斯·兰格的政党提出的大幅削减税收、关税和政府干预的纲领。一个月后，格里斯楚普亲临奥斯陆以示支持。和格里斯楚普不同，兰格在军事上是强硬的鹰派，但他们都对福利国家制度深表怀疑。兰格自称是美国自由市场派经济学家米尔顿·弗里德曼的支持者，同时也喜欢自由派作家安·兰德。兰格凭借着反对税收的政治纲领，以69岁的高龄在1973年的全国大选中赢得了5%的选票，一路闯进了国民议会。

斯堪的纳维亚半岛初期的反对税收运动，很快就跨越北海，得到了微弱的回应。在那里，英国人面对的麻烦主要是针对不动产征收的财产税。在1970—1973年保守党首相爱德华·希斯

（Edward Heath）执政的时期，税收占国民收入的比重连年降低。尽管保守党不想和高税收扯上关系，但是主要由工党控制的大城市地方政府却不愿削减公共服务或者裁员。到了 1974 年，经济陷入危机，部分纳税人开始拒绝支付地方税，这让保守党看到了政治契机。他们的发言人是一位名叫玛格丽特·撒切尔的年轻部长。"地方政府开支增长的速度超过了经济增长的速度。"撒切尔对坐在广播前的观众说。她承诺，保守党会废止地方税，代之以"你能支付得起的赋税"。[31]

在丹麦、挪威和英国，福利国家的政治共识已经破裂。尽管一次政府税务调查把格里斯楚普送进了监狱，丹麦进步党并没有像很多人预想的那样就此沉寂。在 1975 年 1 月的大选中，他们只失去了 28 个议会席位中的 4 个。进步党的支持者来自各行各业。民意调查发现，他们之间的共同点是，强烈反对这样一个论点："总的来说，人们可以相信政客能够为国家做出正确的选择。"安德斯·兰格于 1974 年去世，但是他的政党改组成了进步党，并由一名颇具魅力的年轻商人卡尔·哈根（Carl Hagen）带领，成了挪威政治中一支重要的保守势力，并在 2013 年最终进入政府。经过长期的内部斗争，英国保守势力最终放弃了他们的贵族遗产、他们对于战后福利国家政策的支持，以及他们对于英国注定要以低于平均水平的速度增长的确信。他们将会追随玛格丽特·撒切尔向全新的方向前进，目标是建立一个国家不再事事包揽的小政府。[32]

第 10 章　向右转

1973 年爆发的经济危机让几乎所有民主国家的选民都感到不安和疏离。他们期望政府能够保障就业、改善工作环境，并且提高生活水平，正像政府在之前的近 30 年里所做的那样。然而此时，他们眼前只有紧缩的经济、停滞的工资和濒临倒闭的工厂。面对新的经济现实，旧政党似乎提供不了任何有用的建议。他们的计划只适合在繁荣期间分配胜利果实，而无法刺激生产率的增长，适应一个技术发展日新月异的时代。

早些年，选民无条件地接受他们所支持政党的政治路线，因为他们的社会地位已经决定了他们的政治倾向。在欧洲，天主教、社会主义和农民政党均能得到某些地区选民的稳定支持。工会成员是加拿大新民主党的核心支柱，而美国南方近一个世纪以来都是民主党的坚强堡垒。但是到了 20 世纪 70 年代，这些一度忠诚的选民接受了更好的教育，生活水平提高了，而且也能轻易地移居外地，不再坚信他们有义务支持原政党的路线。在意大利，本地主教的意见开始变得无关紧要，而美国工厂工人越来越不在乎工会领袖的呼吁。随着区域投票一致性的丧失，战后的稳定政府逐渐让位于不再牢固的联盟，少数议员的死亡或入狱就能打破其中脆弱的平衡。

政治学家和社会学家深入研究过这些问题，得出的结论是，很多基础性的事实发生了改变。"1974 年中的某些时间点，在英国、加拿大、法国、联邦德国、意大利、比利时、尼德兰、挪威、瑞典和丹麦，立法机关中没有一个党派占据了多数席位。"三极委员会（Trilateral Commission）的一项研究中指出。该委员会当时刚刚成立，成员多为国际商界和外交界的领袖级人物，很快也引发了一些争议。此时，专家们开始谈到一个新出现的问题："不可治理性"。[1]

不可治理性在很多领域都有所体现。政府似乎越来越难以维持秩序。在欧洲，报纸标题中充斥着黑帮的绑架和谋杀犯罪，比如联邦德国的巴德尔—迈因霍夫团伙、意大利的红色旅和西班牙的埃塔（ETA）。在美国，犯罪率直线飙升：1975 年，每 20个居民中就有一起财产犯罪立案。统一的主权国家自身也受到了攻击，从魁北克到苏格兰再到南斯拉夫，政党都想让中央政府下放权力，甚至是实现地区自治。接下来还有丑闻带来的不确定性，1974 年三个主要经济体的核心领导层因此发生权力更迭。5 月，联邦德国总理维利·勃兰特辞职，原因是他的一名亲密助手被揭发是民主德国间谍。8 月，水门事件事发，理查德·尼克松试图掩饰他曾在 1972 年总统大选期间指派特工闯入民主党办公室，结果发生了美国历史上的第一次在职总统辞职。12 月，日本首相田中角荣被指控利用职务之便从地产交易中牟利，并因此辞职。[2]

尽管上述三起事件在细节上大相径庭，但它们都有一个共同之处，那就是，都有一名成就杰出也备受欢迎的政治明星陨落了。勃兰特在 1933 年曾逃往挪威以躲避纳粹，他在漫长的职业生涯中取得了很多突出的成就，其中一项就是把社会民主党从马克思主义的根基中拽了出来，将其重塑成了群众基础远比产业工会及其成员更为广泛的政党。在 1972 年的连任竞选中，联邦德国民众热烈支持勃兰特的东方政策，即与民主德国和波兰关系正常化，以缓和紧张的国际局势，也能使分散在两国的家庭重新团聚。尼克松早在 1946 年就登上了美国政治舞台，而且在两年前的连任竞选中还刷新了美国大选的记录：在 50 个州中赢得了 49 个州，投票支持率高达 61%。他利用中产阶级和白人工薪阶层对犯罪的恐惧和对种族融合的反感，赢得了他们的广泛支持。而田中首相，随后在一场收受美国飞机制造商洛克希德贿赂的丑闻中被定罪，但是此前他通过政治分肥的手段，打造了一台强大的选举机器。他最擅长的就是将政府资金转化成钢筋和混凝土，很多崇拜者都将他称为"智能推土机"。[3]

然而就是这些在权力场中手握重拳呼风唤雨数十年的大人物，即便人脉根深蒂固，仍然无法安然度过危机。如果是在几年之前，人们面对类似的事件很可能只会耸耸肩膀，毫不在意。而此时，政治环境已然发生了改变。

不可治理性，这个词汇在 20 世纪 70 年代中期的含义更多是与政府瘫痪而不是社会的不稳定性相关。据说，这是两项根本性社会变革的结果。其一，教育水平的提高和经济的繁荣让普通人也有机会和勇气发表自己的意见。人们不再盲目地追随教会、工会或者行业协会的指导；与之相反，他们会自行判断什么样的选择对自己最为有利。另一项转变是，政府已经增重成了庞然大物，其提供的服务和补贴直接影响到绝大多数人的生活，人们也因此更加关注它的一举一动。这两项转变综合在一起的结果就是，政客再也不能简单地以大众利益之名做出决定，然后就要求选民们无条件地支持。福利国家的福祉已经被当作了公民的天赋之权。人们曾对政客许诺的各式新鲜福利心怀感激，而此时，他们拒绝任何可能减损他们既得利益的改变，无论是在绝对收入上还是相对收入上。这些越来越善于表达诉求的选民有着明确的经济利益需要保护，他们希望自己的声音受到重视。[4]

对于不可治理性的关注，与经济发展的停滞有直接关系。在繁荣增长的黄金时期，政府有能力改善几乎所有人的生活条件。他们有充裕的资金提高儿童津贴，兴建免费或者低学费的大学，同时又不影响无孩家庭的税后收入。然而此时面对经济增长的停滞甚至倒退，政府就只能玩一场零和游戏。任何为某一群体配置资源的措施，无论是学龄前的幼儿还是耄耋的老人，都意味着要切走别人的蛋糕。甚至是对所有人都有利的政策，比如抑制通货膨胀，公众也很抵触，因为人们不愿为了长远的收益而承受短期的阵痛。

福利国家政策对公众许诺的不仅仅是稳定提高的生活水平，更包括社会公平的改善。而这一承诺，也成了经济萧条的受害者，因为政府掌握的流动性不足以补偿所有自认为处于弱势的群体。英国记者塞缪尔·布里坦（Samuel Brittan）指出，一项政府调查显示，80% 的受访者宁愿每周和其他人一样拿到 4 英镑的补贴，而不是在其他人每周拿到 6 英镑的情况下，自己拿到 5 英镑。"政策越倾向于消除阶层分化和收入差异，人们就越容易因为现存的不平等现象而群情激奋，"布里坦得出结论，并警示道，"自由民主制度存在某种倾向，那就是催生人们不切实际的期望。"政策变化的潜在受损者已经动员起来要保护已经属于自己的权利，而民选政府在对自身的改革中缚手缚脚。正是这一矛盾，导致了代议制政府的不可治理性。[5]

一种观点是民主制度的黄金时代已经终结，对这一理论最著名的支持者要数美国经济学家曼瑟·奥尔森。尽管本人和蔼可亲、言语温和，奥尔森对富裕民主国家未来命运的预测却远远谈不上乐观。在他的眼中，随着有广泛群众基础、表达群众普遍关切的大型组织逐步失势，有着狭隘目的的小型团体愈加得志，整个社会的凝聚力已经在渐渐瓦解。这种转变的原因使用简单的算术就能解释。如果某个大型组织的成员每个人都有不同的利益诉求，由此改变政策所能带来的利益平均下来就很少。而加入某个小型团体，专门为特定目标奔走，如果该团体在相应事项上成功地左右了政策制定，每个人能得到的好处都会大大提升。按照这一逻辑，对于一名心脏外科的医生来说，加入心脏病联合会进行游说所能带来的利益，远远要高于加入泛泛的大型医生联合组织，因为后者还要同时关注过敏科医生和肾病专家的利益。

就奥尔森看来，真正的危险就是，这些小型团体会把目标简单定义为保护成员的眼前利益。代表更广泛的群众基础的大型组织能够以长远的眼光看待问题，为了公众的福祉，愿意接受短期的挫折。但是大型组织正在节节败退。奥尔森预计，权力将向小型团体转移，而后者只会坚持不懈地在政治斗争中争取短期胜利，以保持成员的忠诚度和满意度。随着这些小型团体影响力的增加，以及彼此间结成同盟，他们终将绑架政府，使其无法做出有利于公众利益的决策。

伴随着狭隘利益集团的得势，受到冲击的首先就是国际贸易。大型组织倾向于支持自由贸易，因为他们知道，自由贸易能够刺激经济的整体增长，即便某些产业和部分工人将会面临更加激烈的国际竞争。小型团体的视角就狭隘得多了。一项降低鞋子进口关税的贸易协定，全国劳工联合很可能会支持，但是鞋业工会几乎肯定要反对。类似地，狭隘利益集团往往会阻碍新技术的推广，以保护相关企业的利益和员工的工作机会。奥尔森警告道，经济将越来越僵化，也会越来越抗拒改变。经济增长速度放缓几乎是难以避免的。"总的来说，"奥尔森写道，"狭隘利益集团及其联合将导致政治生活更加分裂，降低整个社会的效率和总体收入水平。"[6]

奥尔森在政治上是一名保守派，而且和很多右翼人士一样，他认为工会组织尤其要为富裕民主国家中明显的僵化倾向负责。在关于不可治理性的辩论中，一件怪事就是不同党派之间居然取得了一致的意见。塞缪尔·布里坦对玛格丽特·撒切尔的多项经济政策表示过支持，预测自由主义代议制民主的主导地位"将在我们这些成年人的有生之年成为过去"。但是维利·勃兰特，民主派中的左派人士，据说也得出了类似的结论。在一些马克思主义者的圈子中，不可治理性被认为是"资本主义晚期"的一个表现，在此阶段政治秩序将会失去其合法性，接下来就是资本主义内在矛盾导致社会结构的最终崩塌。然而，对于自由主义者来说，不可治理性不过是政府无法兑现其对公民的所有承诺的又一例证。[7]

并非只有富裕的市场经济国家表现出了不可治理性。铁幕之后，共产党控制下的苏联附属国也陷入了统治危机，而且事实表明，这场危机远比西欧、北美和日本的民主政权所面临的更为严峻。

苏联在人们的记忆中通常与经济瘫痪相等同，但这是对于历史过分简单的解读。事实上，东欧和苏联的国营经济体制战后也经历了自己的黄金时代。尽管很难做到逐一对比——国内生产总值和人均国民收入等统计概念都应以商品与服务的市场价格，而不是国家制定的价格计量 —— 大多数的评估认为，铁幕之后，经济增长相当迅速。根据英国经济学家安格斯·麦迪森（Angus Maddison）测算，1948—1973 年，在剔除通货膨胀和汇率变化的影响之后，苏联和东欧的人均收入水平增长速度要高于比利时和丹麦，而且远远高于澳大利亚、加拿大和美国。按照麦迪森的结论，1948 年，匈牙利的人均收入水平只有美国的四分之一；尽管在接下来的 25 年里，美国的人均收入提高很快，但是匈牙利的增长速度要远超美国。[8]

社会主义国家经济的快速增长，归根结底与市场经济国家繁荣的原因并无不同。战争导致国家满目疮痍，亟须大规模的重建。数百万的劳动力离开了田间地头，流入新工厂操作重型机械。这些工厂跟二战之前比较典型的小型企业相比规模要大得多，资本密集程度也高出很多。社会主义计划经济是规模经济的真正信仰者。从卡尔·马克思开始，他们就坚信工业化是通向社会主义社会的必经之路。那些在马克思理论的基础上开展研究的经济学家尤其强调生产总量的意义，根据他们的观点，计划经济的领导者认识到，实现工业化最高效的方式就是建造大型的综合工业体，能够快速炼造钢铁、生产化学制品和纺织棉料。

马克思主义者对于效能的信奉贯彻其社会体制的各个方面。规划者决定该生产多少吨钢铁和多少平方米的布料，工厂管理者的业绩就根据能否完成这些指标来评价。其他的国有工厂则要按照国家规定的数量进口钢铁和布料，并生产指定数量的拖拉机和连衣裙。接下来，这些规划者就要指导国营农场购买拖拉机，以及决定国营商场应该卖掉多少件连衣裙。国际贸易往往通过以物易物的方式进行，而不是现金交易。如果一串串的香蕉忽然出现在布拉格的杂货店货架上，这很有可能是捷克斯洛伐克的贸易官员安排的：该国向某个香蕉生产国出口机械，并接受对方用水果作为部分货款。

共产主义经济体十分擅长生产产品，却无法满足消费者的需求。武器和重工业制品始终占据首要地位；至于公寓和汽车这些普通家庭需要的商品，则在资源分配中处于劣势。产品的质量往往十分低劣，样式也过时老旧，因为针对品质和创新几乎没有任何奖励。虽然规划者关注人们购买连衣裙的数量，但他们毫不在意这些连衣裙的颜色、款式和图案是否符合那些看过西方时尚杂志的女性的心意。这些对于产品多样性的潜在需求被认为是反社会主义的。在集中的计划经济体制下，每家工厂都被提前指定了配额，以便实现生产效率的最大化——而这种流程是无法满足消费者按个人品味购物的需求的。而仅在对化解政治危机有所帮助的情况下，公众的情绪才会被视为一项考量因素。[9]

早在 1973 年的石油危机之前，苏联内部就已经广泛出现了动乱的迹象。新的人权运动开始公开反对苏联政府的政治压迫。国家无力提高人民的生活水平，导致波兰爆发大规模内乱，从 1970 年开始，当地政府就在用冻结物价的方式安抚民众。1968 年遭受了苏联入侵并终止了一切政治与经济革新的捷克斯洛伐克，也成了滋生暴动的温床。1974 年 3 月，匈牙利多项具有自由化倾向的政策在苏联的反对下被叫停，理由之一是"向资本主义变质"。飙升的油价打乱了苏联的计划。提高一种大多数共产主义国家需要进口的重要原材料的价格，并降低其西方贸易伙伴的经济增长速度，石油危机也因此使社会主义诸国难以实现经济增长，进一步滑向了不可治理性的深渊。[10]

20 世纪 70 年代中期的经济新闻大部分都是负面的。然而，尽管到处充斥着关于不可治理性的危险信号，选民仍未放弃对民主政府自我革新的信念。被选民们无情抛弃的是那些只会承诺牛奶和蜂蜜的魅力型政客。70 年代不属于夏尔·戴高乐和林登·约翰逊这种传奇式的领袖。人们需要的是务实的领导人，现实可靠，有实干能力而不是只会夸夸其谈，面对经济危机能够保障稳定。

与他们的前任相比，新一代的领导人主要有两方面的突出特点：一是不带有个人色彩，二是能力超群。赫尔穆特·施密特，曾在汉堡大学师从卡尔·席勒学习经济，并在维利·勃兰特于 1974 年 5 月辞职后担任联邦德国总理。他是一个坚定的实用主义者，而且一贯主张对苏联采取强硬态度。他的执政哲学总结起来就是一句经常被人们引用的话："那些眼中总是未来愿景的人应该去看医生。"瓦莱里·玛利·勒内·乔治·吉斯卡尔·德斯坦，人们口中的吉斯卡尔，在德国的施密特下野后两周当选法国总统。吉斯卡尔是声名卓著的法国国家行政学院毕业生，国际经济领域的专家。三木武夫，在田中角荣丑闻产生下台后，于1974 年 12 月成为日本首相。他在历届日本首相中与众不同，主要是因为他不肯利用政府工程合同讨取政党捐助人和地方官员的欢心。在日本，他不仅以言语耿直著称，还以没有废话、讲求实干的作风享有盛誉。[11]

然后就是吉米·卡特了。曾任核潜艇指挥官、佐治亚州乡村家族花生仓库经理的卡特证明了自己是一位能干而且清廉的领导人。作为浸信会主日学校的兼职教师，卡特是一位极为虔诚的信徒，他承诺要在美国推行人权外交政策，这引发了人们的共鸣，因为当时国家因越南战争和对拉美独裁政府的支持而民心分裂。1977 年 1 月在总统就职典礼之后，卡特在天寒地冻中步行走过宾夕法尼亚大道，而不是按照惯例乘车，这一举动巩固了他作为平民总统的形象。

这些领导者都是极为严肃的人。他们看到通货膨胀正在腐蚀本国的经济，导致国民对政府失去信心。他们意识到了福利国家政策的局限性，也了解人们对高税收的反感。他们清楚地知道，唯一能够激励企业扩大投资和招募工人的就是利润。他们清楚，高油价已经导致本国大部分的制造业不再具备经济效率。而且，不论他们对公众说了什么，他们心里都很清楚，大部分暂停营业的工厂再也迎不来重新开张的那一天了。他们准确地认识到，为了实现重现经济繁荣，眼前最大的挑战和难题就是恢复生产率增长的速度。

然而，尽管这些领导人做了各种努力，彼此间经常沟通会商，仍然仅仅能够给经济提供一点微弱的反弹。在三木及其继任者的治下，日本经济在1974—1979年的平均增长率只有2.6%——几乎不到之前6年平均增长率的三分之一。德国和法国的增长速度也与之相近。唯有美国，增长率比前者低了接近整整1%。在这6年中，发达国家的平均经济增长率仅有1.9%——考虑到人口增长的因素，这个数据意味着普通家庭的生活水平几乎没有任何提高。

况且上述数据还只是税前收入。为了达成政治目标，政府需要向退休和失业工人发放津贴，并补贴依靠政府资助发放工资的企业。尽管社会上批评和反对的声音越来越多，政府仍然坚持上述做法，因为他们认为在此种情况下政府别无选择。而为了给这些补贴提供经济支持，他们不得不继续从工人的收入和消费者的支出中抽取税收。吉斯卡尔担任法国总理期间，税收占国民收入的比重从1974年的34%上升到了1979年的38%；在日本，这一数字从22%提高到了24%。纵观23个发达国家，国民收入中税收的比重在这些年中增长了3%。然而尽管税收一直在涨，到了1979年，各国的失业率还是创了6年以来的新高，通货膨胀率再次飙高。

世界经济形势的急剧变化产生了重大的政治影响。高税率，以及人们眼中高税率的罪魁祸首——政治党派，将成为公众谴责的对象。1976年1月30日，预言成了现实。

　　一个风雪交加的星期五，瑞典警察打断了斯德哥尔摩皇家大剧场内正在进行的戏剧彩排，剧目是奥古斯特·斯特林堡的《死的舞蹈》。舞台上的演员眼看着身着便衣的警察走向他们的导演，时年 57 岁的英格玛·伯格曼，说他因为偷税漏税而被警察厅传讯。伯格曼，这位蜚声国际的电影导演，同时也是瑞典当代文化的代表人物，公开受到了侮辱。他的护照已被扣押，公寓遭到搜查，本人被警告不得离开城区。面对刑期可达 2 年的司法指控，伯格曼因为"情绪紧张"入住了卡罗林斯卡医院。

　　就在伯格曼事件抢占各大报纸的头条后未久，警察突击搜查了女明星毕比·安德森（*Bibi Andersson*）的家。在十几部伯格曼的电影中担任过角色，并且是一名 5 岁女孩的母亲，安德森被拘禁了 36 个小时，不允许打电话或者联系律师，理由是她欠下了 2.3 万美元的税金。接下来，3 月 3 日，68 岁的阿斯特丽德·林格伦，《长袜子皮皮》系列故事的作者，同样是世界知名的文化名人，在瑞典流通最广的报纸《快讯》上发表了一篇短小的寓言故事，题为《住在偏执国里的波米贝瑞朴莎》。在故事中的某个虚构王国里，一名作家因为作品成功而不得不面对高达收入 102% 的税金，其中的讽刺谈不上含蓄。"这些人真的是我曾经如此尊敬、如此仰慕的智者吗？"可怜的波米贝瑞朴莎问道，对象是制定这些税收的政治领袖。"他们想要实现的是什么目标 —— 一个狭隘、不可思议到极致的社会吗？"她的故事是有事实基础的，随后林格伦就公开了她和勤勉的税务人员之间的一些小争执。[12]

公诉人没有找到上述三人偷税漏税的任何证据，但是丑闻这种东西，一旦缠身就很难摆脱。住院2个月之后，伯格曼回到了波罗的海上的法罗岛，这个海风呼啸的小岛是他的故乡。4月，在法罗岛上，他在《快讯》上发表了一封公开信，正式声明由于税务机关的骚扰，他已经决定离开瑞典。伯格曼说，这场调查让他认清："在这个国家里，任何人在任何时间、任何地点，都有可能被某种特殊的官僚主义攻击和中伤。""这种官僚主义，"他接着说，"像恶性肿瘤一样肆意蔓延。"他说他将关闭电影制片厂，取消在瑞典发布新电影的计划。他将他的财产交给国家税务局处置，以防"正直的瑞典纳税人们"以为他要逃避义务。就在当天下午，伯格曼登上了一台飞往巴黎的客机，从此背井离乡。五天之后，税务审计人员对伯格曼的指控做出了回应，声称税务人员做法正确，伯格曼无理狡辩。但是审计人员向媒体公开的数字显示，政府主张伯格曼应缴的税款，高达这位导演收入的140%。[13]

上述三起案件引发了瑞典的政治风暴。众所周知，伯格曼和林格伦都是社会民主党的支持者，该党派坚决主张通过高税收向国民提供从摇篮到坟墓的社会保障，以及最大限度地消除社会不公。此时，这两位文化领军人物似乎都离弃了他们的政党。对9月19日议会选举的民意调查显示，社会民主党的支持率直线下降。首相奥洛夫·帕尔梅将该党的失势归咎于"反动宣传的洪流"。但事实上，接连传出的丑闻让很多远远谈不上反动的选民开始反省，一个要求工薪阶层交纳一半以上的收入，并且严厉惩罚小型企业和个体生意的税收体制，到底谈不谈得上公平正义。

对于官僚体制抬头的抱怨并非无据可依。1950—1975 年瑞典新增的 100 万个工作岗位中，超过一半都属于公共部门。在同一时期，政府雇员的人数增长了 151%——这一数字是劳动力增长率的 5 倍——因为扩张中的福利国家雇用了更多的社会工作者、就业咨询顾问，以及幼儿园教师。

虽然慷慨的社会事业得到了民众的广泛支持，但是越来越多的瑞典人开始抱怨，他们的领导人丧失了与普通群众的联系。逐渐地，人们提到社会民主党时，首先想到的不再是高养老金和带薪探亲假，而是烦冗的官僚主义作风。"阿斯特丽德·林格伦和英格玛·伯格曼最先通过抗议开启了民怨的闸门，更多不满的情绪也随之宣泄。"独立媒体《每日新闻》报道。年轻的工人尤其厌烦福利国家的单调乏味和一成不变，开始与社会民主党离心离德。从 1976 年开始，年满 18 岁即可在大选中投票的制度确立了下来，这无疑不利于社会民主党的事业。而林格伦发表的另一篇文章，警告说瑞典正处于成为"官僚独裁"的边缘，对社会民主党又是一重打击。[14]

随着大选的临近，对黄金时代已经终结的感知毫无征兆地笼罩了全国。瑞典安然度过了 1973 年的石油危机，受到的冲击远不如其他邻国严重。帕尔梅政府全力刺激国民经济，削减增值税以鼓励消费，提高社会福利，补贴制造商以保持生产线正常运转并保护工人不至失业。得益于这些积极的刺激政策，在其他国家的经济处于风雨飘摇之时，瑞典却能一枝独秀，不但失业率降低了，工资也大幅提高了。但是瑞典无法靠国库一劳永逸地解决所有问题。全国都有大量的制成品在仓库中堆积如山：政府给生产企业提供了补贴，但是没有人想买这些东西。1976 年初，世界范围内需求的下降和国内的高人力成本拖累了瑞典的出口贸易，整个经济开始转向收缩。

1932 年起，社会民主党就开始统治瑞典，期间从未间断，以致大部分瑞典人从未料想过会有其他的党派执政。但是 1976 年 9 月 19 日，随着瑞典经济陷入一场旷日持久的衰退，选民们将社会民主党赶下了权力的舞台。全世界都感受到了这一事件的冲击。"瑞典模式需要修复。"伦敦的《金融时报》评论道。至少部分离弃社会民主党的选民是出于反对核能的原因，因为该党始终大力支持发展核能，但是总的来说，人们考虑的并不是这类细枝末节。不管是对是错，这次选举的结果被解读为一次削减政府权力的努力。尽管瑞典的非社会主义政党也远远谈不上是福利国家的尖锐批判者，他们的成功至少重启了一个疑问，那就是政府是否有能力提供更高的生活水平和经济安全，其代价又在可接受的范围之内。[15]

相比瑞典，面对 20 世纪 70 年代的新经济现实，英国的适应要勉强得多。事实上，英国几乎完全没能顺势而为。

1974 年 2 月，英国仍然笼罩在石油危机的紧张氛围之下，到处弥漫着一种不安感。当时的通货膨胀率接近 20%。面对矿工的罢工,制造商每周仅开工三天以节省煤炭和能源。北爱尔兰则处在内战之中。"谁在统治不列颠?"保守党质问,他们声称工党过于激进,甚至有可能废除人们对于住宅的所有权。而工党,此时正在全力与已经在任 4 年的保守党首相爱德华·希斯宣战,由偏向社会主义一方的势力主导,其中一个被称为战斗派(Militant Tendency)的团体越来越具有影响力。工党竞选的宣言是呼吁"一场根本性的、不可逆转的对权力和财富平衡的改变,有利于工人阶级和他们的家庭",并且坚持北海石油和大部分的制造业都应该收归国有。[16]

愤怒的选民没有让任何党派拿到大多数支持,结果选出了 1929 年以来第一个无多数党议会。大不列颠整整三天没有组建政府。这三天中,希斯为争取自由党 14 个议会席位的支持而讨价还价。自由党尚在犹豫时,希斯就向工党的哈罗德·威尔逊低了头,此人在 1964—1970 年担任英国首相。威尔逊组建了少数派政府,依靠对几个小党派的忍耐勉强维持,直到 10 月举行重新选举。这次尝试让工党赢得了多数支持,但这个所谓多数十分脆弱,连正常的政治运转几乎都无法做到。而工党之所以能够赢得多数,是因为很多选民待在家里没有参加投票。

工党政府在 1974—1979 年统治英国,最开始由威尔逊执政,1976 年 3 月后由詹姆斯·卡拉汉担任首相。在此期间,英国经历了可能是二战后所有发达国家选出过的最为无能的一届政府。通货膨胀已经完全失控：1974 年的数据是 19%，1975 年达到了 25%，1976 年恢复到了 15%。然而菲利普斯曲线显示的替代关系却完全没有反映出来；高通货膨胀并未达成遏制失业率的效果，反而驱逐了投资，导致情况更加恶化。随着经济总量的缩水和生活水平的下降，一英镑所能兑换的美金也从 1975 年 3 月的 2.43 元下降到了 1976 年 9 月的 1.66 元。就在同一个月，工党的年度代表大会召开，并收到了一则惊人消息：大不列颠有史以来第一次以穷国的身份向国际货币基金组织请求紧急贷款。

为卡拉汉说一句，他接手的确实是个烂摊子。卡拉汉由寡母在贫困中艰难养育成人，1944 年进入议会，一路披荆斩棘，几乎在所有重要的内阁岗位都任过职。在哈罗德·威尔逊政府担任外交部长期间，他在重新商定英国加入欧洲共同体的条款时起到了关键作用，该项决议在 1975 年的全民公投中得到了压倒性的支持。当年的 3 月，威尔逊突然辞去了首相一职，当时已经 64 岁的卡拉汉成了他的继任者。"首相！我连大学都没有上过！"据传，他在赢得了党内选举后说道。

在卡拉汉搬入唐宁街 10 号的三个星期之后，工党就失去了议会的多数派地位，原因是一名议员将为诈死而接受审判，不得不退出工党。为了维持政府运转，卡拉汉不得不一再与苏格兰和威尔士的小党派谈判妥协。他的优势在于外向的性格和平静的外表。人们给他起了个"阳光吉姆"的外号。工会也一向对他十分尊重，因为 17 岁时他曾经担任过税务局的办事员，并成功地为税务公务员组织工会。"没有人比詹姆斯·卡拉汉更能代表英国的工人运动了。"记者彼得·詹金斯在 1988 年写道。[17]

然而，工会对于首相的敬意并没有让合作变得更容易。英国的工人运动历来有激进倾向，而很多工会都坚决反对雇主提出的任何可能导致工作机会减少的变革。德国、荷兰和斯堪的纳维亚的工会组织理解创新带来的生产率提升能够在长远上提高工人的收入，并且在经济的其他领域创造更多就业机会，但是对于英国的工会领袖来说，这样的言论近乎异端邪说。以全国矿工总工会为例，他们反对国家煤炭局关闭任何一家煤矿，哪怕是那些历经近 2 个世纪的挖掘已经完全枯竭的煤矿。杰克·琼斯（Jack Jones），运输与普通工人联合工会的领导者，代表了建筑业、制造业工人，码头劳工和卡车司机的利益，在当时可谓手掌重权，以致 1974 年选举前的街头涂鸦都写着"投杰克·琼斯一票，把中间的代理人切掉"。

尽管并非所有的英国工会都激进好斗，但普通的民众普遍都反对政府的"收入政策"，因为该政策倾向于用限薪的方式控制通货膨胀。等到卡拉汉入主唐宁街 10 号之时，已经形成了这样的规律：雇主会在政府限定的幅度内提出工资涨幅；工会将拒绝接受，并组织罢工；而雇主在政府的默许之下，屈从于工会的压力。[18]

1976 年 9 月，在布莱克浦滨海度假村举办的党代会上，卡拉汉向工党的左翼人士发出了明确警告。"我们之前身处其中并认为会永远持续下去的安逸世界，那个首相大笔一挥，减减税、超超支就能保证充分就业的安逸世界，已经离我们远去了，"卡拉汉严肃地宣称，"我们过去认为，只要政府花钱就能摆脱萧条，减税和扩大开支能够提升就业。我现在坦诚地告诉你，这一选项已经不复存在。"他呼吁提高生产效率和控制公共支出，但是对于一个在1974年10月提出支持制造业国有化并要求大企业"按国家需要和目标一致行动"的政党来说，他的态度并不受欢迎。在那些支付着工党的账单并且控制了多个工党地方委员会的大型工会眼中，提高生产效率和控制公共支出就意味着裁员和降低养老金。这不是他们支持的计划。[19]

多亏有英镑的贬值刺激了出口，以及国际货币基金组织的紧急贷款，英国经济在1976年下半年焕发出一丝活力。但这差强人意的表现也仅仅是针对本国最近的情况而言。与其他发达国家相比，英国在经济增长率、资本投资量方面都稳居倒数第一，通货膨胀也始终未能得到有效控制。卡拉汉政府非但没有要求英格兰银行降息，反而寄希望于限制工资上涨的政策能够在短暂阵痛后解决问题。他们的希望落空了。1977年7月，在英国北部的达拉谟举行的煤炭工人节上，矿工领袖阿瑟·斯卡吉尔（Arthur Scargill）呼吁工人"无视政府对于进一步限制工资的建议"，而此时卡拉汉本人就坐在领奖台上。当轮到卡拉汉演讲时，他号召矿工们接受限薪，理由是"这是为了整个国家的利益——矿工也是祖国大家庭的成员"。这完全谈不上是什么有吸引力的说辞。[20]

　　1978 年夏天，工党政府宣布，工人工资的增长率在接下来的一年中不能超过 5%。这一比例很可能连通货膨胀率的一半都达不到。工会领袖们担心武装分子举行未经授权的罢工活动，拒绝接受政府不切实际的指导方针，要求回归正常的工资谈判流程。"我们已经忍受限薪 3 年了，人们早都已经受够了。"一位住在约克郡赫尔城的卡车司机回忆道。卡拉汉拒绝让步，结果是汽车工人、货车司机、铁道工人、护士，甚至掘墓人，都开始了罢工。医院不再接收病人，肉鸡因为没人喂食而饿死。1978—1979 年间那个黑暗而大雪连绵的冬天，将会以"不满之冬"的名字载入史册。伦敦人的垃圾堆满了莱斯特广场，因为清洁工拒绝打扫。争端最终得到了解决，罢工的工人们争取到的工资增长幅度远远高于政府 5% 的指导数字。1979 年 3 月，议会以一票的优势通过了对卡拉汉政府的不信任案。[21]

　　这一次投票的结果，以及随之而来的作为英国主要政治势力的工党的下台，在很大程度上与玛格丽特·撒切尔有关。撒切尔在 1959 年加入议会，坚决反对战后各国对于建设福利国家的共识，并且尖锐批判保守党对福利国家政策的支持。1975 年 2 月，这位保守党的环境事务女发言人取代前首相爱德华·希斯成了保守党的议会领袖，撼动了整个英国的政治建构。此时，她开始向卡拉汉施压，要求组织大选，而此时英国的经济再次陷入困境，通货膨胀率居高不下，全世界都在应对新的石油危机 —— 这一次发生在 1979 年 1 月推翻伊朗国王的革命运动之后。

撒切尔行事果断，喜欢直言不讳。她认为英国面临着长期的经济衰退，这一观点在 20 世纪 70 年代末广受认同。但是和大多数同胞（当然包括卡拉汉本人，他曾在 1974 年跟工党领导人说过"我要是个年轻人，我就会移民"）不同，她不认为衰退是不可逆转的。她把矛头指向了高税收和福利国家政策，指责其压抑私人企业的积极性、扼杀经济增长的活力。撒切尔对于抗拒变革的工会和靠地租过着安逸生活的乡绅同样不满。她宣扬刻苦工作和创业精神是重要的美德。"我们中没有人幼稚到会去相信，只要政府削减了税负，一切就会突然改变，让我们的国家在一夜之间恢复繁荣，"她在大选前一周的广播节目中说道，"但我们可以确信的是，是建设一个奖励劳动的国家，还是建设一个勤奋工作得不到认可的国家，两者之间有着本质的区别。只有实现经济上的复兴，英国才能真正成为一个有内在关怀的社会。"[22]

关于撒切尔夫人崛起背后的智囊，已经有很多记载了：伦敦的经济事务研究所，在 20 世纪六七十年代宣扬自由市场的理念；基思·约瑟夫（Keith Joseph）爵士，作为一名议会成员，在 1974 年对希斯的保守主义和解路线大加批判；伦敦政策研究中心，专为给未来的保守党政府提供咨询而建立。约瑟夫爵士支持用货币供给机制抑制通货膨胀，并将各种自由市场派的观点灌输给了撒切尔。毫无疑问，无论是实业上还是意识形态上的利益团体，本国的或是国外的，都在支持保守党的主张。1976 年，约瑟夫爵士在演讲中提到："我们的政府管理的范围太宽，支出太大，税收太高，借贷太重，人员也太过繁冗了。"这一观点已经被中部的企业家和城里的银行家鼓吹多年了。[23]

然而，虽有这些努力为保守党的复兴提供智力上的支持，但仅靠市场竞争的理念是无法将工党推向深渊的。工党下台的最根本原因是二战后给全世界带来繁荣的经济模式的崩塌。贯穿整个五六十年代，工党的观点渗透到各项政策中，福利国家制度建立起来，英国人民的生活水平在不断提高。到了70年代，无论怎样的政策组合都无法继续带来英国人民预期的高速增长。正是梦想的幻灭将保守党送回了历史的舞台。1979年5月3日，保守党在议会取得了60个席位，玛格丽特·撒切尔成了英国首相。

在大西洋的对岸，吉米·卡特犯下了和吉姆·卡拉汉同样的错误。在他四年的总统任期中，他遇到的倒霉事也与后者相似。

卡特初入白宫之时，美国的经济形势比英国要好得多。美国经济增长的速度也是主要经济体中最快的。到了1979年夏天，失业率从1977年1月份的7.5%下降到了5.7%。但是没有人会误将这些数字当成经济体整体健康的表现。阿瑟·伯恩斯领导之下的美联储，为了帮助杰拉尔德·福特赢得连任大选，在1976年底大幅降息，留给卡特的则是通胀高升的恶果。尽管卡特得以在1978年1月将伯恩斯赶出美联储，但此时的通货膨胀率已经攀升到接近两位数。美联储开始激进地提高隔夜利率以遏制通胀，国债短期债券的利率已经快要高到和长期债券的利率持平了。1978年8月18日，两条收益曲线终于相交了：投资者将资金借给政府 2 年，将获得比借给政府 10 年更高的收益。这一反常的情形，在金融市场理论中被称为反向收益率曲线。它为美国经济敲响了警钟，昭示着一场严峻的经济衰退极有可能在 1979 年的下半年出现。

然而就在紧迫的关头，第二次石油危机发生了，起因是伊朗革命和沙特阿拉伯限制石油生产的决定。自从 1974 年起一直保持稳定的石油价格，仅在 1979 年这一年就翻了一倍。对于美国的选民来说，他们更关心的是汽油的价格，而这一数字从每加仑 70 美分涨到了 1.11 美元，而且购买时常常要花费漫长的时间排队等待。就在加油站主人们忙着往油泵上贴"售罄"标签的同时，卡特政府加急印制了汽油的供给券，以防止供应紧张的加剧。卡车司机和运输业主抱怨联邦法规禁止他们将上涨的油价转嫁给顾客，全国范围内的恐慌演变成了暴力对抗。卡车司机宣布罢工，他们中的一些人动用了石块、砖头，甚至子弹。搬家中的家庭发现他们的家具滞留在了运输线上，因为搬家公司的货车司机不敢上路。[24]

卡特的总统任期毫无欢欣可言。尽管没有人指责他应该为当前严峻的经济形势负责，他和他的幕僚也没展现出多少力挽狂澜的魄力。他的政府采取了一些关键措施来减轻政策对经济的束缚，包括在 1979 年 4 月取消油价管制，以及在强烈的反对意见压力之下于 1980 年结束了对货运和铁路行业的管制。但是以上这些措施没有一项能够解决卡特自己在 1979 年 6 月 15 日面向全国百万观众的演讲中提到的美国所面临的最大威胁。"我们丧失了对未来的信心，这一点对整个美国的社会和政治结构之稳定造成了威胁，"他说，"国民中的大多数人确信未来五年将比过去五年过得更糟，这还是历史上的第一次。"不到一年之后，1980 年 3 月，卡特宣布了提高信用卡和其他家庭借款成本的新规。"高通货膨胀与过度的信用支出密切相关，"他在一次电视讲话中对美国民众说，"消费者已经深陷债务泥沼。"他似乎在暗示，如果人们愿意减少支出也不是一件大不了的坏事。[25]

正是在这种令人不快的大环境中，罗纳德·里根走上了政治舞台的中心。里根主义，和撒切尔主义一样，不是横空出世的。自由市场的信奉者花了多年时间耐心建设智囊团和大学研究机构，用以瓦解福利国家的理论基础。与此同时，从 20 世纪 60 年代开始，他们就培植了许多基层团体，将这些人团结起来的是对于各项社会和法律变革的不满——不得不让孩子到较远的街区上学以满足种族融合要求；堕胎变得更加容易；"反歧视政策"支持移民就业；性教育的推广——他们还不断利用共和党来反对这些变化。[26]

但是这些担忧还不足以让整个美国的政治风向向右转。1976 年，里根成了保守党的执矛者，杰拉尔德·福特，作为更加倾向于温和派的共和党总统，拒绝让里根获得总统竞选的党内提名。在当时，美国经济正在从 1973—1975 年的衰退中复苏，通货膨胀率下降，而且对于美国的黄金时代已经终结的恐惧也还没有弥漫全国。等到 1979 年下半年，债券市场预期到的衰退如约而至，人们的心态开始发生转变。房贷利率飙升到了 11%，年轻人对于买房置业感到绝望，辞退的通知也不断发放到建筑工地和汽车工厂的工人手中。此时，保守党全面崛起的时机成熟了。

里根用言辞和自信的力量反驳了当前所谓的世界已经无法治理的观点。他的形象强大而充满力量，给人的感觉是，如果由这样一个人来执掌政府，美国就能抵抗外敌、恢复繁荣。"你的生活比 4 年之前更好了吗？"在 1980 年 10 月与卡特的电视辩论中，里根这样问电视前的所有美国人。在几天之后的总统大选中，里根的声势席卷全国，赢得了 44 个州的选票。和几年前的英国大选一样，数千万的工薪阶层选民抛弃了支持福利国家的政党，把希望寄托在了这个不认为经济衰退在所难免的候选人身上。当里根承诺新的理念和刻苦工作能够让经济重返繁荣的时候，美国人急切地想要相信他。[27]

里根和撒切尔在 20 世纪 70 年代开始相熟，但还远远谈不上是亲密的友人。1969 年，在里根作为加州州长的第一届任期里，英国的保守党邀请他参加董事会"郊游"，这是全国最有影响力的商业领袖在皇家阿尔伯特音乐厅举办的一年一度的聚会。里根的演讲题目为"位高则任重"，他发出警告："很多原本属于人民的权利正在被政府势不可挡地侵犯和占有。"类似尖锐的语言在美国不会引发一丝波澜，但以英国上层社会的礼仪标准来看，就相当语出惊人了。里根自此频繁到访伦敦，在这里，他缩减加州政府人事规模的故事让在场的听众深深着迷。撒切尔与里根第一次相见应当是在 1972 年首相希斯举办的午餐会上，两人 1975 年 4 月在伦敦的下议院又有过一次长谈，此时里根的州长任期刚刚结束，撒切尔则当选了议会的保守党领袖。[28]

和撒切尔一样，里根在经济政策上提出了一条简单的理念：要想提高生活水平就需要控制通货膨胀、降低税收并缩减政府规模。对于他们来说，技术上的细节都不是重点。撒切尔最为重视的经济顾问，基思·约瑟夫和艾伦·沃尔特斯（Alan Walters），都是货币主义经济学家米尔顿·弗里德曼的追随者，对于他们来说，实现高收入和低失业率的政策工具就是货币供给。里根的顾问团队则更加多元，其中既有货币主义者，也有支持传统"小政府主义"的共和党人，他们提倡的是收支均衡和低利率，此外还有新兴的"供给学派"的拥护者，这些人认为降低边际所得税税率将激发创新和创业的活力。

货币主义者认为供给学派是在推销所谓包治百病的"万金油"。传统学派嘲笑货币学派对于货币供给量的执迷，同时又不信任供给学派不顾政府赤字的危险，急于降低边际税率的做法。对于供给学派，财政赤字和货币供给完全无关紧要。然而，三者都坚信只要政府奉行自己的观点，美国梦就能复苏，美国人期待的生活水平的持续提高就能实现。

发达国家向右转的进程还远未结束。1982 年 9 月，德国社会民主党在联邦议院的信任投票中失败。在没有输掉任何一次全国大选的情况下，赫尔穆特·施密特结束了长达 8 年的首相生涯。

联邦德国作为世界第三大经济体，在 20 世纪 70 年代末期的经济表现几乎优于所有其他国家：通货膨胀率比欧洲大多数国家都要低，失业率虽然高出了 1973 年石油危机之前的水平，但还远远没有达到意大利和法国的程度。相对较高的生产率增长速度帮助了德国，使其在马克汇率相当坚挺的情况下，仍能在国际贸易市场中保持竞争力。整个 70 年代，德国工人的生活水平不断提高，尽管增长的速度已经大不如前。但是第二次石油危机成了施密特施政的大敌。原油的价格在 1979 年初只有每桶 16 美元，到 1981 年初已经疯涨到了每桶 38 美元，价格翻了一倍不止。央行从 1973 年的石油危机中吸取了教训，拒绝用通货膨胀来缓解危机，他们严格控制货币政策，避免消费者价格指数失控。全世界范围的利率飙升和经济增长速度放缓，对于联邦德国的出口导向型经济造成了严重的打击。施密特因经济衰退和高失业率而备受指责。随着总理声望的下降，原本就处于中间派的自由民主党和其他小党派联盟轻易地转换了阵营，政府迅速重组。

施密特的继任者是基督教民主党的领袖赫尔穆特·科尔。科尔本人并不是右翼的激进派，但是他从瑞典和英国的经历中吸取了教训。他强烈谴责官僚体制的臃肿，承诺裁撤政府的多余机构，尽管他所在的政党在联邦德国成立后的 32 年里有 20 年处于执政地位，政府大多数行政部门的建立都是他们的主意。科尔倡导减税和改良福利国家体制，以刺激人民对工作的热情。他承诺在不摧毁福利国家体制的前提下，改善这一社会制度。从选民的角度来看，社会民主党缺少新的想法，他们在接下来的 16 年里始终没能再次上台。[29]

科尔就职两个月之后，也就是 1982 年 11 月，日本的拐点也来了。自从 1973 年以来，日本的福利国家体制就在不断扩张，政府大幅提高了退休津贴，为老年人提供免费的医疗，并且降低了个体经营者的健康保险缴纳比例。政府支出当然也随之攀升——尽管经济增长速度放缓对税收收入造成了不利影响。到了 1980 年，纳税人开始发声抗议。"虽说日本的税率要低于大部分西欧国家，但是对于广大日本纳税人来说，这可谈不上什么安慰。"美国政治学者埃利斯·克劳斯（Ellis Krauss）评论道。继任的领导者试图通过提高政府借贷来推进减税，但这种方式也存在局限。1980 年，日本政府发行的债券金额比美国、英国、法国、意大利和联邦德国加在一起还要多，而这样大规模的借款却只能覆盖全部政府支出的三分之一。[30]

缩减社会福利在政治上并不可行。面对危机，日本政府选择了一条很有本国特色的道路。1980 年秋天，行政管理厅成立，由中曾根康弘担任长官。中曾根康弘是战后日本史上一个特别的人物。他出生于日本中部一个叫作群马的穷困山区，父亲是伐木工人，从他的家乡乘火车去东京大概要两个小时。毕业于东京大学之后，他在二战期间服役于日本海军，职务是出纳员，并且曾经为了竞选国会议员而放弃了行政职务。1951 年，中曾根康弘致信驻日盟军最高司令道格拉斯·麦克阿瑟将军，批判美军对日本的占领，为他赢得了坚定的保守派的名声。自此以来，他的立场始终牢牢与自由民主党右翼保持一致。他领导了一个党派，并主管了几个部委，但始终没能获得足以成为首相的广泛支持。[31]

得益于中曾根康弘在宣传方面的努力，人人都知道所谓"行政管理"只是精简政府规模的委婉说法。1982 年初，行政管理厅连续发布了一系列报告，国会立即按照其建议废止或者修订了共计 355 件法规，还减少了对于政府雇员的拟议加薪。在国会占大多数的自由民主党在当年的 10 月 27 日推举中曾根康弘为日本首相。他的竞选宣言是："在不增加税收的前提下进行财政重建。"翻译过来有些绕口，但是对于日本选民来说，听起来就和罗纳德·里根的话一样简洁有力。[32]

继瑞典选民抛弃社会民主党以来，保守党在一国接一国重掌大权。这些新上任的自信而果断的国家领袖们，一扫民众对于不可治理性的担忧。眼前的问题变成了：他们这些降低税收、提高市场自由度、强化个人责任和增加社会活力的政策，是否能让经济重现数年之前的繁荣景象。

第 11 章　撒切尔

在几代保守党追随者的回忆光环中，右翼势力在全球范围内的重新掌权终结了 1973 年以来的世界性经济危机。而事实却远非如此。这些通过抨击福利社会政策而在竞选中取得成功的政客，上台后立即把抑制通胀作为重中之重，在央行的支持和不懈的努力下，他们也最终实现了目标 —— 然而代价却比他们预想的要沉重。但要说重建与低廉的油价一并消失的人们对于国家经济的信心和安全感，他们的作用和那些被赶下台的不太支持市场经济的政客也没有多大区别。在同时实现高就业率、公平社会和完善经济保障方面，他们也无能为力。

1980 年左右，保守的经济流派中最受推崇的一条理论就是：规则制度非常重要。这在当时是非常激进的观点。从二战结束到 20 世纪 70 年代末期，也就是经济发展黄金时代前后，经济决策始终是专家型官员的领域，背后以大量的数据和计算模型作为支撑。阿瑟·伯恩斯、卡尔·席勒和劳尔·普雷维什等人，被认为具有高瞻远瞩的卓越才华，可以预见未来的经济形势，并且能够毫不徇私地做出最有利于大多数人利益的经济决定。既然假定了政府具有在低通胀率的前提下保持充分就业的能力，这就意味着有人能做出相应的决策。但是在 70 年代的经济低迷之后，公众有充足的理由质疑这些专家们所谓公正无私的远见卓识。经济学家查尔斯·古德哈特（Charles Goodhart），长期在英格兰银行内部供职，他在 1989 年写道："无论是央行还是财政部，在 20 世纪 70 年代都没能有效抑制通货膨胀，这让人们不得不怀疑，他们到底是不是把公众利益放在第一位，抑或是受到了其他政治利益的影响。"[1]

在新保守派的眼中，自由裁量权是问题的核心。正是因为政客拥有自由裁量权，他们才能够在没有追责风险的情况下，任意支配税收开支。至于货币政策方面，自由裁量权使得央行官员能够任意调整利率，哪怕代价是加剧通货膨胀，正如伯恩斯为了帮助尼克松赢得大选在 1972 年所做的那样。而且，自由裁量权意味着官员可以随心所欲地进行管理，结果可能是滋扰民生，甚至侵犯公民的人身自由，正如阿斯特丽德·林格伦的小说里的偏执国那样。

20 世纪 60 年代初期，美国经济学家米尔顿·弗里德曼提议制定严格的制度来管理中央银行的货币政策。弗里德曼坚持认为，反复无常、难以预期的货币政策 —— 一会儿鼓励银行借贷以支持衰退的房地产业，一会儿提高短期利率来应对平均工资的大幅上涨 —— 只会让经济生态更加不稳定，又无法抓住通货膨胀的病根。"通货膨胀归根结底是个货币现象。"他的结论是，控制通货膨胀的唯一方法就是，制度规定央行必须按照一个特定速率来提高货币供给，这一速率要能在保障工资增长的同时，不会推高物价。[2]

如果世界经济发展的势头能够持续保持强劲，弗里德曼的观点就只能引起学者和理论家的兴趣，而不会引起政府官员的过多关注。1969 年时，一名英格兰银行的官员将这一理论戏称为"一厢情愿的原始主义，始于对现代社会复杂经济问题的恼怒"。随着布雷顿森林体系的瓦解，大量游资在不同国家之间流转，这让货币主义的主张看起来更加不切实际，因为一国的货币供给可能由于完全非本国的因素而突然大幅波动。然而，经济决策者和央行官员对 1973 年经济危机之后的长期滞涨束手无策，让弗里德曼和他的追随者最终成了主流。联邦德国的德意志联邦银行独立于政府，该央行在 1974 年底宣布，为了抑制通货膨胀，它将制定规则，明确规定货币供给量按一定比率增长，而不再酌情调节短期利率。不到两年，从瑞士到澳大利亚，各国的央行都开始有样学样。[3]

想要按照弗里德曼的理论把货币政策送上无人驾驶舱，首先需要达成一致的就是，央行控制的货币供给是按照哪一套标准来衡量的。这并不是一个简单的问题。货币主义的学者们认为，理论上，货币供给量主要包括能够在近期用于支付的货币类型，因为这部分货币量可能影响商品和服务的价格水平；相较而言，五年定期存款就无法立即投入使用，所以货币政策可以不将其考虑在内。但是，货币供给量的计量标准并不是单一的。加拿大央行主要关注 M1，也就是现金和活期存款；而日本央行则强调 M2，即 M1 加上企业和居民的定期存款。另一重货币供给量的统计标准，也就是 M3，是在 M2 的基础上再加上长期储蓄和部分银行系统外的短期资金。此外还有一些不太普遍的统计口径。

一旦货币供给量涵盖的范围确定了下来，央行或者其政府中的监管者必须要决定的就是货币供给量应当按照怎样的速率增长。他们的理论是，如果货币投放量增长过快，居民和企业的消费就会超出经济的承载量，通货膨胀就会加剧；但是如果货币投放量增长太慢，就业和产出又无法达到经济发展所能提供的最大限度。央行的主要职责就是通过调整短期利率和银行监管政策，引导储蓄者和银行增加或者减少储蓄，以使货币供给量增速与目标相符。央行不应该基于现实事件改变货币政策，无论该事件是一场导致商业体系瘫痪的暴风雪，还是某个月贸易赤字的激增。央行的目光应当完全集中于货币供给量。

那么其他需要关注的东西怎么办，比如说就业率和工资？货币学家的观点是，无论政府还是央行，都没法保证每个公民都能找到工作而且工资持续上涨。除了通过稳定的货币政策来抑制通胀之外，降低失业率最好的方式就是不去干预就业市场。规定最低工资可能导致企业不愿雇用部分有超额价值的工人，而慷慨的失业补助又让一些无业者宁可在家领取救济，也不愿四处寻找新的工作机会。大型政府工程确实能在短期内创造就业机会，但是政府赤字的扩大又会导致货币供给量增长过快，央行不得不通过提高利率进行控制，结果还是打击了私人企业部门的投资活动。从制定货币供给增速控制规则，到追求财政收支平衡和缩减政府规模，这一切都是为了提振经济而开出的政策药方。

1977 年 10 月，玛格丽特·撒切尔当选两年之后，英国的保守党开始强调规则治理。这一转变的发生相当公开。一年之前，撒切尔在当选后的首次党内政策声明中还使用了诸如"缩减和控制公共开支"和"注重公民个人的责任与自由"之类的口号，但又完全没有提出任何带有可操作性的政策细节，和之前的保守党领导人哈罗德·麦克米伦、爱德华·希斯等如出一辙。然而 1977 年的政策声明风格发生了重大转变，开始强调纪律和严谨。声明不再是空洞的倡议，反而提出了一条缩减政府规模的具体衡量措施："我们的目标是，大幅缩减政府的收入和支出在年度国民收入和产出中所占的比例。"并且提出了一条与米尔顿·弗里德曼的理论完全契合的反通胀政策："严格控制货币供给量的增长速度。"[4]

撒切尔在 1979 年大选中再次取得胜利，保守党得以将这些新理念贯彻实施。杰弗里·贺维（Geoffrey Howe）爵士，撒切尔的财政大臣，宣布当前政府的首要经济目标就是降低通货膨胀率。他要求英格兰银行将 M3 的增长速度控制在 7%～11% 之间——尽管英格兰银行行长戈登·理查森（Gordon Richardson）曾向他指出，M3 和国民收入之间的关系"难以预测"。贺维提出的货币供给增长率远远低于当时 17% 的通货膨胀率，如果英格兰银行如实执行增长率目标，英国经济在 1980 年将面临真实货币供给量的缩减。企业的借贷成本将会大涨，而飙升的抵押贷款利率会导致房地产市场近乎停滞。为了清除通货膨胀，贺维无疑开出了一剂不亚于经济休克疗法的猛药。[5]

撒切尔还制定了专门规则来指导未来几年的借款计划，旨在缩减公共支出在国民收入中的比重。政府支出方面的严控可能会导致经济增速的放缓，至少在短期会有这样的影响。但是货币主义的理论是，经历短暂的冲击之后，国民经济将以全新的姿态复苏，在没有通胀魔咒的情况下繁荣发展。为了鼓舞经济复苏的态势，撒切尔政府把征税的重点从所得税转向了消费税，其中尤为重要的是削减高收入阶层的所得税。而高消费税则是要鼓励居民储蓄，以使银行吸收更多存款用于商业借贷，从而创造就业机会。低收入税则意在保障工薪阶层和企业享有更多劳动收益，使其更乐于努力工作、承担风险。[6]

然而，这些政策的效果并未如同货币主义者所愿。在一场除了货币主义的虔诚信徒，其他人都难以理解的辩论之中，专家们争论不休的是，到底应该通过控制 M3，还是 M1、M2 或者其他衡量货币供应量的标准来实施货币政策。鉴于控制 M3 没能实现预期的效果，有人就提出改用其他的控制指标。何况，管理 M3 增速的目标又根本无法实现。1979 年 11 月，撒切尔政策颁行 6 个月之后，M3 的增长速度达到了 19%，远比政府预期的要高得多。通货膨胀率水涨船高，政府财政赤字也跟着攀升。与此同时，被英国的高利率吸引过来的境外投资又推高了英国的汇率，导致英国出口商品在国际市场上竞争力下降。到了 1979 年底，财政部的经济学家预测，英国将迎来 1931 年以后最严峻的经济衰退。[7]

经济形势风雨飘摇，通货膨胀又居高不下，贺维反而在货币主义上加倍下注，进一步调低了货币供给增速目标。"货币供给政策是解决通胀问题的关键，我们绝不会背离这一主张。"1980 年的政府预算报告中如是说。这一年中，英国有数以百万计的工人被迫失业，不得不依靠救济金生活，有人指出也许有其他办法能够控制通胀，又不用付出如此之高的代价，但撒切尔对这些声音充耳不闻。她更倾向于听取境外货币学家的建议，比如美国专家卡尔·布鲁纳（Karl Brunner），两人当年 8 月在瑞士度假时相遇，布鲁纳就货币基础控制的艰深理论为她上了一堂私人辅导课，而该理论的提出者马里奥·蒙蒂后来成了意大利总理。他们的意见让她更加确信，在货币政策上妥协的都是软弱、犹疑不决之辈，正是这些人导致了英国经济败落到今天这步田地。而在这些不能入撒切尔法眼的政治人物中，首当其冲的就是英国货币政策的执行者——戈登·理查森，用她的话来说就是"执掌英格兰银行的那个傻瓜"。[8]

1980 年 10 月，撒切尔因国内经济形势而面临严峻的批评。在保守党大会的发言中，她说出了自己的口号："你们想要掉头就随你，但是铁娘子绝不掉头。"结果过了 1 个月还不到，撒切尔就同意了贺维关于暂停货币供给增长目标政策的提议。1981年 1 月，新成立的专家组得出结论，按照政府指导行事的英格兰执行了错误的货币政策。他们说，英格兰银行应该关注的不是M3，而是其他的货币供给标准。这一错误代价高昂。在撒切尔当选到 1981 年夏天之间的 2 年里，英国经济总产值缩水了 6%，一些工业城市的实际情况比数字显示的还要糟糕得多。[9]

1981 年春天，英国经济已经连续两年萎靡不振了。此时，贺维勉强放弃了货币主义的教程。要求英格兰银行控制 M3 增速的货币规则，就此束之高阁。至于减少政府支出在国民经济中的比重的目标，也随着新的财政预算被抛诸脑后。"当我意识到公众支出难以降低到我所期望的水平时，我的观点是，既然无论如何都要花这么多钱，我们至少要诚实地获取这部分支出 —— 也就是通过税收。"撒切尔随后说道。[10]

然而这一附带了高税收的政府预算，引发了民众的强烈不满。在其后的保守党民意调查中，有 67% 的选民对政府的政绩表示不满。所幸的是，在该政策公布之后，高居不下的通货膨胀率终于开始下跌，到 1982 年春天，通胀率已经降到个位数。英国经济终于开始了复苏，此后的 8 年里也始终保持了这种增长的趋势。"1981 年政府预算法案几乎可以说是政治上的'不列颠之战'，这无疑是撒切尔政府最辉煌的时刻。"尼格尔·劳森（Nigel Lawson）宣布道。此人当时还是财政部官员，后来取代贺维成了财政部长。[11]

但是撒切尔主义并未像很多奇迹信仰者宣称的那样神奇。撒切尔当政的最初两年，经济发展严重缺氧，英国经历了 20 世纪 30 年代以来最残酷的经济收缩。之所以能够重新振作，除了新开发的北海油田带来的税收支持外，还要感谢更加灵活、可操作性更强的货币政策。虽然没有承认他们对 M3 的极端推崇是错误的，英国政府还是逐步放弃了货币主义的施政纲领。1982 年，贺维向议会说明，英格兰银行的政策从此将会综合考量 M3、M1、汇率以及其他因素。他声称："没有一种单一指标能够完整衡量一国的货币环境 —— 必须要结合所有可得的数据进行综合判断。"这一观点可不是出自米尔顿·弗里德曼。[12]

1973—1979 年，在 12 个富裕经济体中，英国的生产率增长速度稳居倒数第一。同样垫底的还有净储蓄，也就是国民收入中家庭和企业为未来投资而预留的份额。英国经济低迷了如此之久，导致很多政客和企业家已经开始听天由命，似乎这个 19 世纪雄霸世界的大国到 20 世纪开始走下坡路都是天意使然。然而，撒切尔不相信天意。她把国家出现的问题归咎于僵化的体制。其中最让撒切尔不满的就是工会和国有企业。鉴于她的货币主义实验以失败告终，撒切尔开始将目光投向了这两者。而工会和国企又恰好是工党的大本营，这对她来说算得上是额外收获。[13]

工会自 19 世纪 20 年代起就在英国占据了重要地位，而 20 世纪初工党的成立更是离不开工会支持。二战末期，新的工党政府取消了对于罢工、组建纠察队的限制，工会的影响力进一步扩大，到了1950年，已经有950万名工人加入了工会组织。尽管工会内部也有小股的异见分支，代表大型工业集团的工会委员会还是支持推行传统的社会主义路线，呼吁重型工业国有化，以及工会进入企业管理。煤矿行业在1946年进行了国有化改造；电力行业在1947年进行了国有化改造；铁路、部分卡车和船舶公司，以及托马斯·库克旅行社在1948年进行了国有化改造。钢铁行业于1951年被政府接手，50年代就又被保守党政府卖出，1967年再次被收归国有。70年代，希斯治下的保守党政府接管了劳斯莱斯的飞机发动机业务（据说这对于国防安全至关重要）以及其他31家飞机和船舶制造商。1974年上台的工党政府，在工会的压力之下将更多经营不善的企业收归国有，包括负债累累的汽车制造商雷兰德，还有一家市值不到100万英镑的建筑商德雷克与斯考恩。此外，政府还成立了英国石油公司，以便掌控相当比重的北海石油开采权。[14]

即便在经济形势尚好之时，这些国有企业的表现也差强人意，到了艰难的20世纪70年代，经营更是急转直下。整个70年代，英国私营企业的投资回报率约为17%，而国企的平均收益率只有4.3%。国有企业中的工会在争取上调工资的战役中不断取得胜利，但是劳动生产率的提升却远远跟不上这一步伐。来自政治上的干扰从未间断：按照政府的指导意见，发电公司只能购买本国设计的核电设备，而钢铁厂必须使用国产煤炭。管理本身也十分混乱，因为有经验的职业经理人不愿意到这些重大决定要听政府指示的企业就职，不管这种指示是直接命令还是间接要求。数十亿英镑的税收被用于维持已经丧失了商业价值的废旧的厂矿、作坊和造船厂。[15]

20 世纪 50 年代以来，经济学者就在不断呼吁改革和私有化。公众出于对于工党上台之前工薪阶级艰辛生活的恐怖印象，多数对国有企业持同情态度，即便英国电信公司就连装一部电话也要花上好几个星期。工会自然要反对国有工业私有化。令人惊讶的是，这个国家的许多商业机构也是如此。在爱德华·希斯当政的 70 年代初期，政府始终倡导自由市场经济，但却不断扩张国有化的范围。他晚年在回忆录中写道，当他提出推进私有化改革时，"工会建议在现阶段，有关计划不应当进一步推行。英国资本主义正处于低潮，没有任何一方愿意接受提倡私有化的候选人，哪怕只有口头上的支持而没有实际行动。"[16]

及至撒切尔在 1979 年当选，国有工业产值已经占到英国国民生产总值的 10%，并且雇用了大约 150 万名工人。作为反对派领袖，撒切尔在国有企业问题上往往不会坦率直言。这样做的原因很明显：提出私有化问题无异于向全国工会亮红旗，而以如此强势的对抗姿态示人，不会取得已经被罢工弄得筋疲力尽的选民们的支持。建议对劳工法做出相对平缓的改进，比如要求工会在组织罢工前通过不记名投票的方式取得成员同意，已经是撒切尔作为候选人最大限度的公开挑战了。

然而，在幕后，保守党右翼势力已经开始周密计划更为强势的反攻了。1977年7月，保守党的经济改革小组收到了来自议员尼古拉斯·里德利（Nicholas Ridley）的秘密报告。里德利的报告指出了国有企业存在的问题："越来越多的国有化企业都是在为员工的利益运转，其面临的压力是如何创造更多的就业机会，以及如何提高每个员工的福利待遇。"但是，报告认为直接向国有工业发动"正面进攻"在政治上是不明智的。更合适的做法是"采用更为隐秘的做法，在政策上为将部分工业回归私有做好铺垫"。一种可能的路径就是要求所有国有企业的资本回报率达到特定的水平，完成不了的企业将被关闭或者出售。另一个方案则是将英国钢铁业和国家煤炭局这类大型国企拆分成多个规模更小的机构，以便在未来分别进行私有化改造，避免一举裁撤整个集团引发的动荡。这些建议，如果在当时被公众所知晓，无疑会引发很多争议。

但是，对于未来的撒切尔政府意义更为深远的，其实是这份报告的附件。据其预测，在下届保守党政府就职后的6～18个月，工党势力就会借机反扑，以工资和裁员争议为借口，扰乱国家核心行业的运行。而最有可能被选为目标的关键行业，根据这份报告预测，就是煤炭行业。来自里德利的警告触痛了政客们的神经，因为保守党的领导人们还都清楚地记得，正是1974年全国煤炭工人大罢工事件导致了上一届保守党政府的倒台。而报告中最为敏感的一条建议就是，保守党政府应当做好准备，进入战时状态以对抗全国总工会，这些内容在第二年被泄露给了媒体。报告中的提议包括要求发电厂加大煤炭库存、制订短期内大量进口煤炭的应急预案、安装可以使用燃油的双火发电机，以及必要时招聘非工会成员担任卡车司机。委员会建议修改法律，让参与罢工的工人无权领取失业补助。最具爆炸性的是，报告呼吁成立一支"大型、机动的警察分队"，专门应对罢工中的暴力纠察。让人无法忽视的是：只要未来的保守党政府想要解决经济问题，就不可避免地要与工会产生正面冲突。[17]

撒切尔在成为首相之前就吸取了这些意见，但她相当精明，不会在时机尚不成熟时盲目行动。应对通货膨胀和削减政府开支是她的首要目标，但早晚有一天她会专心对付工会的。此外，撒切尔很清楚保守党的少数派地位。她的顺利当选就要归功于工会的成员们，这些人通常都会投票给工党候选人，但又渴望能够拥有属于自己的房产，把子女送进大学。这些追求美好生活的家庭打破传统，在 1979 年大选中投了保守党一票，因为他们已经厌倦了工党政府的无能，但是他们仍然相信工会的价值。唯一能让保守党留在权力宝座的办法就是打破选民们的阶级忠诚。撒切尔是在放长线、钓大鱼。她想要的是赢得工党的选票，而非与之为敌。

所以第一步无论如何也不能是攻击工会或者出售国营钢铁公司，而是满足人们拥有住房的愿望。1979 年，撒切尔政府通过了"公房"法案，规定租住在地方政府所有的房屋中的租客，有权以远低于市场价值的价格买下租住的房屋。这是一次真正服务于民众的私有化——当时有近三成的英国家庭住在公有住房中。已经在公房中租住了超过 20 年的租客,可以按原价的 50% 买下租住的房屋或者公寓;如果他们一时间难以决定,还可以付上100 英镑的保证金,将以某一固定价格买房的权利保留两年。而且出售房屋的地方政府还有义务为购房者提供贷款。[18]

"公房"法案的目标受众主要来自工党选区。大部分政府所有的房产都是工党当政时期建造的,住户也以工党的忠实选民为主。到了 1983 年春天,议会通过"公房"方案两年半之后,274,650 名政府房产的租客获得了房屋的永久所有权。民意调查显示,在 1979 年投票给工党,随后又凭借法案买下了住房的选民中,有 59% 的人不会再投票给工党了。"公房"法案是一种普通人都能够理解和接受的私有化形式。随着这一政策的推行,保守党的公众支持率不断攀升,国有企业私有化的政治障碍也相继消失了。[19]

1979 年,国有企业私有化已经不是一个新的概念了。早在20 世纪 50 年代初,温斯顿·丘吉尔领导的保守党政府就将英国钢铁公司的一部分股份卖给了个人。1961 年,德国总理康拉德·阿登纳通过公开发行的方式出售了大众汽车的大部分股权。"私有化",这一最初由纳粹德国发明的概念,在二战之后应用得并不广泛。1979 年竞选中,保守党发表的声明里完全弃绝了这个字眼。这一词汇本身就被认为具有煽动目的,1979 年 5 月,当保守党政客尼格尔·劳森被任命为财政部要员时，他的工作职责就包括所谓的"处置资产"，而不是"私有化"。

新政府第一次发布财政预算声明时，杰弗里·贺维指出，"出售国有资产"是"缩减公共部门规模"的一种方式，而且他提出的改革措施可谓谨小慎微，即出售政府持有的英国石油公司 51% 股权中的一小部分，而且此时英国石油的股票已在伦敦交易所上市。相比之下，撒切尔对于"私有化"的态度相当坦然。她组建了一个八人内阁小组专门从事私有化事业。1979 年 7 月 19 日，新政府成立不满两个月，劳森就已列出了一份可能被出售的国有资产的清单，不列颠钢铁和大英公交公司都赫然在列。这些企业之中，仅有国家货运公司会被出售全部股份，其他则继续由政府持有部分股份，这么做的目的是"赢得工人的支持"。[20]

直到 1980 年 8 月，劳森在伦敦的一次演讲中宣布英国政府"准备着手一项关于国有资产私有化的巨大工程"，撒切尔的全部意图才逐渐清晰。即便此时，事情的进展仍旧缓慢，主要集中在出售竞争行业的国有企业股份，而非英国电信和国家煤炭这类大型垄断企业。正如里德利报告所建议的，保守势力需要低调从事，关闭不引人注目的小型国企，在选择出售对象时，需要根据是否会引发政治争议来区别对待。尽管如此，政府行动仍然面临着巨大阻力。当国家煤炭委员会在 1981 年 2 月建议关闭 23 家持续亏损的煤矿时，全国矿工联合会威胁将组织 24 万名煤炭工人举行罢工。撒切尔很快就屈服了，她同意恢复对于这些煤矿的补贴，并且限制煤炭进口，以保护本国煤炭的销售。她尚不能冒险应对一场政府尚无准备的大型罢工。"尼格尔，"她在 1981 年 9 月任命劳森为能源部长之后对他说，"我们必须阻止煤炭罢工"。[21]

1983 年 6 月，下一届大选开始之前，私有化行动已经为英国政府筹集了近 20 亿英镑，这还不包括出售公房的收入。保守党决定不让产业私有化问题成为大选的议题，但是公房计划为保守党赢得了数十万名蓝领阶级的支持。除此之外，英国在 1982 年福克兰群岛战争中战胜了阿根廷，以及工党内部的分裂，为保守党再次赢得胜利提供了保障。自此，撒切尔终于可以大刀阔斧地开展经济改革了。

撒切尔认识到，私有化运动与工会势力的削弱有直接关联。她经常说，"垄断型国有企业"和"垄断型工会组织"是英国经济面临的两大困难。有幸的是，她的对手并非什么厉害角色。阿瑟·斯卡吉尔，一名斗志昂扬的约克郡矿工，在 1982 年当选了全国矿工联合的主席。斯卡吉尔并不掩饰自己打算利用罢工迫使政府停止关闭亏损煤矿并为工会成员加薪的野心。1982—1983 年，他三次提议举行罢工，但都没能赢得工会成员的支持。政府最初的反击方式是囤积煤矿，改善与其他工会组织的关系，并在大选结束之后 3 个月任命伊恩·麦格雷戈（Ian MacGregor）为国家煤炭委员会主席。麦格雷戈出身苏格兰的投资银行家庭，曾在美国生活多年，刚刚结束在国有的不列颠钢铁公司担任高管的任期，具备应对长达 14 周的罢工并坚持裁员一半以上的经验。

麦格雷戈的任命是对斯卡吉尔的公然挑衅，但斯卡吉尔对此毫不畏惧。10 月，煤炭工人宣布拒绝任何形式的加班加点，以及不再同意关闭任何煤矿。1984 年 3 月 6 日，国家煤炭委员会宣布关闭 20 座煤矿，这意味着近 2 万个工作岗位将会消失。3 月 12 日，来自 7 座煤炭的工人自发停工，斯卡吉尔在未取得工会全体投票通过的情况下，宣布开始全国罢工。[22]

煤炭工人罢工运动将成为撒切尔总理任期中的决定性时刻。全国矿工联合会是英国"内部的敌人"，她是这么告诉议会的。罢工运动对拒绝参加罢工者进行了暴力袭击，还有一名拉载工人上班的出租车司机被杀，导致公众整体对工会产生了反感。撒切尔经过精细部署，同时又借助了一点运气，最终取得了胜利。反对斯卡吉尔的工人没有停止工作，一些电厂不再使用煤炭，转而用原油代替，还有大批警察冲破了罢工工人对矿场的堵截。1984 年末到 1985 年初的整个冬天，供电没有因罢工受到影响。到了 1985 年 3 月，煤炭工人罢工终止。全英国最具势力的工会组织遭遇挫败。国家煤炭委员会经营的 170 座煤矿中，超过一半将要在未来的 5 年内关闭，约 79,000 个常年由国家补贴的工作岗位随之消失。[23]

撒切尔对抗煤炭罢工的立场取得了普遍支持，为进一步大规模开展国有工业私有化运动铺平了道路，斯卡吉尔的失败意味着一名强大对手被排除出局。1984 年 5 月，煤炭工人罢工刚刚启动时，英国天然气公司卖掉了近一半的陆上油田。两个月之后，北海油田被组建为石油公司，在伦敦证券交易所上市。8月，汽车公司捷豹在持续经营的情况下被政府出售。12月，英国电信51%的股份被卖出，总价高达39亿英镑，是此前英国股票交易中最大单笔金额的6倍。从1985年开始，造船厂也被一家接一家地出售。1986年12月，英国天然气在证券交易所中以54亿英镑的价格卖出。到了下一年，政府交出了英国航空、劳斯莱斯公司和英国机场管理局，这些机构经营了国内绝大多数机场。英国钢铁在1988年完成私有化，接下来就是水力和电力公司。到了80年代末，国有经营已被大大削弱，政府预算节省了数十亿英镑的产业补贴。而且政府可以随时夸口，有5000万左右的英国居民，占总人口比例约五分之一，通过购买新近私有化的企业而成了股东。[24]

在英国国内，任何一件具体的私有化事项均会引发重大争议。批评家指责政府出让股份过于廉价，没能最大化国家收益，而私有的垄断企业取代国有垄断没有实现经济上的效益优化，以及私有化过程中企业高管借机牟利的情况也时有发生。有些企业的私有化是在撒切尔已经结束任期的1990年进行的——比如英国能源，八家核电站的运营者；以及铁路轨道公司，铁路基础设施的经营机构——这些改革都出现了重大问题，政府不得不出巨资进行援助。私有化改造困难最大的是英国铁路公司，政府取缔了持续亏损的国有企业，取而代之的是获得政府特许经营权和补贴的私人经营者，而后者在发现确实无法盈利之后，就直接把特许经营资格归还给了政府。讽刺的是，很多接替英国政府的所谓"私人"经营者，其实归欧洲其他国家政府所有，这点也没有逃过公众的法眼。[25]

有些经过改造的企业经营迅速得到了改善：原本呆板陈腐的英国电信，很快就取得了比任何政府经营时期都要高的投资回报，即使是在面对新的竞争者的情况下。其他企业也在努力适应新的环境。劳斯莱斯在 1987 年私有化之后，劳动生产率反而大幅下滑，盈利能力也很一般。布兰基特声称，私有化改造的神奇效果被有意夸大，新企业的财务数据无疑经过了篡改。[26]

没有争议的是，私有化运动导致了英国经济的结构性变化。作为自由市场最坚决的支持者，马德森·皮里（Madsen Pirie），某智囊机构的主席，在 1988 年评论道："这场私有化运动，也许是亨利八世解散修道院以来英国经历过的最大规模的权力和财政转移。"随着国有企业地位的丧失，约有 65 万工人被迫离开政府提供的工作岗位，投入私有经济的大潮。被剥夺了财政补贴的工业部门迅速萎缩，大企业关闭了无利可图的业务部门。制造业雇员在 1979 年占劳动力比例的 30%，在撒切尔任期下降到了 22%，英国社会果断地向服务型经济转型。不仅仅是煤炭工人联合会，其他工会组织的力量也在不断丧失，原因不仅是劳动立法的变化，更受到行业本身衰落的影响。1979 年，54% 的英国工人都是工会会员。8 年之后，这一数字变成了 42%，这意味着工会失去了近 300 万名成员。[27]

　　私有化改造开辟了通往其他变革的道路，这些变革虽然没有被大张旗鼓地宣传，但是同样对英国社会产生了深远影响。在撒切尔推动的立法中，地方政府可以通过竞标的方式将长期以来被视为公共服务的活动外包出去。在公共绿地上打板球的运动员，不得不支付几英镑给负责维护草坪的私人承包商，而申请房屋补助的公民发现处理他们诉求的是当地政府雇来的公司。在不列颠，清理垃圾和看守无证移民的都是私人部门的工作者。市场看不见的手逐渐伸向了学校和公共交通系统，就连伦敦地铁公司最后也不得不将股份出售给私人公司。正如撒切尔和她的支持者们曾经热切希望的那样，这个国家长期以来对企业家精神、私营企业和风险行为的怀疑态度，最终会在一定程度上转化为对市场的信心。在经过保守党连续 18 年的治理之后，工党终于在 1997 年重新掌握了议会的控制权，这次是托尼·布莱尔领导下的"新工党"，身上不带有一丝一毫所谓社会主义的污点。

　　撒切尔主义，从本质上来说，是对经济衰退的最后反抗。毫无疑问，她让英国人的处境得到了一定改善，如果 20 世纪 70 年代的不良趋势持续到下个世纪，结果将更具打击性。在个人层面上，撒切尔的正直秉性和直言不讳的态度，以及扫清一切障碍、打倒对手、实现目标的强硬性格，在这个重视风度、避免直接冲突的国家里，无疑让人感到有点不安。但是撒切尔生性乐观，坚信英国将再次充满活力并繁荣起来。这种乐观具有强大的感染力。撒切尔主义对于一个已经对经济衰退深信不疑的国家来说有所裨益。"最简单的事实就是，英国经济已经发生了转型。"尼格尔·劳森，当时的财政大臣，在 1988 年宣称。[28]

然而从经济角度来看，撒切尔的政绩远非一流。从 1979 年到 1981 年，她早期的货币主义实验简直就是一场彻头彻尾的灾难。情况在 1981 年突然有所改善，英国经济一跃超过 1979 年，消费品价格以每年 7.5% 的速度上涨，高于意大利以外的所有其他重要经济体。直到 1988 年冬天，撒切尔就任首相近 9 年之后，英国工厂的生产水平才恢复到她初入唐宁街 10 号的时候。说她的任期复兴了英国原已死气沉沉的生产力增长也不完全准确。她在任的 11 年中，劳动生产率的提高速度远不及之前的 10 年。20 世纪 80 年代下半叶的经济表现确实强于之前几年，但要说保守党带领英国经济转向健康强劲，也是不准确的。[29]

有些英国人应该感谢撒切尔的政治主张改善了他们的生活水平。多亏了公房法案，上百万个工人家庭买到了住房，尽管很多人在发现成为房主后的支出远超他们的支付能力之后，又将房屋转卖了出去。有产阶级面临的投资环境更加友好，因为国家开始支持创业，新晋的创业者也得到了更多便利。巧合的是，由于需要更多劳动力钻探、生产和运输北海石油，苏格兰东部沿海和北部岛屿也在蓬勃发展。但撒切尔政策对于英格兰北部和中部工业和矿业城镇的就业，打击是毁灭性的。1979 年 5 月，撒切尔当选时领取失业救济金的人有 110 万，这个数字在 1981 年初上升到 200 万，1985 年秋季则达到了 300 万，此后才有所下降。整个 80 年代，英国一直是所有高收入经济体中失业率最高的国家。既然失业问题如此严重，撒切尔心目中最重要的几项改革目标，即减少政府支出和税收，都不得不暂缓执行。大量失业人口导致削减社会福利支出不可能实现，撒切尔也不得不放弃努力。[30]

事实上，英国失业率在 20 世纪 80 年代后期大幅下降，1986 年的 330 万失业人口，到 1990 年撒切尔卸任时已经减少了一半。该事实往往被视为撒切尔的政策重新唤醒英国滞胀经济的重要证据。但失业统计数据不能说明全部问题。撒切尔政府一再调整失业救济金政策，总共有 17 次之多，意图将某些失业者从失业救济的名单中剔除。所以，尽管缺乏新的工作机会，失业率的官方数据仍在下降。

从 20 世纪 80 年代末期开始，撒切尔政府就在明目张胆地对失业率进行修饰，他们敦促医生开具证明，认定失业工人具有领取疾病或伤残补助的资格，从而将他们排除在失业人口之外。1985—1990 年，因残疾而失业的人数增加了 40%，40 万名工人因此被剔除出失业人口。1977 年，也就是撒切尔上台前两年，一项政府调查发现，59 岁女性中仅有 4% 声称长期患病限制了她们的工作能力；到了 1987 年，尽管官方公布的失业率下降，但有 21% 该年龄的女性声称患有致残疾病。无论是残疾还是失业，大量人口脱离了劳动力队伍。当撒切尔于 1979 年上任时，55～64 岁的男子有八成还在工作；到她卸任之时，这个比例变成了六成。其余的人已经放弃求职。[31]

撒切尔没有什么秘密配方。她的政策因挽救了英国 20 世纪 80 年代后期看似奄奄一息的经济而获得了诸多赞誉。但在她 1979—1990 年的整个任期内，经济增长的速度与她成为首相之前的十年大致相同。直到 2000 年秋天，失业人数才低于她上任初期，而这个数字再也没有低于黄金时代结束之前的那几个月份。然而，尽管她在经济方面的政绩毁誉参半，她的坚韧信念和顽强决心甚至会让那些反对她的观点的人也对她充满敬意。用撒切尔在任期间法国总统弗朗索瓦·密特朗的话来说："她是我们的对手，但她至少拥有理想和远见。"她的愿景充满诱惑和影响力，这让密特朗欣羡不已。[32]

第 12 章　左翼的最后战场

　　在瑞典人抛弃社会民主党以及英国人选择玛格丽特·撒切尔之后，罗纳德·里根于 1981 年 1 月正式就职，一切似乎坐实了小政府意识形态的胜利。事实上，在任何国家，几乎没有人真正希望福利国家式微——养老金和医疗保险在世界各地都非常受欢迎。人们对保守势力的支持不是希望减少社会福利，而是希望减少侵入性行政，而这又是因为很多人都在宣扬缩小政府是恢复经济快速增长的唯一途径。

　　然而，法国的选民并不这么看。其他国家可能将经济复苏的希望寄托在市场力量和企业家精神上，但在法国，指明前进道路的一直是政府，自 3 个世纪前路易十四在位时期就是如此。1981 年 5 月，法国选民投票终止了存续了近四分之一个世纪的保守党政权。信仰民主社会主义的弗朗索瓦·密特朗入主爱丽舍宫，并立刻呼吁重新选举立法会。社会党人及其盟友获得了惊人的 57% 得票率，使得密特朗掌握了国民议会中的绝大多数席位，为其在社会主义方向进行激进的经济改革提供了巨大支持。

密特朗在法国远远称不上什么政治新面孔。第一次世界大战期间，他出生在法国西南部一个舒适的小镇家庭，在保守的天主教教育下成长。17 岁时，他搬到巴黎，就读于欧洲著名的自由派政治科学学院——巴黎政治学院。他参与了备受争议的天主教"十字火"运动，并找到自己的政治家园，这里是民族主义者和天主教社会主义者的基地。几十年后，历史学家们仍然在争论，"十字火"及其继承者法国社会党，这个在 1940 年拥有上百万成员的组织，到底是法国法西斯主义的先锋，还是比其他极右翼的法国团体更为开放和进步。

应招入伍之后，密特朗于 1940 年负伤并被德国人俘虏。18 个月后，他逃离了战俘营，潜伏到法国南部，这里由维希政府统治，不受德国直接占领。他在维希政府从事与退伍军人相关的工作，同时帮助组织法国境内针对德国军队和安全部队的抵抗运动。他与领导法国流亡政府的陆军将军戴高乐建立了联系，并在 1944 年 8 月参加了巴黎解放运动。戴高乐，这个有着强烈民族主义倾向和反共情绪的领导人，组建了战后的第一个法国政府，并于 1946 年辞职。这位将军在政治上是个新手，他果敢冒险的风格不适合当时法国脆弱而不稳定的政治体制，在接下来的十几年里，这里将建立由 16 个不同的人领导的 21 个政府。

战争结束后，密特朗投身于法国政治。1947 年，借助中间派的投票支持，密特朗当选为国民议会议员，在 31 岁时成了退伍军人事务部部长。接下来，他在不少于 11 个内阁部长的岗位上先后任职。到了 1953 年，他成为党内领袖。当时国内最为严峻的问题是如何处理法国的境外领土。密特朗曾任内政部长，1954—1957 年担任司法部长，密切参与了法国政府对阿尔及利亚独立运动残酷但最终未能成功的镇压。

戴高乐于 1958 年重返政治舞台，以非常时期特别权力的名义管理国家，直到法国选民通过了一部旨在扩大总统职权以抑制不稳定因素的新宪法。密特朗对戴高乐专制的作风感到震惊，成了他最激烈的批评者之一。1959 年，他反对戴高乐在新宪法下当选总统，但是没能成功。当戴高乐于 1965 年寻求连任时，密特朗成了反对派的主要候选人。方下巴，秃顶，比专横的将军矮了整整 9 英寸（22.86 厘米），密特朗把自己塑造成人民的一员，在大选中出人意料赢取了 45% 的选票，成了法国最受欢迎的左翼政客。

在 1968 年的政治动荡中，警察与学生之间的武装对抗在夜晚的巴黎街头成了家常便饭，密特朗借机整合人马，组建了社会党，使之成为相较于强势的法国共产党更为民主的选择。密特朗的权术让左翼对他心有余悸，以致在 1969 年戴高乐辞职后的选举中，他没有获得党内提名。然而这种拒绝被证明是偶然的。在此次大选中左翼政党表现糟糕至极，这清楚地说明，任何左翼政客都不能像密特朗这样拥有广泛的民众基础。五年之后，在密特朗的第二次总统竞选中，他以微小票数差距输给了前财政部长瓦勒里·吉斯卡尔·德斯坦（Valery Giscard d'Estaing）。

　　不幸的是，吉斯卡尔赢得总统职位之时，法国的经济基础正在崩溃。吉斯卡尔身高 1.88 米，仪表堂堂，他一直想把自己塑造成亲民的普通人形象。尽管他经常走出豪华轿车到大街上与群众打成一片，但他始终是一名贵族。吉斯卡尔的政治立场本质上是温和的中间派，但按照法国的标准算，他绝对属于重视自由市场、关心私营部门诉求的派别。他在 1969—1974 年布雷顿森林体系崩溃期间担任财政部长。吉斯卡尔处理过接连不断的外汇危机，相关经验深刻影响了他对 1974 年法国经济危机的理解。除了不断攀升的石油价格之外，他说，造成世界经济问题的主要原因是美国在越南的战争。这场战争导致了美国 20 世纪 60 年代后期的巨额赤字，政府的借贷需求推高了利率，外国资本才会源源不断地流入美国。吉斯卡尔认为，正是由于各国赴美进行投资导致市场对美元的需求大幅增加，外汇市场动荡，世界经济秩序才会陷入混乱。在他的眼中，要稳定经济首先需要稳定汇率。[1]

　　吉斯卡尔的注意力主要集中在国际经济问题上，但对于这类问题法国总统几乎无力影响，优势则是让他获得了忽视国内问题的借口，其中最紧迫的就是重工业的强制重组。法国经济的基础是大型工厂综合体，比如位于德法边境附近洛林的塞西洛炼钢厂，以及位于巴黎西南部的雷诺汽车厂。这些工业旗舰以人员冗余和工会激进著称。法国法律允许企业内部同时存在多个劳工组织，工会通过阻止可能减少劳动力需求的现代化升级方案来争取工人的支持。1973 年后，经济衰退导致商品需求整体下降，这些巨型工厂区成了累赘，只能依靠国家补助勉强生存。裁员几乎无法实现，工厂削减劳动力的唯一途径是为工人提供离职津贴。制造业的就业人数大幅下降，而且减少的主要是大工厂的工人。没有完成高中学业的年轻人对转型的痛苦感受最深，很少有雇主愿意雇用他们。[2]

法国工业巨头的衰退是病态经济的典型症状。在吉斯卡尔的任期之内，工厂设备和其他固定资产的投资始终陷于停滞。欧洲经济共同体取消了关税和许多其他贸易限制，因此希望向里尔和波尔多出售商品的公司可以直接前往进行贸易，不必再在通货膨胀率高达德国或比利时 2～3 倍的法国专门开立销售公司。由于利润下降，很多公司又削减了研发方面的投资，这个选择对法国的未来无疑十分不利。

一个更具侵略性的领导者可能会尝试推翻一系列的法律法规，正是这些规定导致企业家难以开创事业，而雇主在商业环境已经发生改变之后仍难解雇多余的员工。但是吉斯卡尔并非玛格丽特·撒切尔。在法国，对政府资助大型项目和国有工业的态度没有什么左右之分：所有主要的政治流派都倾向于政府干预主义，即由训练有素且知识渊博的国家官员管理经济事务。虽然吉斯卡尔形容自己是一个喜欢改变的保守派，但在修建法国第一条高速铁路线、组建旨在减轻能源对外依赖的大型核电站，以及在数以百万计的法国家庭中安装文本终端 Minitel 等项目中，他都相当热衷于提高国家的参与度。这些项目增强了法国作为先进技术领导者的国际声望，但对提高就业率几乎没有贡献：1974—1981 年，法国的适龄就业人口每年增长近 1%，但工作岗位数目几乎没有增加。到了 1981 年，全国失业人口高达 175 万，而总统提出的为每一位年轻法国工人提供工作或岗位培训的承诺，听起来十分空洞。[3]

吉斯卡尔的无力表现为密特朗提供了可乘之机。20 世纪 70 年代，密特朗的政治立场逐渐转向左翼，他领导的社会党和共产主义政党结成了松散的联盟。尽管他在法国政界已经摸爬滚打了多年，但在 1981 年的大选之中，他成功将自己塑造成了标新立异的异见人士。他宣布反对死刑，并拒绝将共产党人排除在他的政府之外，而共产党在选举中一般能够赢得 15%～20% 的选票。法国的选民原本大多坚定支持死刑并且不信任共产党人，此时却感受到了密特朗的魅力。1981 年 5 月，即便经济形势不断下滑，失业率上升到 7%，法郎在国际资本市场受到狙击，通货膨胀率在两位数上高居不下，大量选民还是扭转了立场，决定给社会党人一个尝试的机会。[4]

在从中间偏右到中间偏左的政治立场转变的过程中，密特朗始终没有过多地考虑过经济问题。他担任过的多个部长职位中没有一个涉及经济事务，而作为国民议会的反对派代表，他的注意力主要集中在党内事务上。他和他的首席经济顾问雅克·阿塔利（Jacques Attali），只在口头上对卡尔·马克思的理论表示支持——社会党之所以能够取得民意支持，就是因为吸引到了共产主义人士的支持，而这些人尚未丧失对马克思主义教条的热情——但他们内心真正认同的是，经济危机本质上源于商业利润的下降，以及由其引发的企业提价和裁员。[5]

1975 年，阿塔利提出了一系列提高就业的政策，例如：补贴最有可能雇用大量工人的劳动密集型产业；加大对资本密集型产业的征税，鼓励他们增加劳动力的使用，而非不断用机器取代工人；国家直接收购大型企业，以便直接控制他们的招聘和投资决策；逐渐缩短法定工作时间，促使雇主增加员工数量。这些手段反映了他对于经济运行方式无可救药的天真想法。拿补贴劳动密集型产业来说，这相当于保护低生产率、低技术含量的制造业，而非鼓励劳动力和资本投资转移到生产率更高的行业。对资本密集型产业征税，则会严重损害那些最有可能在法国这样的国家成功经营的企业，这些国家的特点是工资已经很高。而他的政策无疑让投资者不愿把资金投入到法国运作。

然而，随着时间的推移，阿塔利的观点逐渐成熟，他开始担心法国难以适应技术高速变革和竞争日益激烈的全球市场。他对法国政府和法国经济的极度集权也持怀疑态度。虽然他主张政府加强对重点行业的控制——这几乎是社会党官员必须持有的观点——但他敦促地方或地区政府接管许多中央政府已经主掌了数十年的职能。社会党在 1981 年的竞选纲领，主旨是吸引共产主义者的选票，同时拉动中间派选民脱离吉斯卡尔的联合政府，因此遵循的是相当正统的社会主义路线。它呼吁重工业国有化，增加对于资本的征税，创造 15 万个政府工作岗位，修建大型公共工程项目，提高最低工资标准，将带薪休假天数提升到每年 5 周，以及为有子女的家庭提供更多补助。[6]

在原则上确定了政策的大方向之后，密特朗并没有专注于细节。他注重深究政府声明的政治暗示，但在制定政策时，他更愿意把时间花在外交事务上，包括就汇率、国际贸易和欧洲经济共同体的前景连续召开各国领导人峰会。密特朗尽量减少在爱丽舍官里举行的会议，他的部长和顾问被要求以书面形式提出意见，每天早上他会从收件箱中取出这些文件，权衡每个提案的政治影响并批下"同意""不同意"或"已阅"——所谓"已阅"，就是"不同意"的委婉表示。竞选中对选民的承诺的工作，则交由皮埃尔·莫鲁瓦（Pierre Mauroy）来完成，他是密特朗任命的总理大臣。[7]

共产党在大选中为密特朗贡献了约四分之一的选票，并在其内阁中担任四个部长职位，以确保社会党人信守竞选时的诺言。1982 年，政府大规模举债，用于提高养老金、家庭福利和住房补贴，以及支持公共建设项目，这导致公共支出上涨了约 27%。财政刺激促进了经济增长：在排除通货膨胀因素之后，法国的人均收入增长了 1.7%。但在这个令人愉快的数据之外，1982 年的大多数经济指标都是负面的。新房开工率崩塌式下降。商业设备和机械方面的投资几乎没有增长。失业率急剧攀升，政府采取的措施似乎反而导致情况恶化，这反映出官方对于这一问题的严重误解。

在法国，与在西欧其他国家一样，解释失业产生原因的统治性观点是经济学家所谓的"劳动合成"（lump of labor）理论。该理论认为，全社会需要完成的工作总量是一定的，因此降低失业率的唯一方法就是拆分已就业人口手头的工作。这种认识也反映在了密特朗最初的计划中。政府将退休年龄降低到 60 岁，把老年人赶出劳动力市场，希望这种措施能给青壮年创造就业机会。假设每个雇主只需要一定数量的劳动力，并会让新员工一一对应地取代离职工人。如果雇主同意用 25 岁以下的工人取代退休人员，那么年满 55 岁的工人就可以领取相当于工资 80% 的养老金。常规工作时间也从每周 40 小时缩短到 39 小时，周工作时间的上限也相应减少，政府预期雇主可以通过增加工人来弥补这些减掉的时间。在 1981 年的法国，没有引起广泛讨论和重视的是，同等工资下减少劳动时间可能导致雇主不愿增加招聘，而且年轻工人可能缺乏他们正在取代的经验丰富的工人所拥有的技能，因而导致生产效率降低。[8]

密特朗计划中最有争议的部分是私营企业的国有化。重要的法国企业，如邮政、电话服务以及铁路系统，已经掌握在国家手中了；社会党掌权不久，就又接连接管了几家无法偿还政府贷款的私人公司。1981 年 9 月，政府推出了国有化法案中的重头戏，提议将 5 家工业巨头和 38 家金融公司收归国有，其中包括著名玻璃生产商"圣戈班"（Saint-Gobain）、化学品制造商"罗诃–普朗克"（Rhone-Poulenc），以及法国最具影响力的投资银行"洛希尔银行"（Banque Rothschild）。其中许多经济效益很差。对于一些企业来说，国有化可能是寻找外国买家之外的唯一选择，而法国对于境外投资始终持有怀疑态度。政府本可以通过收购这些公司的大多数股份来掌握控制权。相反，政府计划却是取得 100% 的股权，这样无疑会增加纳税人的成本，却能够取悦共产党人，因为他们支持大型企业为国家所有。

尽管社会党在议会占据多数席位，但国有化法案仍然很快遇到了阻碍。主要的反对意见来自各保守党派，他们提出了近1500 项修正意见，以推迟该法案在国民议会的通过。参议院两次驳回该法案，进一步推迟了颁布时间。负责判断法律合宪性的宪法委员会认定，计算补偿私人股东资金的公式不正确，于是进一步提高了补偿成本。直到 1982 年初，被选中的企业才最终收归政府所有，国家因而控制了 79% 的炼钢产业、52% 的基础化学制造产业和 42% 的电子产业。总而言之，政府此时拥有了占法国制造业总产值近三分之一的产业，以及几乎整个金融业。原来的股东被扫地出门，他们得到的并非现金补偿，而是政府的15 年债券。[9]

政府承诺国有企业将作为独立实体来运营。"他们应该具有完全的决策和行动自由。"密特朗说。但完全自由意味着公司可以减少法国国内的就业岗位，而这是政府不能容许的。当计算机和电子公司汤姆森–勃兰特（Thomson-Brandt）的管理人想与日本胜利公司合资建设录像机生产企业时，法国工业部发表了反对意见，它还命令汤姆森与德国的竞争对手进行合作，认为一家欧洲公司更有可能让法国工厂保持开放。工业部还指示汤姆森继续生产半导体制造设备，因为政府认为此类设备对法国的高科技发展前景至关重要，并敦促该公司与日本人竞争生产家用音响。从工业部的角度来看，汤姆森是国家龙头企业，其首要任务应该是按照政府的意图增强法国经济，而为纳税人的投资赚取回报是次要目标。[10]

在政府的压力之下，汽车制造商雷诺同意不进行裁员，而是让 3500 名工人提前退休，并用相同数量的新员工取而代之。降低就业是完全不被接受的。其他国有公司也收到了来自其唯一股东的指示。他们被要求专注于生产某些产品，向陷入困境的供应商提供贷款，以及退出政府认为竞争已经太过激烈的行业。政府同样干预了国有企业的劳资谈判，敦促企业慷慨地提高工资，并且默许工会增加裁员阻力。国有银行被命令向国有工业提供贷款和资本投资，无论是否在经济上有合理的收益回报。法国纳税人最终承担了这些支出。据统计，在国有化运动的前三年，这些新近收归国有的企业总共吸收了大约 400 亿美元的政府资金。这些企业中能够盈利的极少，政府预算赤字飙升。[11]

政府征收和新增的财产税让法国的投资者们惴惴不安。密特朗认为他当政的首要任务是，让法郎与德国马克一样保持坚挺。"想让别人对你的国家保持信心，就不能让这个国家的货币贬值。"密特朗在当选后不久就反复宣扬。但是，在投资者离开法国以回避高昂赋税的同时，他们也出售了大量法郎，不可避免地拉低了法郎汇率。政府试图通过限制换汇来缓解货币贬值的趋势，但无法阻止企业和有钱人将法国法郎换成瑞士法郎，然后再转存到巴塞尔和日内瓦的银行。巨额资金从法国流出，政府被迫在 1981 年 10 月和次年 6 月两次宣布法郎贬值，这对密特朗来说相当尴尬。密特朗的顾问建议他在 1982 年 8 月进行第三次货币贬值，但这次密特朗拒绝了：弱势货币与他对法国作为与联邦德国对等的欧洲大国的愿景是不相容的。他开始寻求其他维持法郎价值和振兴经济的方法。

然而他没有给出社会党可以接受的答案。到了 1982 年下半年，政府的慷慨赤字对经济的刺激效果已经消耗殆尽。就业率开始下降，通货膨胀却居高不下。面对接连不断的打击，社会党淡化了夸张的宣传，开始将企业家描绘成工作机会的创造者，而不再是剥削工人阶级的恶棍。部长们悄悄地重新开始与大型私企的高管沟通，这些高管认为高税收和社会保障缴费正在挤压企业的利润并抑制了投资。于是，政府降低了营业税税率，并且批准成立一家新的证券交易所，为中小企业筹集资金提供便利 —— 对于一个刚刚将本国工业中最精华的部分进行国有化改造的政府来说，这一举动近乎惊世骇俗。[12]

1983 年 3 月，社会党在多次市政选举中表现惨淡。对此，密特朗认为，教条社会主义的时代已经终结。为了寻找新的出路，他曾在一周之内会见了四位可能的总理人选。然而，与密特朗屈从于现实需要不同，这些总理人选都强调在经济困难时增加政府管控的权力。由于没有找到合适的接替者，密特朗让莫鲁瓦继续留任，但授权财政部长雅克·德洛尔（Jacques Delors）统领法国经济。

德洛尔宣称，现在是时候"严苛"起来了。这句话的意思是，政府将把维持法郎对德国马克价值的稳定当作第一要务。3月21日，法郎再次贬值之后——那些不幸持有法国法郎的人已经在18个月的时间里不幸损失了这部分资产的30%——政府宣布削减财政开支并增加税收，以大幅缩减预算赤字。高收入者被要求缴纳一笔相当于前一年税额10%的附加税；低收入者则要交纳更高的社会保障费。出国旅游的法国人只能带少量法郎出境，而且他们的信用卡在国外将无法使用。酒精、烟草、汽油和电力的税负也都提高了。政府希望它保持财政收支平衡的决心能够安抚投资者，让他们留住手中的法郎，而不是将资金转移到国外，从而实现稳定汇率的目的。而这种做法，左右两翼的批评者都不能认同。可以预见的是，保守派反对加征富人的附加款；左派则从中看到了资本主义的阴谋。总统所在政党的二把手则把这个新方向抨击为"经典的通货紧缩政策，对于企业家、购买者、农民都有好处"，单单将工薪阶层抛诸脑后。[13]

再也没人大谈什么工业国有化和征收财产税。新的政策是"转向紧缩"，强调对抗通货膨胀，保持法郎对德国马克价值的稳定，对国有企业进行私有化改造，以及减少政府财政赤字。资本主义剥削压迫和工人阶级当家做主的言论不再流行，新的政治词汇强调"活力"和"现代化"。"你可以在一个月内完成公司注册，"密特朗在1984年2月吹嘘道，"不过在3年之前，这个流程就要花上6个月。"就在3年之前，法国政府接管了国内大部分重要工业和几乎全部银行，而且几乎封死了投资者将资金转移到境外的可能性；还是同一届政府，此时却开始欢迎外国投资，解除对金融市场的管制，并且取消对货币流通的限制。在德洛尔和阿塔利的敦促之下，焕然一新的密特朗讲起话来更像是美国民主党或联邦德国的社会民主党人，而非传统的法国社会主义者。[14]

这种奇怪的新版社会主义在振兴法国经济方面见效缓慢，政治反应却非常消极。1984年3月，从北部的敦刻尔克到南部的马赛，数万名工人走上城市的街道，抗议政府意图减少3万个钢铁业就业岗位的计划。他们尖锐地重提了密特朗在1981年的宣言："钢铁行业国有化是保障国民就业的利器。"法国左派在意识形态上致力于企业的大范围国有化。在英国、荷兰和德国都发生过社会党人反对传统教条的大讨论，而这在法国并未发生。长期信奉社会主义的选民对此感到震惊，而作为社会党盟友的法国共产党仍然支持苏联式的国营经济，对此更是感到愤怒。

由于密特朗的国有化计划带来了灾难性的影响，法国共产党失去了可信度，沦为了法国政治生活中的边缘党派。尽管密特朗仍然担任总统，但他首鼠两端的政策并没能有效创造就业机会并恢复经济增长。于是，选民在 1986 年将一个偏右翼的政治联盟选入了国民议会中。雅克·希拉克（Jacques Chirac），偏右翼的巴黎市长，在一名社会党总统的领导下成为总理，这在法国是没有先例的。1981 年大选时，正是因为希拉克的参选分散了反社会主义阵营的选票，导致吉斯卡尔失去了连任的机会。密特朗选择他而不是其他保守党领导人担任总理，正是为了回报他当年在大选中的一臂之力。他们在治国权力上的分配 —— 法国人称之为"同居关系"，是由密特朗负责外交和国防政策，国内事务则要倚重希拉克的权威。

法国不是唯一一个社会党试图改变路线的国家。西班牙正在进行非常类似的尝试，这场斗争由年轻一代的社会主义领导人费利佩·冈萨雷斯带领。

西班牙在政治、经济和地理上都位于欧洲边缘。这个国家已经被弗朗西斯科·佛朗哥（Francisco Franco）统治了将近 40 年。此人是一名极端保守的军官，他在 1936 年企图推翻民选政府的尝试以失败告终。经历了 3 年残酷的内战之后，他终于在 1939 年如愿以偿。在国际上，佛朗哥尽最大努力将西班牙与欧洲的其他地区进行隔离，无论是在二战之中还是二战之后。在本国内，他的政权专制残暴，坚持镇压工会、知识分子，以及任何拒绝接受佛朗哥心目中传统天主教价值理念的人，这一理念还包括相信是上帝派他来拯救西班牙的。作为保守派的佛朗哥并没有成为私营企业和自由市场的支持者。相反，他以西班牙民族主义的名义大力推动规模庞大的国有产业体系发展。他的政府在数百家公司持有大量股份，从化工厂、铝冶炼厂到酒店和工艺品店，大多数是通过作为控股公司的国家工业研究所来管理的。他还将大型工业企业分散地建在了全国各地，从而为西班牙最贫困的地区提供就业机会。

从内战结束到 20 世纪 50 年代末期，西班牙始终在用这种模式发展，其效果可谓相当惨淡。随着欧洲经济共同体将西欧的其他地区聚合成为一个更广阔、更繁荣的市场，西班牙仍然与世隔绝：西班牙人基本都开本国制造、在欧洲其他地区却鲜为人知的 SEAT 牌汽车，而西班牙铁路轨道的规格与欧洲他国不同，以致西班牙和法国之间的货运和客运难以畅通。出于经济上的绝望，佛朗哥不得不放弃完全的自给自足，开放了西班牙的旅游业，并将赚取的马克、法郎和英镑投入到基础设施和重工业建设中。这一战略推动了 1959—1974 年西班牙经济的快速增长。但到了 1975 年佛朗哥去世时，经济已经开始衰退。佛朗哥恢复了君主制，他留下的保守派政府为了维持社会秩序，选择继续经营亏损的工厂，并且阻止国有企业解雇多余的工人。

保守派的主要反对者是西班牙社会工人党，他们的领导人在佛朗哥去世后结束流亡，从法国回到西班牙。1979 年，西班牙的社会主义者摒弃了正统的马克思主义教条。在内战期间流亡数十年的党内领导人与佛朗哥统治时期出生的年轻政客之间爆发了激烈的内部分歧，最后得出结论，反对资本主义剥削和支持国有工业在经历过佛朗哥独裁统治的民主西班牙是没有市场的。冈萨雷斯带领社会工人党改变了路线，正如他们的法国同胞在 1983 年所做的那样。他们将自己重新定位为市场经济和福利国家的支持者，与北欧的社会民主党结成盟友，并强烈主张加入欧洲共同体。

年轻的西班牙人强烈渴望他们的国家能够成为新欧洲的一部分。社会工人党经过改良的温和态度使他们成为中产阶级选民可以接受的选择，而非坚决反对的对象。随着经济发展停滞不前，该党于 1982 年 10 月上台执政。冈萨雷斯担任总理，承诺激励私营企业并创造 80 万个就业岗位。不幸的是，事情并没有像社会工人党计划的那样发生。大选结束四个月后，卢马萨（Rumasa），一家控制着 18 个银行和 400 多个子公司的控股集团涉嫌欺诈，导致了西班牙历史上最大的国有化运动。据传，卢马萨的产值占西班牙经济总产出的 1.8%，但其财务状况一直处于混乱之中，审计人员一再拒绝在财务报告上署名。冈萨雷斯政府担心该集团倒闭，6 万个工作岗位将随之蒸发，于是正式将其收归国有。此举受到工会的欢迎，为政府赢得了一定的政治支持，但是与此同时，政府正在计划缩减不景气的钢铁工业，对码头进行现代化改造，并启动大规模的私有化计划。[15]

1981—1982 年的密特朗计划，是正统社会主义的一个小插曲，标志着社会主义思想的转折。法国的经验似乎证明，国家对于经济领域的严格管控，包括将工业和金融业收归国有，并不能创造经济上的奇迹；而且没有哪个国家，即便是像法国这样的经济大国，可以在不遵循金融市场规律的情况下操控汇率，投资者们自会对汇率和税收政策做出判断。如果神圣的社会主义思想无法提供替代自由市场思维的可行方案，那么社会主义者必须创造一种新的社会主义模式，在此种模式下，经济复兴将依赖于私营经济，而非国有企业。促进竞争、放松管制、保护企业利润，以及减少政府对经济生活的限制，都是新社会主义模式恢复经济活力的手段之一。弗朗索瓦·密特朗，社会主义的长期拥护者，现在加入了赫尔穆特·科尔和玛格丽特·撒切尔的阵营，欧洲共同体将在他们的影响之下转变为一个联系更加紧密、由市场力量发挥主导作用的经济联合体。密特朗没有撒切尔对工会和福利国家的天生厌恶。但在经济政策方面，撒切尔和 1983 年的密特朗并没有什么重大分歧。[16]

密特朗在理智上支持这些变化，但到了 1983—1984 年，他很难推动进一步的改革。国有产业规模太大，无法迅速出售。近四分之一的法国工人受雇于政府，28% 的国民收入和 30% 的出口由国有企业创造。私有化不会在一夜之间完成。

费利佩·冈萨雷斯起点更为有利。1985 年，西班牙政府出售了一家名为塔拉索纳纺织（Textil Tarazona）的名不见经传的公司 69.6% 的股份。没过多久，一家疫苗生产企业、一家食品公司和一家化学公司 45% 的股份也都卖了出去。与法国不同的是，西班牙并不忌讳将企业卖给外国投资者。政府将一家电子公司的控股权卖给了日本制造商，把一家国有轴承工厂卖给了瑞典公司。西班牙于 1986 年初加入欧洲共同体，接纳外资的力度也随之提升：汽车制造商 SEAT，西班牙本国最为出众的产业巨擘，75% 的股权被德国大众汽车公司购买。电子产品制造商安珀、电气与燃气公用事业公司吉萨都在马德里证券交易所上市，该交易所重新焕发生机，成了欧洲最热门的股票市场之一。短短两年时间，在长期隔绝于世的西班牙，外国投资足足翻了 4 倍。随着西班牙的社会工人党政府不断缩减国家控制的产业规模，铝制造商、蜂蜜生产商和造纸公司也都先后被处置掉了。[17]

1986 年，法国也开始效仿冈萨雷斯的政策，此时西班牙的私有化已经进行了 2 年多了。希拉克急于做出政绩，措施就是出售国有企业，而密特朗并没有阻止他的意思。至少在一开始，私有化仅限于向公众出售国有企业的股份。在法国，凡是大到足以购买其他大型工业企业的公司，本身也往往归政府所有。出于政治上的考虑，又不能将国有企业出售给外国公司。股票发行能否成功，本身并不确定。撒切尔之所以能够通过伦敦证券交易所实现私有化，是因为这是世界上最大、最活跃的股票市场之一，具备深厚的投资者基础。相比之下，巴黎交易所规模较小，而且密特朗的国有化运动已将境外投资者赶出了国门。

寻找投资者需要想象力和营销才能。圣戈班公司在首次公开发行股票时，向购买 50 股以下的投资者免费提供额外的股票，意在激发中产阶级的热情。巴黎银行在第二次募集股票时，在电视上发布了这样一条广告：巴黎银行华丽的前门缓缓打开，门里是安静的走廊和精美的会议室，低沉的男声背景音响起："女士们、先生们，在不久的将来，您将有机会成为这里的股东。"两只股票的发行都相当成功，希拉克政府终于能与西欧其他国家齐头并进。电视广播公司 TF1、通用电力公司、法国兴业银行，均于 1987 年中期成功完成了私有化。1986—1988 年间，约有 22 家国有企业转为私营，为国库增加了 120 亿美元的资金。[18]

希拉克动作迅速，因为他知道留给他的时间也许不多了。1988 年，他的竞选对手是密特朗。结果是密特朗取得了压倒性胜利，几乎赢得了全国的所有选区。新总统立即召开新的立法会选举。多亏了 1988 年的经济反弹——这一年是 1973 年以来经济情况最好的一年——社会主义政党重新控制议会，私有化进程就此搁浅。新的社会主义路线就是所谓的"既不也不"——不会再有更多的国有企业被出售，但那些已经完成私有化的企业，也不会被重新收归国有。直到 20 世纪 90 年代，随着欧盟推动各国政府增强自身经济体内部的竞争，同时减少预算赤字，法国才不得不再次出售国有资产。[19]

密特朗的转变以及法国和西班牙的私有化改造为国有资产私有化提供了新的正当性。其他国家对于玛格丽特·撒切尔在出售国有资产方面的热情还能谨慎看待，因为她被普遍认为是激进的保守派。但是，如果法国和西班牙的社会主义政党都能够接受私有化，那么也许这件事确实没有那么极端。联邦德国开始出售大众汽车和费巴电力等公司的部分股权。原本属于国有的奥地利航空和荷兰皇家航空公司也都走上了这条道路。芬兰政府将造纸器材制造商维美德的股份向公众发售。然后，重头戏登场了。1987年 2 月，日本政府将国有电信垄断企业，同时也是日本最大的企业之一 —— 日本电报电话公司的股票在证券市场上首次公开发行。截至 1988 年 10 月第三次发行完成时，日本政府总共筹集了近 800 亿美元的资金。

私有化浪潮的结果很难简单地概括。许多公司在获得经营自主权之后取得了巨大的商业成功。经济学研究表明，总的来说，公司在私有制下经营更为有效，因为管理者和员工都有明确的目标，那就是为股东赚取利润，而他们对私人股东资本的运用比对待政府资金更为谨慎。此外，私营企业可以更加自由地关闭已经不适应市场的生产线，开除多余的工人，而国有企业往往要顾及国家的政策基调。大多情况下，私有化是纳税人的福音，因为在国家补贴支出减少的同时，税收收入也会相应提高。

然而，这些情况也有许多例外。有时，国有垄断企业变成了私人垄断企业，继续向客户收取高价，然而既没有创新观念也没有改善服务。也有的私人企业没能通过市场的考验，靠申请补贴度日，或者最终回归国家控股。而承包了部分政府职能的私营公司，自身利益可能与社会公益发生冲突：私人监狱经营者很可能更倾向于认定囚犯不适合假释，因为假释就意味着空置的牢房收不到政府的账款。如果私有化方案设计很差，私人投资者可能会违背承诺，把包袱再次丢给国家，比如英国铁路公司的投资人，就单方面放弃了特许经营权并将业务交还给政府。与提倡私有化的右翼理论家的主张相反，并没有普遍的规律证明私人所有权制度能够保证更低的成本或更高的效率。经验证明，事实往往恰恰相反。[20]

就法国和西班牙而言，私有化和经济自由并不是滞涨问题的灵丹妙药。1980 年，也就是密特朗上任的前一年，法国就业人口为 2200 万。这位以社会主义者自居的总统，先后实施了强硬的社会主义政策和反社会主义政策，总算将这个数字维持了 7 年。在此期间，更多的女性加入了劳动力市场，而男性就业人数减少了 50 多万，这反映出法国制造业的困境以及企业不愿意在工人退休后用新人填补的现实。而在 20 世纪 70 年代中期以前，低失业率一直是法国经济的标志性特征。

与此同时，西班牙并没有出现人们预期的创业浪潮。1975—1987 年，失业人数每年都在增长，近五分之一的西班牙工人失业。虽然外国资本的涌入在 1986 年之后为经济发展注入了新血，但就业机会并未随之增长。直到目前，西班牙仍然是工业国家中失业率最高的国家。与法国一道，西班牙的经验表明，困扰发达国家的经济弊端已经超出了意识形态的解决范畴。国家主义模式固然没能恢复增长、刺激投资、提高法国和西班牙人民的生活水平，但更市场导向的政策也已被证明无效。这两条路径都没能让两国重返辉煌岁月，问题已经超出了任何政府的能力范围。[21]

第 13 章　早安，美国！

1979 年 10 月 6 日，华盛顿，这是一个寒风刺骨的周六。下周一是法定假期——哥伦布日，华盛顿的大部分官员已经离开首都，分散到各地度过长周末。与新闻媒体一道留下的人则在关注教皇约翰·保罗二世，他正在白宫首次与卡特总统会面。第二天他将在美国国会大厦附近主持一场露天弥撒。几乎所有人的注意力都集中在他处——这就是美联储举行秘密会议的好日子。

当天上午 10：10，央行的高级官员围坐在美联储会议室里 27 英尺（约为 8.23 米）长的桃花心木桌子边召开会议。他们的心情十分沉重。距离全球性经济繁荣的戛然而止已经过去了 6 年，此时仍然没有任何迹象表明世界经济正在走向正轨。虽然某些国家的经济增长率有所回升，但通货膨胀却没能得到控制；包括美国在内的许多发达经济体的消费者价格指数正在以两位数的速度攀升。1979 年 1 月伊朗革命之后，石油价格急剧上涨——美国炼油厂在 1978 年底为进口石油支付的价格是 15 美元一桶，仅在 9 个月之后，就变成 25 美元一桶——这给制造业和运输业都造成了很大的困扰。1979 年，美国人在汽车燃料上的总支出增加了三分之一，极大削减了普通人的购买力，进而对整个经济体的就业形势造成了重击。

美联储会议的参与者们都阅读了由两位负责执行货币政策的官员准备的报告。报告开头就是一片阴霾："通货膨胀率居高不下，对于通胀的心理预期在市场上造成了投机压力，其中包括外汇市场、大宗商品市场和黄金市场。"根据三周前的经济数据，最新的预测结果仍然是负面的：经济衰退将始于本年的最后一个季度；到 1980 年底，失业率将从 6% 上升到 8.1%。与会的每个人都痛苦地意识到，他们在 9 月 18 日上一次会议中议定的措施完全没有达到预想的效果。当时，8 人投票支持提高利率以对抗通胀；4 人因担心高利率将导致经济状况恶化而投了反对票。这种尖锐且公开的分歧表明，美联储缺乏全力抗击通胀的决心，而这又让金融市场陷入了慌乱之中。[1]

经过一整天的讨论，央行官员们就一项计划达成了一致。美联储主席保罗·沃尔克（Paul Volcker）在当晚的新闻发布会上宣布，美联储将停止通过调整短期利率来稳定价格。相反，它将充分利用联邦储备体系中数千家银行的准备金总量。"通过货币供给机制，加强对准备金的管控，并限制货币供给增长，我们认为可以在更短的时间内更好地控制货币总量。"沃尔克说。能够理解这段话的美国人可能不到总人口的千分之一。但是消息传到了华尔街，这里的交易员对每个美联储官员的每一句话都要详加解读。更何况银行的自有准备金是衡量国家货币供应量的指标之一。以准备金作为主要的政策工具，美联储与 4 个月前的英格兰银行一样，开始向货币主义迈进。[2]

不管是沃尔克还是美联储的其他政策制定者，都不信奉货币主义所宣扬的机械地管理货币供给的理论。在他们的眼中，自己的责任是对一系列数据和事件报告进行评估，从而探明经济状况，并相应地调整货币政策。10 月 6 日公告，也就是后世所称的"沃尔克震荡"，似乎消除了美联储前期不断调整货币政策给市场带来的不确定性。自此之后，美联储将在固定的货币供应增长速度的约束之下行事。

但这并非沃尔克的初衷。之所以要对货币政策进行约束，美联储的真实目的在于扫除降低通胀道路上的两个政治障碍。一方面，美联储希望能够安抚最激烈的批评者，包括那些颇具影响力的货币主义经济学家，以及他们那些在《华尔街日报》上不断对不稳定的货币政策进行攻讦的支持者们。如果他们对美联储的抨击转变为称许，金融市场或许会产生通胀率下降的普遍预期。假若如此，利率也将随之下降，而抵押贷款和商业贷款利率的下降，事实上对降低通胀率确有帮助。另一方面，美联储还希望新的立场能够使其在未来的政治攻讦面前幸免于难。然而，此时美国的通胀率已经高达 12%，这样的数字只在战时价格管制刚刚结束时出现过一次，想要平息这样的高通胀，需要提高的利率之多似乎在美国前所未见。

如果美联储公开将利率作为货币政策的目标，并宣布将短期利率提高到 15% 或 20%，汽车经销商、建筑工人和企业高管会闹得沸反盈天，愤怒的国会议员甚至可能剥夺央行的独立管理权。然而，如果高利率仅仅是货币主义者所主张的货币政策规则的副产品，那么美联储在受到批评的同时也会得到一些支持。正如沃尔克在周六会议上对他的同事们所说："这在政治上更容易推动。"[3]

"保罗·沃尔克是谁？"仅仅在 3 个月之前，当财政部副部长安东尼·所罗门（Anthony Solomon）推荐此人为美联储主席候选人时，美国总统吉米·卡特问道。沃尔克出生在新泽西州，他的父亲是一名镇行政官员，他本人在 1952 年进入纽约的联邦储备银行，从初级经济学家做起，曾几度进入政府工作。沃尔克对于国内外的货币政策及相关的政治博弈都不陌生：他曾在肯尼迪和约翰逊执政期间在财政部工作，尽管他是民主党人，仍被尼克松政府邀请担任财政部的高级职位。作为布雷顿森林体系崩溃期间的美国首席谈判代表，他的名片盒里保存着世界各国的央行行长和财政部长的私人电话号码。[4]

1974 年初，时任财政部副部长的威廉·西蒙（William Simon），也就是尼克松的"能源沙皇"，在财政部的级别位于沃尔克之上。4 月，也就是陷入困境的总统提名西蒙成为财政部长前不久，沃尔克突然辞职。他没有公开做出解释，但他不同意西蒙的自由主义思想并非秘密。沃尔克的知识和人脉让他在私人机构拿到了上百万美元的薪资，但美联储主席阿瑟·伯恩斯还有不同的想法。沃尔克在财政部工作期间，两人接触频繁，伯恩斯希望有沃尔克在身边辅佐。他帮助沃尔克获得了纽约联邦储备银行主席的职位，而纽约联邦储备银行正是执行美联储日常货币政策的前哨，并且深度参与外汇事宜。身处这一岗位，沃尔克在美联储委员会中拥有一票的投票权，该委员会就是负责制定货币政策的机构。[5]

1978 年，卡特拒绝重新任命伯恩斯担任美联储主席，并以威廉·米勒（William Miller）取代了他的位置，伯恩斯就此离开联储。而曾任公司高管的米勒完全不适合这份工作，于是，他接受卡特的建议，于 1979 年 7 月改任美国财政部长。此时，美联储就有了一个空缺需要总统填补。这就是卡特第一次听到沃尔克名字的时候。两周之后，仅在卡特与沃尔克在椭圆形办公室举行了一次面谈以及参议院迅速确认之后，主席办公室就开始萦绕着沃尔克廉价的 Antonio y Cleopatra Grenadier 雪茄烟雾。

卡特在经济问题上并非特别专业，更谈不上熟悉沃尔克观点的细节。就像所有政治领导人一样，总统赞成降低通货膨胀，但也和普通大众一样希望美联储能够循序渐进，在实现价格稳定的同时不让更多人失业 —— 而且不能危及总统在 1980 年的连任。美联储十多年来一直在尝试这样做却没有取得成功，但这一事实并没能改变总统的意见。

沃尔克没有这种不切实际的幻想。在 1978 年出版的一本书中，他就警示过"我们的经济管理能力有限，暂不能同时满足保障充分就业的需求"，也就是说，降低通货膨胀必将消耗就业机会。1979 年初，沃尔克还在纽约联邦储备银行供职之时，曾多次在美联储的政策委员会会议上投票支持采取更强有力的措施对抗通胀，但他的观点属于少数。在沃尔克出任美联储主席几周之后的一次货币政策投票中，四位联储高级官员反对他的加息议案，可谓对他的反通胀计划发起了正面挑战。第二天早上，这条消息就被泄露给了《华盛顿邮报》："美联储的成员们第一次大声反问，为了保护美元的价值，不断追逐节节攀升的欧洲利率，最终让国民失业、企业破产，这一切是否真有意义。"[6]

沃尔克计划的巧妙之处就在于，将政策关注的焦点从利率转向了银行储备。这样一来，美联储官员也就不必在投票时顶着天大的压力了。美联储在 10 月 6 日采取的所有措施都是为了建立规则来减缓银行储备的增长。之后，联储只需按规则行事。从此以后，央行官员将不必再讨论如何用高利率在保持经济增长的前提下降低通胀率这类充满争议的议题，因为利率不将再是货币政策的目标和工具。

当然，美联储的新政策不仅仅是玩了个文字游戏。所有相关人士都非常清楚，减少银行储备金的增长率，意味着银行间隔夜贷款利率——也称为"联邦基金"利率的提高。10 月 6 日会议期间，联邦基金利率为 11.9%，3 周后达到 15.6%，下一年 3 月时达到了 17%。由于借款变得更加昂贵，银行削减了对消费者和企业的贷款。长期利率也有所上升，虽然没有特别剧烈，这表明金融市场对经济萧条的预期越来越强。

市场的眼光没有出错。美国的高利率反过来又推高了其他国家的利率，几乎所有国家的经济增长都在放缓。在荷兰，失业率在接下来的 4 年内上升了 9%；在德国，失业率上升了超过 5%。韩国经济陷入衰退，巴西长期强劲的经济增长也趋于停滞。但沃尔克政策冲击所造成的第一桩政治伤亡，却发生在美国：新房建设量减少了一半；汽车的销售量，从每年 1400 万辆下降到了不足 1000 万辆；失业率上升近 2%。虽然经济周期的低点仅仅维持了很短的时间，但已足以导致卡特败北。罗纳德·里根当选总统。[7]

罗纳德·里根是美国右翼的明星。作为一名前任演员和企业家精神的倡导者，他曾在经济快速发展的加利福尼亚州担任过两届州长。他的言论充满右翼保守气息，赞扬自由市场和小政府主张，甚至做出过"让领福利金的废物重新回去工作"的直率承诺，正是这些言论让他在 1966 年的竞选中成功当选州长。与持有保守道德观的大多数人（这些人多是住在阳光地带城郊和小镇上坚信基督新教的共和党人）不同，他没有那么吹毛求疵；与共和党中的华尔街银行家（他们认为政府收支均衡是必须的）不同，他不会那么死板。其他保守派人士火气冲天，但里根展现的是一种更富有同情心的保守主义，出发点在于对普通人的关切。

帮助里根入主白宫的不仅仅是当时的经济形势。1979 年 11

月，保守的伊斯兰运动推翻了伊朗国王，多名美国人沦为伊朗人质。营救人质的进展每晚都在电视新闻中播出，许多选民指责卡特措施不利，导致人质被长期监禁。里根就职之时，举国上下都对未来充满不乐观的预期，生活水平进入下滑通道，国民经济处于风雨飘摇之中。让经济步入正轨是他任职之后的首要任务。"一开始制定的规划就是，将里根经济计划作为所有重大举措的重点和基础，无论国内国外。"他的国家安全顾问理查德·艾伦后来写道。[8]

除了关于小政府主张的老生常谈和对企业精神的坚定信念之外，里根自己并没有什么特别的经济哲学。他对经济顾问的选择也不拘一格，从严格的货币主义者，到提倡增加政府开支以克服衰退的主流经济学家，都有上达天听的机会。然而，其中最有影响力的一群人，宣扬的是一种叫作供给学派的新经济学理论。出于宗教热情和自由主义狂热，供给学派学者认为，1973 年以来的美国经济衰退，错就错在政府把目标设置为不断努力提高收入，使人们产生经济繁荣之感，从而购买更多的商品和服务。供给学派认为，经济政策不应该追求消费者需求的提升，而是应鼓励发明者、企业家和投资人为消费者创造更多的商品和服务，也就是要关注经济的供给一方。他们断言，归根结底，供给是唯一真正的需求来源。只有供给侧的扩展，才能增加经济产出并创造就业机会。

供给学派的观点对里根的经济政策产生了重大影响。一是政府应该减少支出，特别是社会福利方面的支出。乔治·吉尔德（George Gilder），供给学派最有天赋的倡导者之一，在他 1981 年出版的畅销书《财富与贫困》（*Wealth and Poverty*）中断言："与其说贫穷是一种收入状态，倒不如说是一种心态，而且……政府救济会使大多数依赖它的人越来越萎靡。"提供给失业者的补贴"阻碍了生产性的劳动"，应当予以限制。"事实上，"吉尔德写道，"经济学家倡导的几乎所有促进平等和消除贫困的措施——通常旨在刺激消费——都会对生产造成不利影响，而生产又是需求的真正源泉，最终需求也会因之受损。"因此，供给派学者坚定地站在了福利社会的对立面。⁹

与许多其他"大政府"的批评者相比，供给学派在税收政策方面的观点有所不同。美国传统的保守主义强调财政预算均衡的重要性。对于他们来说，减税虽然可取，但也要和减少政府开支相配合，最糟糕的结果莫过于政府深陷赤字的泥潭。相反，对于供给学派而言，财政赤字只是细枝末节。他们解决经济增长缓慢和生活水平停滞不前的药方就是减税——但又不是一概而论的减税。他们认为，对投资征税惩罚了承担风险和创业的精神，也就是惩罚了供给的创造者，因此针对投资收入的所得税应彻底取消。对于家庭和企业累进征收所得税，高收入部分税率过高，则会让人们丧失进取的动力，同时让部分经济活动转入地下。取消资本利得税并降低边际税率，会为就业和投资带来新的动力。经济将随之繁荣，税收总额甚至可能超过原有水平。¹⁰

当然，最高的边际税率只适用于收入最高的人群。这是累进税的本质，是每个高收入国家都存在的税率阶梯，其目的就是让收入微薄的人少交或根本就不交所得税，高收入者则要多交所得税，而且收入越高，税率也就越高。从所得税制度产生之初，累进制便被认为是征税最为公平的方式。但供给学派不能苟同。他们声明，累进制税收是为了将收入重新分配，而非促进经济增长。"所有这些财产转移都是零和游戏。"吉尔德断言。对社会中最有活力的人——正是这些人的创造力和创业精神在促进社会财富的累积——征收重税，无异于杀鸡取卵。

按照供给学派解释，20 世纪 70 年代经济衰退的真相在于，富人将钱换成了黄金或者用于避税，而不是冒着风险进行生产性投资，因为即便投资成功，收入也会被税收耗去大半。根据供给学派的分析，正是因为累进税制之下的富人不再愿意承担风险，导致了近些年经济增长的放缓，进而影响了所有人的就业前景和生活水平。吉尔德这样总结教训："为了帮助穷人和中产阶级，必须给富人减税。"[11]

供给派经济学的创始人是当时的论战参与者，而非经济学教授。虽然一些著名的学者，比如哥伦比亚大学的罗伯特·蒙代尔（Robert Mundel），以及国家经济研究所税务研究室前负责人诺曼·图尔（Norman B. Ture）也声称，减税会激发投资，鼓励企业家精神，但学界对于供给学派理论的研究和分析却少之又少。事实上，当时针对起步阶段的创新型企业的税率已经很低，这点几乎没人注意到。供给学派关于 20 世纪 70 年代经济放缓应当归咎于高累进税，以及对富人减税能够促进经济复苏的说法并未得到验证。同样未经证实的观点还有，降低税率会让躲在地下避税的资金重新回到阳光之下。[12]

至于所谓的拉弗曲线，也没有得到实证研究的支持。据说这条曲线最初是经济学家阿瑟·拉弗在华盛顿某家餐馆的餐巾纸上画出来的。拉弗曲线表明较低的税率能够刺激经济，从而促进政府收入增加。作为一个抽象的命题，拉弗的理论没有争议。人人都同意如果税率畸高到某个点，人们将不再费心去工作赚钱，此时税收总额就会开始下降。然而，拉弗的草图并没有说明这个点到底是多少，供给学派阵营中也没有其他人愿意猜上一猜。对该观点的唯一严肃研究得出的结论是，美国的所得税税率还可以定得更高，直至降低税率能让政府得到更多的收入。"现有证据不支持这样的观点，即认为当前的行为是不理性的。"唐·富乐顿（Don Fullerton）写道。此人后来成了里根政府财政部的税务官员。[13]

不管有没有证据支持，降低税收将重振经济这一观点，有着难以抗拒的诱惑。1981 年 2 月 18 日，也就是在上任不到 1 个月后，里根公布了他的经济复苏计划。报告中写道："我们的经济之所以出现问题，最主要的原因就在于政府本身。"报告提出了一系列大幅减少个人和商业税的措施，政府也将削减预算，把联邦支出从 1981 年占经济总产出的 23%，降低到 1986 年占经济总产出的 19%。里根政府断言，这些新政策不仅会使低迷的经济重新复苏，还会使它彻底转型。"到 1986 年，美国经济将产生 1300 万个新工作岗位，比维持现有政策的情况要多 300 万，"计划报告中承诺，"经济发展将摆脱疲弱的现状，实现更加强劲的增长，大约每年上升 4%~5%。"根据他的计划，总统在电视讲话中告诉全国："从明年开始，政府赤字将逐年缩小，用不了几年，财政收支就能实现平衡。"[14]

国会议员们没有傻到阻挡高速前进的列车。1981 年 8 月颁布的"经济复苏税收法案"中，包含了里根要求的大部分内容。原有的 14 段所得税累进等级减少到了 5 段，以防原本就跟不上通胀的工资增长将家庭所得推到更高的征税等级。中等收入水平的家庭面临的最高等级税率从 28% 降到了 24%，家庭实际收入大幅增长；收入水平处于金字塔顶端的家庭面临的最高等级税率则从 70% 降至 50%。还有一点让该减税政策更具魅力：虽然政客宣称低收入家庭享受减税的比重最大，但富裕家庭得到的减税金额最高，这与供给学派的观点不谋而合。年收入约 1 万美元的工薪家庭，1982 年会因新政策节省 74 美元税款，而年收入 10 万美元的公司高管则能节省 1897 美元。企业也获得了极高的税收减免，据说这将引发新一轮的投资热潮，尤其是在新机器和设备方面。[15]

里根的减税计划立即投入执行。但政府开支的削减却没能实现。主要原因在于总统自相矛盾的愿望：想要减少政府对经济的干预，但同时又想大规模增加军费支出，包括为海军建造 100 多艘新船，添置数百架轰炸机和战斗机，甚至重新启动 20 世纪 50 年代以来一直停用的二战时期的战列舰。1981 年 3 月，里根在上任 2 个月后，提出了第一份预算议案。其中预计在排除通货膨胀影响后，到 1984 年国防开支每年增长 8%，而所有其他政府支出每年将下降约 4%。但总统的政治顾问们保证，一些政治敏感的福利计划中的"基本权益"，包括每月的社会保障支出和退休人员的医疗保险，都不会被触及。由于不能动摇"神圣"的社会保障、军费开支和国债利息，联邦支出中的相当大部分被排除到了预算削减计划之外。[16]

这就意味着，如果想要实现缩减联邦支出的结果，几乎所有其他方面的支出都需要被大幅削减。在被里根的顾问们称为"裁减室"的行政办公楼 248 号，总统的预算工作组逐一确定目标。1982 年，提供给 40 个医疗和社会服务项目的资金总共减少了四分之一。政府将停止向津贴领取人提供免费的肺炎疫苗，预计在 4 年内会缩短 5000 人的寿命。许多老人之前工作时收入就很低，每月领到的退休金也寥寥无几，现在也难逃收入缩减的厄运，即便总统所谓保留"基本福利"的承诺言犹在耳。穷人的住房福利、带孩子的贫困家庭的补助金以及提供给学校的午餐补贴都任由宰割。总体而言，里根建议将除了国防之外的所有其他联邦开支从 1981 年占国民总收入的 17.3% 减少到 1984 年的不到 13%，二战以来所有新增的社会福利几乎都被削减殆尽。[17]

　　然而即便如此，联邦预算收支仍无法达到平衡。1982年的政府预算仍存在严重的赤字。而1984年的政府预算之所以能够达到平衡，要感谢财政收入一栏标了星号的440亿美金收入。页脚对星号的注释仅有一句："今后的结余尚有待确定。"[18]

　　无论形势如何，想要国会批准这种规模的支出削减都相当困难。沃尔克领导的美联储采取的反通胀政策则使其成为不可能。该政策在抑制通货膨胀方面取得了一些成绩：1980年春天位于15%的高峰的通货膨胀率，到了1981年5月已回降至10%以下。但美联储认为经济复苏将令通胀率再次上涨，于是坚决地踩住了经济增长的刹车：利率不断攀升，即使通货膨胀率有所下降。1981年夏天，银行间隔夜拆借的利率达到了19.9%，比通货膨胀率高出10%——对于仅几个小时的资金周转来说，简直是令人咋舌的高价。由于借款过于昂贵，银行贷款和商业投资都趋于停滞。房地产市场亦是一潭死水，仅仅在卖方愿意向买方提供抵押贷款时，房子才卖得出去。各处都笼罩在裁员的阴影之中。由于税收收入远远低于预期，里根，这个认为美国宪法应当强制要求联邦预算收支平衡的总统，发现自己当政期间出现了美国历史上和平时期最高的财政赤字。

　　面对赤字危机，国会开始讨论如何取消减税政策，虽然这些措施才刚刚开始实施。1982年，新的税法出台，多项1981年颁布的商业保护政策被废止。新法之下，投资者更难规避对利息和分红的征税，吸烟的人要交更高的卷烟税。原本计划在未来几年

生效的减税政策又被取消。从某些方面来看，1982 年的税法是
有史以来国会通过的税收增幅最高的法案。它能让联邦政府的年
收入提高相当于国民收入的 1% 的金额。即便如此，最高税率仍
远低于里根就职时的水平。

　　里根声称，之所以同意推翻他在一年前争取到的减税政策，
是因为在其他方面得到了补偿：每增加 1 美元的税收，财政支
出就会相应减少 3 美元。然而，在 1981 年无法实现的开支削
减，在 1982 年仍然难如登天。由于政府坚持要扩大和重新装备
军队，想要实现目标，几乎所有其他的政府项目都需要大幅削减
开支 —— 对此，里根政府的内阁官员没有一个做好了提出议案
的准备，国会也不会轻易赞同。"削减预算是一个痛苦的政治过
程，而里根政府从未真正愿意将其付诸实践。"里根的预算主管
大卫·斯托克曼（David Stockman）后来承认。[19]

　　总体来说，在 1981 年和 1982 年税法之下，里根政府征收的
税金在国民收入中的占比大幅下降，但政府支出并未同时收缩。
里根的成绩得不到选民的认可。"事实上，1982 年的国民收入、
人均国民收入和工作总时长，都低于 1979 年的水平。"经济学
家爱德华·丹尼（Edward Denison）写道。1982 年 11 月众议院
重新选举时，很多在 1980 年与里根一道上台的共和党人被扫地
出门。[20]

　　1982 年 8 月，形势仍未见任何好转的迹象。纽约证券交易
所的道琼斯工业平均指数连续 8 个交易日下跌，总计下跌 5.6%。

"昨天，股票价格继续回落，投资者对利率走向深表担忧。"《纽约时报》8月6日报道称。"现在是熊市。"某知情股票分析师在第二天的报纸中宣布。8月13日，《泰晤士报》引用了一位专家的话，预测股市在触底之前至少还会再下跌5%。如果有人在1973年10月5日（赎罪日战争爆发前的最后一个交易日）购买股票，在大约9年的时间里，他的股票资产将减值近五分之一——即便不考虑美元购买能力的下跌。排除通货膨胀因素，在第一次石油危机开始时，分散投资在30余只道琼斯股票上的1000美元，到1982年价值不足370美元。投资者对美国经济信心全无。

然而，在8月13日，股价已经开始回升。股票市场似乎已经触底。两个交易日后，著名的华尔街经济学家亨利·考夫曼（Henry Kaufman）告诉客户，债券市场也已触底，暗示美国政府债券的价格会随着利率的下降而上升。考夫曼的言论带动了股市疯狂上涨，道琼斯指数出现了有史以来最大的单日涨幅。所谓通货膨胀无法被击败的传统观点被断然抛弃，新的智慧箴言是沃尔克的美联储赢得了战争。公众视野之外，来自境外金库和银行的资金不断涌入美国的金融市场。涵盖500只美股的宽基指数在3周内上涨了16%。10月，美联储推翻了沃尔克1979年的政策，放弃以货币供给为政策目标，转而盯住利率，并宣布以降低利率为导向。这一举措再次推高股市。从8月13日到当年年底，美股价格上涨了35%。[21]

美国股市的狂欢 —— 人们期待已久的"牛市"—— 将会前所未有地延续 17 年之久，债券市场的牛市甚至长达 30 余年。对于美国人来说，这就是投资人的黄金年代。

对于外国投资者来说，这一时机同样宝贵。1983—1986 年，美国政府公布的年度赤字平均为国民收入的 5%，相对于经济规模而言，这是二战结束以来的最高水平。虽然通货膨胀率有所下降，但政府庞大的借贷需求使利率仍保持在较高水平。高利率吸引了大量来自境外的资金，其规模之大史无前例。

境外资金维持了美国的表面繁荣，但其副作用是毁灭性的。为了在美国投资，外国投资者要在货币市场上购买美元。他们的需求推动了美元的猛烈升值：1985 年，美元兑一揽子外币的汇率比里根上任时高出了 77%。投资者在两个方面均可得利，一边享受美国股市和债市的繁荣，一边坐拥美元升值的收益。[22]

但是，美国本土制造商面临的局面就十分困窘了。过去，进口制成品在美国经济中所占比重相对较小，1980 年的总值仅相当于经济总产出的 5%，而这个数值在欧洲则超过 15%。由于美元的强势，进口产品的价格越来越低，导致 1981—1986 年美国进口商品的总值上涨了 40%，而美国出口商品的总值却在下降。随着工作岗位的减少和收入的降低，工业城镇的经济遭到严重打击。在俄亥俄州阿克伦的轮胎制造中心，超过三分之一的橡胶业工作岗位在 20 世纪 80 年代消失，该地区经济的总产值陷入停滞。学校、公园和公共图书馆也因为工厂缴纳税金的减少而年久失修。即使是保住工作的工人也不能幸免，因为他们最重要的资产，也就是他们分期贷款购买的房屋，在当地大型厂商关闭之后，价值也会大大贬损。80 年代初期，当挖掘机和推土机制造商卡特彼勒的市场被日本的小松集团大量抢占后，其在伊利诺伊州皮奥里亚的总部附近的房屋均价下降了 20%，这还没有刨除通货膨胀的影响。[23]

1984 年，罗纳德·里根的竞选团队为他的连任制作了一部令人印象深刻的电视广告。其中既没有对他的竞选对手沃尔特·蒙代尔（Walter Mondale）的严厉谴责，也没有任何能让愤世嫉俗的选民嗤之以鼻的空头承诺。相反，在一艘渔船出海的宁静场景中，一名身穿西装的男子走向一辆汽车，旁白是温和的男声："这就是美国的清晨。今天，我们国家的就业岗位数量达到了历史最高。"下一个画面中，一大家子人搬入新房，接着是一对年轻男女宣读婚姻的誓言，旁白在提醒观众：利率和通货膨胀率都下降了一半，未来充满了光明。广告最后提出一个问题："难道我们想要重回四年前的窘境吗？"——四年前正是蒙代尔在卡特政府中担任副总统的时期。

"美国清晨"这部广告片不仅帮助里根在选举中取得了压倒性胜利。同时还给人们灌输了这样一种观点：正是里根的税收政策和缩减政府支出政策带来了经济复苏，而且在未来的几年中，里根政府还会不断强化这一观点。然而，这种论断难免有些牵强。广告中强调的两大经济成就——低利率和低通货膨胀率，并非是政府的功劳，真正发挥作用的是沃尔克领导的美联储。里根减税的热情以及对巨额预算赤字的容忍，甚至可以说让利率和通货膨胀率比财政收支平衡时更高。事实上，里根在第一个任期内经济方面最大的成就是他对沃尔克的坚定支持，没有这种支持，美联储很可能迫于政治阻力而无法将美国经济从通货膨胀中解脱出来。[24]

除了对通货膨胀和利率的控制之外，里根的经济政策并无太多亮点。1982 年 8 月开始的牛市第一年，十分之一的美国工人处于失业状态。尽管经济从 1983 年开始走高，利率下降也带动了建筑业和汽车行业的复苏，但就业市场依旧低迷。相比于政府承诺的从 1981 年到 1986 年新增 1300 万个工作岗位，实际的增加数量不到 1000 万。从股市热潮开始到 1987 年 8 月，整整花了 5 年时间，失业率才回落到 6%——1973 年之前，这样的失业率代表着经济处于严重困境之中。在理查德·尼克松时代，5% 的失业率都令人难以接受，以至于阿瑟·伯恩斯不得不因之放弃对抗通胀。到了里根时代，6% 的失业率反被称赞为一项重大成就。[25]

即使对于已经加入就业队伍中的 1800 万美国人来说，在里根任期结束的 1989 年，经济也很难让人感到活力。在里根任期内，所得税率的下调让全职工人每周实得工资的中位数上升了约 5%。但是，女职工的工资涨幅与男性差别很大。在里根时期，收入恰好位于中位数的女性的购买力上升了 10%。与之形成鲜明对比的是，收入恰好位于中位数的男性的购买力完全没有上升。收入最低的人群情况最差：尽管有减税政策，1980—1989 年收入水平排在后五分之一的家庭的平均收入还是下降了约 4%。[26]

20 世纪 80 年代，很多家庭有相当大比重的财富凭空蒸发。在美国，房屋价值能占到个人资产的三分之一左右，50 个州中有 27 个州 1990 年的平均房价水平要低于 1980 年。如果已经申请了住房抵押贷款，再办信用卡或汽车贷款时，个人要支付的首次付款比重也变高了。这导致许多家庭在 1982 年经济衰退结束后的很长时间里仍然处于巨大的财务压力之下。1992 年，美联储经济学家观察到，在里根时代，一些人赚得盆满钵盈，但更多人则所获无几："人均收入和资本净值的中位数仅有小幅增长，与此同时，这两个指标的平均值却大大上涨，这意味着，从 1983 年到 1989 年，收入分配的不均等更为加剧了。"[27]

为什么里根的复兴计划对于低收入人群来说收效甚微呢？一个明显的原因就是，1982 年 8 月之后股票和债券价格的飙升增加了持有这两种资产的家庭的财富。而这类家庭往往是由年龄较大的家长主导，收入水平也远远高于一般家庭。1983 年，由 55 岁以下的成员主导的家庭中，只有五十分之一拥有债券，五分之一拥有股票——而且他们的股票绝大多数情况下不超过几千美金。只有金融市场投资者把他们的意外之财花费在可能提高汽车工人、服务员或装修工人收入的事情上时，华尔街的丰厚奖金才会流向较不富裕的家庭。供给学派之前的论断——只要金字塔顶端的高收入人群经济状况更好，自然会给低收入者带来繁荣和福利——并没有得到证实。

里根的经济学家坚持认为，允许投资者保留更多的收益，就意味着会有更多新的投资，从而促进经济现代化和生产力提升。但事实击碎了供给学派的经济学说。"我所看到的基本面状况根本算不上什么经济奇迹，"里根政府财政预算方面的负责人大卫·斯托克曼（David Stockman）在 1986 年说道，"我们的储蓄率处于近代以来的最低水平，但去年的生产率增长速度却并无显著提高。而我们的整个理论基础是，这一系列措施将带来生产率和实际收入的大幅增长。"平均而言，非农业企业的每小时产出——这一衡量生产力的重要指标在里根时期的增长速度比 1977 年前要低得多，而那时的边际税率其实更高。从历史上看，生产率的提升也会带来更高的工资和更好的生活水平。但在 20 世纪 80 年代，类似的改善也没有发生。[28]

之所以会出现这种令人失望的局面，一个原因就是社会学家格里塔·克里普纳（Greta Krippner）所说的"金融化"。按她所说，放松金融管制和高利率，让企业更倾向于把资金投入到快速扩张的信贷市场，专注于用钱赚钱。这一转变"采取的形式是非金融公司从对工厂和设备的长期投资中撤回资金，并将资源转移到金融市场之中"。早在 1983 年，这一趋势就已经受到关注，当时里根任命的工业竞争力委员会发现，金融资产的投资回报率高于制造业的资产回报率，并且在接下来的十年中差距愈加明显。[29]

这一结果从商业投资的选择中也可以看得出来。供给学派承诺投资热潮即将来临，然而大量资金被用于建设办公楼和购物中心，而不是用于制造商品和提供服务本身。实际上，1981—1989 年，对于商业设备的投资是低于 20 世纪 70 年代的。这个问题在制造业中尤为严重。里根总统任期结束时，美国工厂的平均设备年龄比他上任时高出一整年——这表明对制造业的投资远远谈不上强劲。许多陷入困境的制造商推迟安装新设备，尽管这些设备可以让他们从最新的技术创新中获利。他们放弃了购置新设备所能带来的生产力提升，工人对加薪的愿望更加遥不可期了。[30]

里根革命——总统的支持者们为里根政府经济政策所起的总称，将世界最大的经济体带向了一个新的发展方向。通货膨胀不会再被容忍。随着大政府的批评者们不断开启放松管制的新领域，市场力量在经济世界中的影响不断增大。因美元强势引发的进口热潮难以逆转，国际贸易和跨国投资保持增长，而贸易逆差不断扩大的美国将成为世界其他国家的商品市场。减税的压力始终存在。对政府赤字的担忧将继续停留在讨论的阶段，不会通过增税或大幅削减支出得到切实的解决。美国政府会大力支持社会福利——但与此同时，虽然步调缓慢却相当肯定，许多福利计划将被削减，以便为不断上涨的养老金和医疗保健费用腾出空间，对于困难家庭子女教育的扶持也不得不因此流产。

里根重新让美国人对未来充满了乐观，在经历了多年的绝望之后，这是一个值得欢迎的变化。但里根革命无法实现美国人对生活水平普遍改善的期望。对于一半以上的家庭来说，排除通胀因素后，1989 年的收入并没有超过 1981 年的水平。与此同时，雇主为工人提供的福利也在缩水。1980 年有超过 40% 的私企员工有权享受明确的养老金福利；10 年之后，仅有不到 30% 的人参加养老金计划。在同一时期，65 岁以下拥有健康保险的美国人比例下降了 5%。尽管 1982 年以后国民总收入增长强劲，但几乎所有收益都来自那些拥有企业或持有股票和债券的人。和其他几个富裕国家一样，越来越多的普通人被迫在激流中挣扎，并且担忧他们所依赖的国家是否能再让他们免于溺水。[31]

第 14 章　失落的十年

如果说 20 世纪 70 年代是富裕国家的艰苦岁月，那么被称为"第三世界"的广大贫困国家其实更加积极乐观。得益于 1973 年的一系列事件，很多"发展中国家"用了远比阿根廷经济学家劳尔·普雷维什预想的短得多的时间就步入了"发达国家"的行列。数以千万计的半文盲农民得以逃离赤贫的农村，奔赴城市开始新的生活，虽然他们要从摆摊贩卖糖果、弓着背搬砖开始打拼。但只要他们坚持，就有将草棚换成砖房，甚至安上电灯的希望。在新兴的世界工业中心圣保罗，保利斯塔大街两侧的旧式宅邸繁华不在，取而代之的是拔地而起的摩天大楼。从雅加达到开罗，这些首都城市将雄伟的林荫大道改造成了高速公路，以满足不断壮大的中产阶级的用车需求。但是第三世界仍然无法摆脱拖住了富裕国家的那股力量。后石油危机时代世界经济的最后遗产就是 20 世纪 80 年代所谓"失去的十年"，在发展中国家，数百万人的生活水平不升反降。[1]

就世界经济而言，在黄金时代，第三世界根本入不了主流的法眼。1973 年，也就是危机逐步向西欧、美国、加拿大和日本蔓延之时，第三世界人口占到了全世界的四分之三，商品和服务的产出却仅占到了三分之一。中国的人均收入只有美国的二十分之一，而推动其后几十年经济快速发展的改革开放也尚未启动。东南亚还远谈不上是全球供应链中的关键环节，经济因战争和内乱而陷入瘫痪。第三世界与世界经济的主要连接点在于原料出口，其制成品出口仅占到全世界的 7%。

第三世界在 20 世纪 70 年代的爆炸式增长是由石油美元推动的，这些石油美元曾给戈登·理查德森和阿瑟·伯恩斯等央行官员带来了极大烦恼。随着石油输出国将其快速增长的收入注入银行体系，世界各大金融中心的银行家开始为这些低息存款寻找高收益的用途。他们的母国对资金的需求非常有限：滞胀经济之下，居民对汽车贷款和住房抵押贷款的需求疲软，企业则越来越倾向于利用债券而非银行贷款融资。另一方面，来自第三世界的贷款需求却相当旺盛。

银行家们兴致高昂。所在政府也大力支持，希望这笔钱能够改善发展中国家的生活水平，进而树立起反对共产主义的壁垒。1972 年，银行和债券投资人向发展中国家提供的未偿还贷款总额仅为 170 亿美元。到 1978 年，这一数字增长至 1280 亿美元，1981 年则达到了 2090 亿美元。世界银行和发达国家的境外援助机构提供的官方贷款也大幅提升。到 1982 年，发展中国家的境外债务达到 4620 亿美元，是 1972 年的 5 倍。尽管有一小部分贷款是提供给私人的，但近五分之四都是发展中国家政府的借款。[2]

处于收入金字塔底层的那些最贫穷的国家，比如印度和塞拉利昂，并不能享受来自商业银行的贷款，因为他们的主权信贷评级无法满足商业银行的要求。这些国家只能依赖发达国家政府所支持的贷款方，比如非洲开发银行和日本境外经济合作基金。商业银行的贷款主要流向了墨西哥、巴西这样的中等收入国家，这些国家有着强大的政府规划部门——按照普雷维什的理论，由政府主导工业化进程能够加速提高社会生产率。政府规划部门被认为具有专业知识，能够对贷款用途做出最优决策。出于偿债方面的考量，部分贷款投入到了能够产生确定现金流的领域，比如国有纺织公司的新机器、国有航空公司的飞机、为新的工业园区服务的公路和配套设施等。但也有很多贷款对用途没有限制，可以用于购买军事装备、修建政府大楼或者满足借款国领导人的任何其他需要。

20 世纪 70 年代中期，欧洲、北美和日本的银行在全球范围内开展业务。为了取得竞争优势，他们争相提供优厚的贷款条件，贷款利率一降再降。长达数年的期限给了借款人从容腾挪的时间，他们大可以先大胆地使用贷款，在投资拉动经济快速增长并提高税收后，再考虑偿还问题。银行在放贷之初就会收取高额费用，以便迅速提高利润，并且每次贷款延期或转增新贷款时都会收取额外费用。这一切乍看起来非常安全：拿钱的国家外债相对较少，经济增长迅速，而且有政府为债务背书，违约风险看似得到了有效控制。正像花旗集团董事长沃尔特·里斯顿（Walter Wriston）在有人对他们在拉丁美洲和东南亚的激进贷款策略表示担忧时所说的："国家不会破产。"

银行监管机构对事态存有疑虑。美联储主席阿瑟·伯恩斯于1977年4月发声警告："目前贷款机构在审批额度时更倾向于积极，而不是审慎。商业银行和投资银行都应当加强对境外贷款的管控，更需要警惕贷款过度集中在单一国家。"银行的应对方法是聘请经济学家和政治学家组建新的风险管理部门。他们认为，更好地了解阿根廷政治或韩国央行就能够降低贷款风险。他们没有选择削减贷款。

事实是，削减贷款这件事他们承受不起。1977—1979年，美国最大的银行利润增长了50%，这主要得益于发展中国家的业务，该领域的贷款占贷款总额的六分之一以上。日本银行的国内业务利润下降，境外贷款是他们的治病良方。英国的大银行情况相仿，到了1978年，其利润有三分之一都来自境外。之前没有国际借贷经验的机构也在蠢蠢欲动：纽约、东京和伦敦的大银行划拨贷款，然后让亚特兰大、乌得勒支或米兰的银行拆分之后投到境外。世界银行和国际货币基金组织的年度联席会议——通常每年秋天在华盛顿举行——已经从技术官员的专业研讨会变成了喧闹的交际场，银行家们竞相向财政部长提供更多的贷款机会。免费的香槟、装满蟹爪和羊排的盘子，以及穿梭在人群中演奏的小提琴手，都为交易做好了准备。[3]

　　贷款在一些国家被用到了正途，但在另一些国家并非如此。关于贷款如何运用最能促进经济发展，政府官员的决策很难像普雷维什理论中显示的那样无私。这些国家多数没有有效的民主制度，由强势领导人统治，国库被当作个人的存钱罐，司法或媒体的批评皆被禁止，更不用说调查了。漂亮的经济统计数据——1973—1980 年发展中国家每年 4.6% 的强劲经济增长率——掩盖了一个事实，那就是很多境外贷款专供特权阶层享乐，而非用于提高工人的生产效率或改善农民的生产状态。也有些贷款支持的项目出发点很好，但受援国政府缺乏达成最终目标的能力，比如建造了学校却没有足够的师资，建造了诊所却缺少药品等医疗资源。

　　20 世纪 70 年代后半期，境外资金的流入使许多发展中国家免于经济紧缩。即使直接拿到贷款的是关系户，但是资金总会外溢，为司机、服务员和建筑工人等创造更多的就业机会。来自世界银行等国际组织的贷款帮助这些国家降低了婴儿死亡率，提高了识字率，普及了小学教育。1979 年，第三世界的寿命预期已达到 58 岁，比 1960 年时增加了 10 岁。城市贫民也能买得起收音机了，更富裕的家庭则添置了电视机，非洲的首都城市街道上汽车拥挤，车主被称作 *waBenzi*——这是肯尼亚人发明的新词，专指那些善于经营关系、喜欢炫耀进口德国轿车的社会精英。

　　然而好景不长，到了 20 世纪 80 年代初，甜蜜期突然终结。随着 70 年代后期通货膨胀率的飙升，伦敦和纽约的银行不再发放固定利率贷款，转而采用浮动利率制，贷款利率根据金融市场情况进行调整。1979 年 10 月之后，美联储的新货币规则持续推高利率 —— 美国财政部发行的一年期债券利率在 1978 年为 8%，到了 1981 年则飙升至 17%—— 借款人的利息支出不断上升。本国知情人士比外国银行家更能发现危险的信号，他们将大量资金换成外币，存进了迈阿密或日内瓦的银行。这些本该用于投资的资金，逃离本国之后大部分流入了富裕国家的银行 —— 正是为他们国家提供贷款的那些。结果借款国政府不断偿还本金、支付利息，却无法获得足够的经济收益。[4]

1981 年，伴随着美元的不断升值，借款国压力与日俱增。借款国需要出口更多的咖啡、小麦或棕榈油，才能赚到与以前相同数量的美元。秘鲁是最极端的案例之一，该国 1970 年出口收入中有九分之一用于偿还贷款本息。到 1981 年，这一比例上升到了接近二分之一，能够用于进口机器、发电设备和其他可能有助于经济增长的原材料的外汇少之又少。就是此时，如同沃尔克后来写道的那样："债务危机乘着加速列车驶来。"[5]

1981 年，包括中非共和国、巴基斯坦在内的八个最贫穷的国家需要推迟偿还世界银行和其他官方组织的贷款，还有三个国家 —— 玻利维亚、牙买加和苏丹 —— 无法按期偿还商业银行的贷款，不得不重新协商还款进度。此时，世界各地银行的应对方式是收紧贷款条件，并要求还款，而不是用新的贷款续接到期贷款。借款国此时无力偿还。"国际资本的组合变化和高利率，让部分发展中国家处于流动性紧缩的状态。"世界银行轻描淡写地宣布。然而，在 1982 年 8 月 12 日，形势急转直下。[6]

噩耗是一通电话传来的。墨西哥财政部长杰西斯·席尔瓦·赫尔佐格（Jesus Silva Herzog）致电美国财政部长唐纳德·里根，告诉他墨西哥无法按期在下周一偿还 3 亿美元的借款。而且，对下一年度里每月 20 亿美元的还款额，他的国家也将无力支付。美联储主席保罗·沃尔克和国际货币基金组织总裁雅克·德·拉罗西埃（Jacques de Larosière），也收到了同样的告急通知。[7]

席尔瓦·赫尔佐格对这三个人都很了解。他毕业于耶鲁大学经济学系，长期担任政府官员，多年来一直在墨西哥城从事重要的经济工作。他在 1982 年 3 月刚刚成为财政部长，就职时就已经看到危机迫在眉睫。墨西哥的主要外汇来源是国有石油公司的出口，其当年的收入远远低于去年预测的水平，与此同时累积的外债却增长到了 800 多亿美元。2 月，墨西哥比索在汇率稳定多年后急剧贬值，于是在国内市场上赚取比索的企业几乎不可能偿还以美元为主的境外债务。没过几周，墨西哥国内最大的私人公司正式宣布无力按时偿还 23 亿美元的境外贷款。6 月，根据两国间的一项长期协议，席尔瓦·赫尔佐格要求美联储提供一笔 7 亿美元的贷款。这笔钱是为了表明美国对墨西哥的支持，但它几乎不够支撑墨西哥一周的需求。沃尔克对美联储的人说："这只是装点门面的资金，用来表明国际金融市场仍与墨西哥保持着密切的联系。"席尔瓦·赫尔佐格在 8 月 12 日再次打来电话，得知银行拒绝给现有贷款延期或提供新的贷款。付款日逐步逼近。[8]

这些电话触发了一轮动荡的交涉。数百家银行向墨西哥政府提供的贷款尚未结清。而且人人皆知，墨西哥只是第一张倒下的多米诺骨牌。世界银行评论道，第三世界"发展前景不容乐观"。截至 1982 年底，拉丁美洲国家共有外国债务 3270 亿美元，其他大型经济体，比如印度尼西亚、土耳其和波兰，也欠下了数千亿美元的贷款。尽管巴西政府的官员开玩笑说，"巴西不是墨西哥"，但对于国际金融市场来说，发展中国家看起来差别并不太大。同样的借款人，几个月前还备受银行家们追捧，现在却人人避而远之。无论给出怎样的利率，他们都无法借到商业贷款，哪怕期限只有几个月；相反，银行要求他们立刻还款。延期还款是处理过度负债最为常见的方式，但对发展中国家来说，这一条路已经被堵死了，他们的财务状况捉襟见肘。截至 1982 年底，约有 40 个国家拖欠了贷款。[9]

尽管沃尔特·沃斯顿说的没错，国家不会破产，但许多国家在未来的许多年里都未能付清外债。暂停偿付外债在 19 世纪和 20 世纪 30 年代的大萧条时期都很常见。但到了 20 世纪 80 年代，各方都不愿再走上这条老路。对于借款国来说，一旦贷款违约，就意味着在经济上被迫与世界隔绝。外国投资将会停止，想要进口食品和原材料也会相当困难。如果债务人是国有企业，其他国家的法院可能会没收其在境外的资产，包括办公大楼和港口船只。国民生活水平将大幅下降，失业率也将飙升。最后，除了再次借款政府别无选择，只能与银行家们坐下来讨价还价。[10]

发展中国家的大批违约对银行来说同样难堪。还款一旦出现延迟，银行就不得不将这部分资金计入"呆账"或者"坏账"，正式确认资金的损失。美国九大银行持有的发展中国家贷款金额高达其资本金的 3 倍之多，德国的银行也在东欧各国投入了大量资金。哪怕这些贷款中只有一小部分被计入坏账，银行都将面临破产危机。为了避免这样的风险，银行在发放贷款时本该通过分散投资组合来保护自己。但即便银行监管机构要求他们保持审慎，还是有一批政府官员敦促他们扩大境外信贷，以支持外交目标。一项研究结果称："有证据表明，银行监管机构受到了政治压力，要求他们不去干涉对第三世界的贷款。"许多机构的贷款过度扩张，以至于即使只有一国出现还款危机，都会引发致命的后果。[11]

发达国家的政府也难逃劫数。很多政府通过存款保险来保护存款人的利益，如果大银行倒闭，他们就不得不动用财政收入来偿付存款。但大银行倒闭引发的潜在风险远不止于偿付存款。1982 年，世界经济尚处于脆弱之中；通货膨胀终于得到遏制，但在许多发达国家，失业率仍居高不下，经济增长停滞不前。如果银行无力向希望扩大生产的企业提供贷款，以及为打算买房、换车的家庭提供信贷，经济就很难复苏。而且，由于银行之间不断进行拆借，一家银行的倒闭很可能会拖垮其他银行，至少会削弱这些银行贷款能力。美国银监机构担心伊利诺伊州大陆银行——该国第七大银行，在多年的放任经营之后，已经濒临崩溃。可以想象，银行甚至不得不停止向长期借款人提供信贷，因为他们的每一笔可用资金都要用来处理让他们陷入困境的第三世界贷款。

全世界都陷入了僵局。每家银行都想要回贷款，有些借款人想要优先还给其中的某家。但是，如果发展中国家的政府利用其稀缺的美元来偿还某个银行的债务，即使债务可以打折，剩余的可支配资金也会减少。因此，零敲碎打地解决债务危机是不现实的。银行和借款人都无法脱身。然而，银行和借款人也都不能彻底倒下，否则，危机就可能会蔓延到西欧、北美和日本。第三世界债务危机看似成了难解的死结。

第一步是避免全线崩盘。在席尔瓦·赫尔佐格电话通知还款延期之后，国际清算银行——一家促进世界银行监管机构进行合作的瑞士组织，召集各国央行提供了一笔紧急贷款，美国财政部也筹集资金，以帮助墨西哥再应付几个星期的还款。8月20日，美联储组织来自多国的银行行长在纽约召开会议，敦促他们同意"中止"墨西哥贷款的偿付。所谓"中止"的含义，就是各家银行自愿同意墨西哥暂停还款。银行自愿做出决定这点非常重要；这意味着墨西哥没有拖延或者违约，银行也就不必计提坏账，可以继续维持稳健的表象了。紧急贷款和"中止"计划的初衷在于争取时间达成长期协议，保证墨西哥政府能够在债务下运转，且不给贷款银行造成系统性风险。[12]

1982 年的最后几个月是持续的谈判，银行家和财政大臣无休无眠，奔波于墨西哥城、华盛顿、巴塞尔、伦敦和纽约的谈判桌间。国际货币基金组织牵头办理后发现，竟然有多达 1400 家银行是墨西哥的债权人。一旦墨西哥彻底违约，里斯顿执掌的花旗银行将损失超过一半的投资，甚至有可能面临破产。另一方面，一些小银行无意于延长墨西哥的贷款期限，更不用说提供新的贷款了。他们有理由担心，国际货币基金组织和各国政府会把大银行的利益摆在首位，小银行很可能成为牺牲品。

国际货币基金组织（IMF），原本是 1944 年在布雷顿森林体系下设立的，其初衷是帮助无法对美元保持固定汇率的国家维持汇率。一旦有国家出现困难，他们的财政部长就会立即赶赴 IMF 位于美联储和财政部之间的大楼。众所周知，IMF 可以授权一国暂时调整汇率，并且为其提供贷款，用于重整本国经济。在 1973 年发达国家转向浮动汇率制之后，很多小国将本国货币盯住美元或法郎，一旦国际汇率市场的变化危及该国经济，他们就可以向 IMF 申请救助。最为严峻的一次考验发生在 1976 年，IMF 向英国出借 39 亿美元，以稳住摇摇欲坠的英镑汇率。通常 IMF 都是与财政部和中央银行打交道，重组商业贷款并非他们的常规业务。

IMF 的贷款是有代价的。在借出每一分钱之前，IMF 都会派出大队专家为该国制定经济改革计划。如果该国政府不同意 IMF 的条件，就拿不到贷款。即便同意了他们的条件，贷款也只会分批发放，一旦贷款国未能按计划推动改革，贷款就会被随时切断。尽管 IMF 的经济学家大多以非政客的技术官员自居，但它却是名副其实的政治组织，他们向贷款国提出的条件反映了美国和欧洲的观点。IMF 主席一般是欧洲人，比如雅克·德·拉罗西埃，自 1978 年起担任执行主席，在此之前是法国财政部的高级官员。来自 22 个国家的代表担任 IMF 董事，对于贷款议案有最终的决策权，但是真正能决定生死的往往是拥有最多票数的美国。在墨西哥危机发生之时，IMF 也处在资金短缺之中，而且里根政府反对拉罗西埃关于增加各国政府向 IMF 的注资的提议。[13]

11 月 16 日，拉罗西埃公布了 IMF 救助墨西哥的计划。该机构自身将会出借 39 亿美元，只要墨西哥政府答应其提出的经济改革计划：大幅降低财政赤字、减少补贴、提高税率，以及严格控制货币供给。但是其中有个小问题。拉罗西埃坚持要求，墨西哥不能将 IMF 提供的贷款用于偿付商业银行的贷款。商业银行必须同意联合向墨西哥提供一笔 50 亿美金的新贷款，否则 IMF 就不会介入救助 —— 与其说是救助，这更像是套牢。在政府的压力之下，商业银行勉强屈从，都同意为墨西哥的联合新贷款出力。里根政府转而同意增加对 IMF 的注资，为达成协议添加了保障。一切就绪之后，墨西哥争取到了一年的缓冲期 —— 监管机构对银行的保证是，至少在未来一年中，对墨西哥政府的贷款完全不必计入坏账。各国银行立即瓜分了一笔 2 亿美金的贷款手续费，给他们的财务报表锦上添花。而墨西哥在 1983 年支付的贷款利息则计入了银行的收益，虽然这笔钱本身就是银行自己借出去的。[14]

就在墨西哥的贷款协议签字盖章之时，巴西政府发出通知，他们也需要 IMF 帮助重组债务。巴西出现危机让各国金融人士大感吃惊，因为此前并没有明显的问题暴露出来。经济学家约翰·马金（John Makin）回忆道："就在 1982 年 9 月，巴西还是各国银行家眼中的香饽饽。"但是很快，事实证明巴西的问题远比墨西哥还要严重。银行很快又被套牢在巴西的债务里，联合提供了一笔为期 3 年的 49 亿美元的贷款。巴西控制通胀失败后，计划很快流产，此时银行拒绝再注入任何资金了。整个 1983 年和 1984 年，巴西都处在违约的边缘。[15]

排在巴西之后的是阿根廷，军政府给国家带来了一大堆烂摊子。与其他借款国不同，阿根廷在 20 世纪 70 年代没能实现经济繁荣，大部分借款都被用到了采购武器上，而不是用于修筑公路和管道。1974—1982 年，其国民收入仅仅增长了微不足道的 2%。通货膨胀率在一个月内就能上涨 16%。居民消费连续 3 年下降，私营经济几乎全部破产。4 月，为了转移公众对糟糕的经济形势的关注，阿根廷军政府决定出兵马尔维纳斯群岛及其他英国在南大西洋上的属地，打响了所谓的领土保卫战。战争的结果是阿根廷完败。此时，军政府的将军们突然开始淡泊名利了，急于甩开手中的大权。但是政府已经欠下了高达 380 亿美元的巨额债务，而且在战争导致的国际制裁下，阿根廷的还款已经一拖再拖。1983 年底，阿根廷只对半数的贷款有偿付能力，急需国际银行家们同意延期还款。[16]

这些大债务人中，任何一家违约，都有可能导致大批境外银行的倒闭。而且除了上述三国之外，还有很多小国面临同样严重的债务问题：秘鲁和厄瓜多尔，波兰和菲律宾，委内瑞拉和南斯拉夫。这些负债累累的国家来到 IMF，承诺进行经济改革，同时申请新的贷款。相应的，IMF 向银行施压，要求他们推迟还款期限，或者提供新的贷款。一到两年之后，这些国家又回来进行新一轮的谈判，要求新一期的贷款。商业银行对发展中国家提供的贷款在 1981 年底总额为 2320 亿美金，到了 1986 年底就变成了 4270 亿美金。鉴于银行对这些贷款收取高额的手续费，利率也高达两位数，贷款重组被视为相当有利可图的业务。

这有点像是在赌博。银行的收益看似很高，其实不过是在玩数字游戏。他们的资产负债表完全健康，尤其是在美国和日本，因为银行监管机构睁一只眼闭一只眼，默许大银行不将那些永远偿还不上的贷款计入坏账 —— 1982—1985 年，美国银行的坏账率还不到 1%。从发达国家的角度来看，他们躲过了一场金融灾难。随着 1985 年后本国经济逐渐恢复，第三世界贷款在大银行的业务份额中占比越来越小，很多小银行已经彻底摆脱了对发展中国家的债务。商业银行似乎已经远离危机的深渊。[17]

在发达国家，大银行奢华的办公室中蔓延的焦虑情绪和写在各国财政部长脸上的担忧，对于大街上人们的情绪毫无影响。系统性风险——可能将整个银行体系击垮的危机——对于公众来说没什么影响，只要银行仍然提供贷款，自动取款机中还能提出现金。

第三世界的债务危机以一种完全不同的形式传播到了富裕国家。工业城市首先受到冲击。20 世纪 70 年代末期，来自发展中国家的订单让大工厂持续盈利。但到了 80 年代，债务国的还款希望全都寄托在了赚取贸易顺差上，这是唯一能够缓解巨额外汇需求的方式。设备订单和商品进口开始枯竭，或者被当地财政部门直接锁定，方式是限制进口商兑换美元或日元。同时，在外汇市场的有利变化下，来自发展中国家的制成品开始大批量向富裕国家出口。美国受到的冲击尤其大，因为外汇市场的交易员做空发展中国家的货币，美元价值不断攀升，结果是进口商品价格越来越低，出口商品价格越来越高。根据一项测算，仅 1982 年一年，美国向拉丁美洲的出口就减少了 90 亿美元，相应减少了美国国内 25 万个制造业工作岗位。对于发达国家的工人来说，债务危机还远远不是他们所面对的最大打击，但无疑给他们已经在降低的生活标准添加了新的压力。[18]

然而，对于发展中国家的民众来说，出口的繁荣并没能驱散危机的阴霾。增加的出口和不断延期的重组贷款能够帮助这些国家免于彻底的债务违约，但是普通人只感受到了经济的紧缩。工资大幅削减，原本已经捉襟见肘的生活水平还在持续降低；原本每天消费 2 美元的人，现在要靠 1 美元度日了。仅在 1983 年，拉丁美洲和非洲的人均收入就下降了 5%，贫困率不断上升。大量烂尾的大桥和工厂表明经济发展已经趋于停滞。加之境外投资枯竭，那些终于在 70 年代经济形势较好时找到正式工作的工人，不论是扫地的还是开卡车的，都被迫重返街头 —— 或是在公园门口擦皮鞋，或是在有交通灯的路口给经停的汽车司机表演杂耍，赚上几个微不足道的小钱。一瓶干红葡萄酒就是身份的象征，因为这能说明主人有钱、有关系买到禁运的进口品。IMF 的改革措施没能让任何人感受到事情在向好的方向变化。对于 IMF 的经济学家来说，减少补贴是缩减政府赤字的一种方式，但对于穷人来说，这只意味着面包的价格又要涨了。[19]

随着经济的萎缩，新贷款用于偿还旧贷款，债务负担反而越来越重。1981 年，非洲的境外债务还不到其国民总收入的三分之一；5 年之后，境外债务就增长到国民总收入的一半。1986 年底，如有可能让拉丁美洲国家完全停止进口并且把所有出口收入都用于还款，那么他们也要用 3.5 年的时间才能还清所有贷款。反过来说，债务国的资金流出大于资金流入，缩紧投资是唯一的选择。投资的下降带来了实际的后果：将粮食从农田运输到市场的道路建设减少了，为偏远地区送电的输电线路减少了，教育下一代的新学校的修建也减少了。[20]

虽然曾被认为是通向经济增长的要诀之一，这次的通货紧缩却是一个彻底的失败选择，况且这次失败导致了舆论环境的变化。1985 年，发达国家的官员们开始提议将管理债务危机的职责从 IMF 剥离，毕竟他们的主业是用短期贷款解决货币危机。他们建议由世界银行接管该项工作，因为它本来就是为了支持贫穷国家的经济发展而设立的。1985 年 10 月，新任美国财政部长詹姆斯·贝克（James Baker）提出了一项替代性的解决方案，称之为"持续发展计划"。贝克的观点正是拉美和非洲本国的经济学家 3 年来一直呼吁的：发展中国家解决债务问题的唯一途径就是发展经济。尽管细节还没有敲定，贝克建议世界银行和各国商业银行向 15 个情况最严峻的国家提供更多贷款，条件是他们采取"全面的宏观政策和结构性改革以促进经济增长"。[21]

贝克的计划无疾而终 —— 大银行最不愿意接受的就是借钱给本来已经陷入困境的国家，但是他的演讲引发了一场大讨论，思路和里根政府一直以来的意识形态倾向一致。按照他们的观点，引发债务危机的不是银行不谨慎的贷款，不是大宗商品价格的下跌，也不是 1979 年后利率的节节攀升，而是借款国自身的行为。华盛顿现在声称，这些国家的政府机构过于庞大臃肿，对市场的干预过多，扼杀了私人经济的创新，经济繁荣也因此被扼杀。大政府是问题的核心，小政府是解决的方案。贝克给"经济增长"开出的药方和里根政府为美国所做的相仿：减少政府开支，降低边际税率，推动自由贸易，接受境外投资，以及私有化。

在一个饱受债务问题困扰的世界里，贝克的观点受众很广。

IMF 和世界银行宣扬的自由市场政策，似乎有希望给债务国带来长久期盼的经济增长，扭转他们长期以来过度的政府指导和计划投资的观念。债务国中很多人都得出了同一结论，那就是劳尔·普雷维什长期以来倡导的国家推动工业化加上进口壁垒的组合在发展经济方面已经失败了。专家一致认为，被称为"华盛顿共识"的市场占主导地位的新观念能够帮助发展中国家摆脱债务危机。[22]

然而这些专家的想法已被发达国家中关于政府职责的意识形态之战所左右，并没有意识到发展中国家的经济问题更多是源于大量的偷税漏税和政府的无能，而非税率过高或政府介入过多。如果私有化只是把国家垄断企业变成私人垄断企业，这对经济发展来说没有一点意义；如果打开国门后，境外投资者要不断与索贿成风的腐败官员周旋，开放本身也起不到什么效果。在识字率低到惊人，以致工人的生产效率难以提升的国家，仅是撤回政府对市场干预，并不能让教育部门给更多付不起私立学校学费的儿童提供受教育的机会。这些问题都被"华盛顿共识"的拥趸忽视掉了，结果就是，发展中国家的经济增长再次背上了沉重的负担。

在克服债务危机的挑战中，只有一个国家脱颖而出，那就是韩国。1985 年底，韩国的境外债务总额接近 47 亿美金，考虑到它的经济规模，韩国深陷债务泥沼的程度比墨西哥还要深。韩国人直截了当地拒绝了来自华盛顿的建议。自由市场并不合理。五年发展计划设计好了哪些产业将要崛起，哪些产业将被淘汰。政府决定了哪些公司有权向国家银行借款。进口壁垒保护国家认为关键的行业。政府严格限制汽车销售，有计划地提高其他商品的价格，引导韩国家庭增加储蓄——这些储蓄将被用于商业贷款，支持本国投资，让本国逐渐摆脱对境外资金的依赖。和供给学派的主张恰恰相反，韩国人提高税收以保障财政预算盈余，而且不断利用税收和支出的政策工具对经济表现进行"微调"。放松管制、私有化，以及对外开放，都不在他们的政治宣传口号之中。相反，政府把大量资金和精力投入到了改善教育环境上。尽管韩国人没有遵从西方世界的新古典经济学智慧，他们强劲的经济表现却有目共睹，在由军事独裁政府向喧闹的民主选举过渡的过程中，境外债务问题已经得到了解决。[23]

只有少数一些小国或者地区——新加坡、台湾、香港——能够模仿韩国的经济发展模式，核心就是引导本地居民推迟消费，将收入的三分之一以上用于储蓄。几乎所有其他的债务国整个 80 年代都在拖延，寄希望于华盛顿的自由市场计划结出胜利的果实。1987 年，那些已经连续 5 年继续给债务国贷款的商业银行，终于不得不开始将第三世界的债务计入坏账。即便已经对部分债务进行了豁免，"国际债务危机在延续了 7 年之后，仍完全没有好转的迹象"。佩德罗·巴勃罗·库琴斯基（Pedro Pablo Kuczynski），世界银行的经济学家以及秘鲁的内阁大臣在 1988 年写道。大部分债务国的生产率增长都十分缓慢，就业机会也相当有限。

他们的经济困境带来了严重的政治后果。债务国的军事独裁者无法在经济建设上交出满意的答卷，逐渐被驱逐出了权力中心，墨西哥的集权政府不得不接受选举的结果。然而这些新当选的民主政府在经济领域并没做出比他们的专制前任更好的成绩。根据经济学家安格斯·麦迪森的测算，要等到 1997 年，墨西哥的人均生活水平才能恢复到 1982 年债务危机开始前的水平。对于菲律宾人来说，这个时限要到 2002 年，秘鲁人则要等到 2005年。无论是穷国还是富国，在经济危机结束后的相当长时间，都未能再现生活水平稳定提高的繁荣景象。[24]

第 15 章　新世界的曙光

　　1973 年开始的经济衰退，持续的时间比任何人预计的都要长。到了 20 世纪 70 年代后半期，人们开始意识到，造成经济问题的原因在于世界各国的生产率增长速度都在下降。简单来说，结果就是工人创造财富的速度没有过去快了，能够分享的经济收益自然也就减少了。

　　经济学家有很多衡量生产率的标准，其中最广为应用的就是劳动生产率，即每个劳动力在一小时内的产出数量。1959—1973 年，12 个最富裕国家的劳动生产率的平均年化增长速度高达 4.6%，创造了足以提高全社会生活水平的财富，为福利国家的建设提供了物质基础。1974 年石油危机发生之后，生产率增速开始滑坡。在接下来的四分之一个世纪，上述 12 个国家的平均劳动生产率增速仅有 2%，比黄金时代下降了一半。日本的生产率平均增速从 8.5% 跌落到了 3%，瑞典则从 4.6% 下降到了 1.2%。同样的情况也出现在发展中国家。除了少数几个例外（智利、马耳他和韩国），全世界的经济体都未能幸免。[1]

其他的生产率衡量标准将更多因素纳入了考量，其中包括工人技艺水平提高、先进生产设备的配置、生产技术改良等提高资源利用效率的情况。但即便用这样的眼光来看，发达国家在20世纪七八十年代的生产率增速还是远远低于之前。分析美国的数据，我们可以得出令人震惊的结论。在1960年至1973年的13年间，美国的多重要素生产率——一种综合考虑劳动生产率、资本生产率和技术进步的标准——增长了34%。而在1973年至1986年的13年间，该指标仅仅增长了7%，前后对比惊人。没有效率的提高，企业收益的增长自然微乎其微。

生产率增长的萎靡导致工资降低和经济的普遍不景气，其因果联系是很好理解的。但是生产率的增速为什么会下降，以及如何才能改善这种状态，却没有明显的答案。

相关的理论层出不穷。20世纪50年代，劳动力从低生产率的农业向高生产率的工业转移，大大促进了生产率的整体增长，但在70年代这一红利已不再突出，因为留在农业中的劳动人口已经不多了。另一种解释是，50年代生育高峰后，在70年代新加入劳动力队伍的年轻人尚不具备熟练的技能；随着时间推移，年轻工人的能力提升，也许生产率也会同步改善。又或者，由于存在大量年轻、低薪的劳动力供给，企业对于投资于节省劳动力的技术的兴趣减弱了。不断上升的油价也有可能是罪魁祸首，因为生产率提升得最快的几大产业都受到了油价冲击，比如化工业和纺织业。如果企业适应了新的能源价格格局，安装更加节能的生产设备，生产率增长或许就会恢复。[3]

随之而来的还有商业利润率的全球性衰减。20 世纪 60 年代，加拿大、英国、美国以及联邦德国都出现了利润率的连续下降，尤其是在制造行业。日本公司也重蹈覆辙，主要原因是 60 年代投资造成的成本负担越来越重。法国的商业利润率在 1973 年后也有大幅下滑。由于利润的降低，以及工人对于商业利润的分配要求越来越高，企业能够用于技术投资的资金更加短缺了。企业使用旧设备的时间越长，生产率的提升速度越慢。

让事情雪上加霜的是，关于环保的生产标准越来越多。在战前，干净的水源和清洁的空气不是人们优先考虑的东西。政府几乎完全不约束污染排放，如果工厂或发电站受到了附近居民的反对，企业往往只需将烟囱建得更高、把排水管修得更长，把污染送到更远的地方就能缓解本地矛盾。很多国家在 60 年代末 70 年代初出台了一系列的环保法案，终结了惯常的做法，要求新工厂必须限制排污，已经建成的工厂也要遵循。随着时间的推移，这些环保政策减少了环境污染带来的疾病、不便和财产破坏，用生产率和国民收入的统计数据衡量不了的方式改善了人们的生活水平。原本可以用来提高生产率的商业资本，花在了安装电厂洗涤器和污水过滤系统上。排除通胀因素后，1972—1978 年美国私人企业的环保支出翻了一番。在随后针对环保新规的政治拉锯战中，经济学家关于谨慎制定环保标准、减轻经济损失的意见基本上被完全忽视了。[4]

生产率增长的放缓不仅体现在工业领域，农业和服务业也未能幸免。发达国家的农业产出在 20 世纪 60 年代迅速提高。在大量购买化肥、杀虫剂和杂交种子的情况下，小麦和大豆的平均亩产量每年都能提高约 2%。到了 70 年代，亩产的增速明显下降了，80 年代中则几乎没有增长。那些曾经让法国的甜菜种植和加拿大小麦农场欣欣向荣的技术进步已经无法重现了。与此同时，服务业却在蓬勃发展，因为消费者已经购置了车辆、家具和各式电器，收入可以更多地用于购买服务而非商品了。不同于工厂，美甲沙龙、律师事务所和旅行社不能通过安装新的生产设备来提高生产率。一种解释是，随着越来越多的劳动力涌入服务业，整个经济的平均劳动生产率增速也就不可避免地减缓了。[5]

然而上述解释均不足以说明为什么经济形态和经济政策千差万别的国家都遭遇了生产率增速下降的瓶颈。学者们越是深入挖掘数据，就越是困惑。这些数据没有显示的是，世界经济已经进入了新的发展阶段，各国可以探索完全不同的发展道路。

基思·约瑟夫爵士，议员，衣着考究的商业主管，引导撒切尔夫人走上自由市场道路的男人，以言辞犀利闻名于世。他是在 1974 年 6 月的保守党会议上得到这个名声的。不到 4 个月前，因为经济的严重下滑，哈罗德·威尔逊领导的工党在大选中击败保守党，赢得险胜。工党的少数派政府并不稳定，重新投票似乎不可避免。大多数政客在这种场合下，都会抓住机会攻击对手，争取观望中的选民，为大选造势。约瑟夫却出人意表，他不仅批评了对手的过失，同时也对保守党自身的问题进行了反省。"30
年间，我们始终致力于推动增长，"他断言，"增长固然可喜，但
事实是，我们无法知道如何才能加快增长的速度。"[6]

约瑟夫爵士揭示了一个令人不安的事实：导致黄金时代终结
的那股力量，我们没有明确的办法与之对抗。发达国家不再像曾
经那样蓬勃发展了，这一点无可争辩。贯穿整个 70 年代，几乎所
有发达国家惯常使用的政策工具 —— 调整短期利率、增减政府支
出、提供补贴或减少税收 —— 都没能成功地控制通胀、创造就业，
或者提高生活水平。通货膨胀在 80 年代终于得到了遏制，但失业
率始终高居不下，收入增速也大大下降。排除通胀因素，1973 年
以后发达国家的人均收入增长速度还不到之前的一半。而日本在
强势政府的推动下指导制造业向境外出售成品，同时在国内实
施进口保护，在发达国家中一枝独秀 —— 但是到了 90 年代早期，
工厂生产能力过剩，零售业和服务业发展严重不足，日本进入了
长达 20 年的滞胀时期，甚至比西欧和北美所经历的更为严重。[7]

1966 年，肯尼迪总统的高级顾问、美国经济学家沃尔特·海
勒（Walter Heller）曾宣称"新经济学"可以保证充分就业、低
通胀率和稳定的经济增长。时间过去了还不到 10 年，他的理论
看起来就很可笑了。联邦德国财政部长卡尔·席勒倍加推崇的
"魔法四方" —— 保持经济各方面均衡的理想状态，已经完全脱
离了实际 —— 不仅在联邦德国，而是在所有地方。无论政府和
中央银行做了多大的努力，削减或提高福利，严守货币规则或每

月调一次利率，降低最高税率或维持税收稳定，就是没办法再次让人们相信今天的生活很好，而且明天会更好。1991 年，爱丽丝·里夫林（Alice Rivlin），吉米·卡特担任总统期间的国会预算办公室主任，在接受采访时说道："几乎不可能确知，如果过去采取哪一种经济措施会得到更好的结果。批评过去很容易，但即便是后见之明，也很难说清正确的做法应该是什么。"这一说法几乎在全世界都适用。[8]

没有政客愿意承认，但真相就是，没有什么措施能够帮助世界经济恢复繁荣。政策性工具往往能够起到短期效果：税收返还和下调利率能够迅速给衰颓的经济注入活力。同样，放松银行贷款也能掀起消费热潮，给人们带来一时欢悦，正如发展中国家在20 世纪七八十年代所经历的那样。

但是，经济刺激的作用终将消退，经济的长期增长与高生产率密切相关。在所有的发达国家，20 世纪 70 年代后期生产率的增速都明显下降，原因与经济政策关系不大。战后初期那种劳动力向高生产率行业大批转移的条件无法复制：农民和佃农早已搬到城市定居，妇女加入劳动队伍的大潮也已终止。有些公共领域的支出能够直接带来生产率的提高，比如修建高速公路和现代港口，但是该建的大多已经建成。尽管现在进入劳动力市场的年轻人比他们的父辈接受过更多的教育，但是平均受教育年限快速增长的年代也已经过去，发达国家几乎扫除了文盲。未来的福祉和进步更多依赖于创新和新技术的应用。

在鼓励创新方面，政府不仅仅是普通的旁观者。科研资金提高了创新的可能。教育和移民政策让更多的科技人才投入到拓展知识边界的工作中。激励竞争的政策让创业企业更有发展的空间，也促进了新设备、新软件和新观念的传播。但是，创新能够在多大程度上对生产率产生影响，是政府无法控制的。将一个新发明应用到商业或服务中，可能要花费数年的尝试，经历多次失败。比如，移动电话在 20 世纪 90 年代才逐渐普及，但很多相关的核心技术早在 20 年前就已经存在了。有一些创新，只能在互补性的发明出现之后，才能发挥经济上的效用。彩色电视机最早在 20 世纪 50 年代就在美国销售了，但是问津者寥寥，直到十年之后色彩编程得到了广泛运用。即便是成熟的技术，也需要时间才能慢慢普及 —— 高效锅炉只有在旧锅炉被替换后才能提高能源的效率。[9]

生产率增长和科技创新的循环周期似乎都很长。以美国为例，科技对经济的影响在 20 世纪初期很小，20 世纪 20 年代到 1973 年之间则很强劲，1973—1995 年联系减弱，1995—2003 年较强，此后又开始变弱。在触发某项具有商业价值的产品或服务之前，昂贵的研究可能要在零收益的状态下进行数年。微处理器的发明就是如此，1971 年 11 月问世之后，这一小片硅在 20 年间没对生产率的提高起到促进作用，直到经理人开始思考如何将产品强大又廉价的计算能力付诸应用，从而重塑商业模式。经历多年酝酿，某项技术的突然出现很可能带来难以预料的生产率

激增。电信成本在 20 世纪 70 年代就已开始大幅下降，但是直
到 90 年代末期互联网的商业化，发达国家生产率才实现全面飙
升——这种增长的态势不到十年就又中止了。[10]

二战后世界经济处在周期的上升阶段，经历了近四个之一个
世纪的生产率强劲增长。此后的发展就有些乏善可陈了。有些发
达国家似乎找到了对抗全球趋势的公式——法国和意大利在 70
年代后期，日本在 80 年代后半叶——但是他们的经济仅在生产
率增长衰退前有过短暂的复苏，此后就是就业机会减少，生活水
平提高缓慢。这些年的科技创新也有很多，但对经济的贡献相
对有限。正如经济学家罗伯特·戈登指出的那样："自 1970 年以
来，生产率进步的领域似乎越来越窄，总是集中在与娱乐、通
信和信息处理等相关的人类活动上。对于人类所关心的其他方
面——食物、住所、交通、健康，以及工作环境——改进的步
伐明显减慢。"戈登的研究仅关注美国，但他的结论在几乎所有
发达国家都适用。[11]

不同于 20 世纪五六十年代那些可以造福大众的新发明，20
世纪最后 20 年的发明创造带来了严重的副作用。巨型工业园区
越来越庞大，但此时已经没有必要把数千工人安排在一处了。庞
大的规模不可避免地导致军事化管理，而且还要面临为数千名员
工提供餐饮和住宿的麻烦。随着通信和交通便利性的提升，电脑
技术的进步能够迅速传递信息，将大生产单元分割成零散单位也
成为可能，每个部分将根据不同地区在劳动力供给、交通、政策

等方面的优势进行选址布局，也可以将一些工作外包给其他公司。无论是生产汽车还是审批贷款，工作都可以在更广阔的领域内进行分配。研发部门设在工程师和科学家密集的城市，而流水线工作——比如屠宰肉牛或将航空公司的数据从纸质机票转入电子系统中——都被转移到了工资和租金更加低廉的小城镇。

这种区域分工背后的经济逻辑很容易理解。但这种变化往往会带来伤害。工厂搬迁后，工人发现数年来积累的经验在其他行业派不上用场，于是只能接受低薪工作或者干脆失业。失去支柱产业的地区，经济收入和税收锐减，支持公共服务和设施的资金来源枯竭，这又让该地陷入了衰退的循环。进行业务重组的企业发现，最大限度地利用新技术也绝非易事。很多公司高管都是付出了巨大代价才学到这一课的。周五在俄亥俄州关闭一家工厂，下周一在亚拉巴马州重开一家，绝对会遇到无数麻烦，不论新计算机、通信设备和交通线路多么有用，想要进行无缝衔接是不可能的。

到了 20 世纪 80 年代，产业转移打破了国家的界限，后来所谓的全球化就此揭开序幕。确实，20 世纪 50 年代以来曾有过一些跨国供给协议，那是欧洲六国全力打破钢铁和煤炭贸易壁垒时的尝试。60 年代，美国和加拿大之间签订了贸易协议，使得在一国生产汽车部件、另一国组装整车成为可能，少数的日本电子企业在香港招工，以解决本土劳动力成本过高的问题。但是，仅在多式联运和廉价通信充分发展之后，生产商和零售商跨越大洋布局生产线和供应链、金融及航空企业将数据业务外包到国外才成为可能。很多问题得到了解决。全球化的发展是存在学习曲线的，而探索试错则意味着生产效率的损失。[12]

全球化最大的受益者就是东亚迅猛发展的"老虎"经济。在20世纪90年代和21世纪初，他们似乎摆脱了困扰欧洲、北美和日本的生产率放缓问题，但他们也将发现，增长的势头无法永葆。在经历了50年的爆炸性增长，人均收入达到与意大利和西班牙相当的水平之后，韩国和台湾的生产率增长在21世纪初急剧减缓。从1978年开始，中国经济改革开放，新增投资创造了数亿个新的就业岗位，带动了大量农民向城市高生产率产业迁移，但经过36年的繁荣，中国的生产力奇迹在2012年趋于平淡。[13]

在20世纪七八十年代，企业在面临日新月异的技术革新以及全球化的首次悸动的同时，还要应付艰难的经济环境——通货膨胀率和利率都很高，汇率和能源价格波动剧烈，利润率远低于过去的水平。对企业经理人来说，风险无处不在，他们的应对措施是推迟回报不确定的长期投资。在发达国家中，曾经在1960—1973年以平均每年5.6%的速度增长的商业投资，在接下来的20年中增长速度还不到每年4%。投资增长缓慢的结果是，钢厂继续使用陈旧的高炉，保险公司用高速打印机打出各式表格，再由书记员整理好收在档案柜中，而不是直接使用电脑归档。技术创新往往通过新的设备和工具融入商业世界。1973年之后的几十年中，企业在每个技术拐点都推迟对新设备的投资，所以工人生产率的提升速度还不到之前几十年中的一半。而人们不再感受到生活在变好也就可以理解了。[14]

在发生这种情况的每个国家，生产率的下降使得家庭收入停滞不前，或者以几年前尚无法接受的缓慢速度增长。这是新常态，是一种令人不快的趋势，无论是自由市场的无形之手还是政府的强硬手腕都无力改变。对于普通家庭来说，收入增长放缓就意味着生活水平的提高放缓。当然，家庭规模有缩小的趋势，所以人均收入比以往有所提升，而且每个人都能从普世的物质进步中受益：智能手机和家用电脑随处可见；高清晰度的宽屏彩电取代了盒子一样的老式电视；曾经无法治愈的疾病现在能通过先进的设备进行诊断和治疗。然而，疲软的经济增长削弱了福利国家的财政能力，失业救济金不再那么慷慨，养老金被完全冻结或取消，学费也开始上涨。平息人们怒火的一种方法是放松信贷，好让不再负担得起奢侈品的人们可以借钱消费。在美国和欧洲，这种尝试在 2008 年以失败告终。[15]

在大多数情况下，富裕国家本就不多的收入增长被少数人据为己有。收入不平等之所以加剧，一方面是因为技术更新对于某些领域的工人更为有利；另一方面在于资本可以在世界各地流动以寻求更高回报，而劳动力则不可避免地与特定职业和特定地区捆绑。然而，经济运行的规律如此强大，那些对资本主义深有疑虑的政府也难以对其进行调节。西班牙和日本政府出手干预，确保有正规工作的全职工人的工资能够上涨，但这掩盖了一个事实：大量工人的工作既不正规，也不是全职，他们只能靠短期合同和临时工作糊口，面对父辈从未经历过的不安全感。

随着各国生产率增长的放缓，普通公众的愤怒情绪日积月累。因为政府没能实现它所承诺的繁荣，最终这种愤怒通过令人不安的方式表现了出来：仇视移民，认为是他们导致了工作的稀缺；强烈反对税收，哪怕是用于维修道路和公共设施；无情批判曾经引以为豪的公共服务，比如学校和健康计划。更严重的是，生活水平难以改善，大量对实现不满的选民转而支持与主流观念相左的极端政治派系，比如：支持魁北克和加泰罗尼亚独立的政党；法国、匈牙利和英国的极端民族主义运动；还有富有的非政治人士，比如美国计算机巨头罗斯·佩罗（Ross Perot），他在1992 年总统大选中赢得了近五分之一的民众选票，以及媒体大亨西尔维奥·贝卢斯科尼（Silvio Berlusconi），他统治着意大利的报纸和电视业，连续 9 年担任意大利总理。20 世纪 70 年代热议的"不可治理性"在 21 世纪重新成为焦点，因为政客们在描绘美好未来时需要依靠它来提高观点的可信度。

1973 年之后世界经济形势的变化很容易被解读成战后社会契约的失序。例如，德国社会学家沃尔夫冈·施特里克（Wolfgang Streeck）将 20 世纪最后几十年称为"晚期资本主义危机"，认为它是"资本主义与民主之间固有矛盾的展开——一场二战后包办婚姻的逐渐瓦解"。但是对于日本、北美和西欧经济信心的普遍丧失反映了一个全然不同的问题：制定能够应对人口变化和技术创新的社会契约具有巨大难度。[16]

那些在第二次世界大战后带来和平与繁荣的制度安排,往往被总结为限制资本的力量以造福劳工。这只是故事的一面,而非全部。资本与劳工的相互妥协对双方都有好处。即便是当时最狂热的反资本主义者也明白,只有雇主提供稳定的工作机会并提高工资,才能使社会福利得以维系。而市场竞争让雇主难以兑现承诺,因为兑现它们会降低利润,甚至让企业破产。因此,战后的社会契约必须对整个经济体内的市场竞争做出限制——在某些行业进行国家垄断;对企业的营业时间、地点、资质和价格进行严格监管;通过信贷管控、进口限制和投资壁垒赋予政府对市场强大的调控能力。限制竞争让企业能够获得足够的利润,以保障工资稳步增长,并实现终身雇用。

这种安排让很多人得到了实惠——但这仅维持了一段时间。在 20 世纪 80 年代成年的年轻人未能参与战后社会契约的制定,却在承担着相应的社会代价。在许多国家,这些年轻人找不到工作,因为早些时候的立法让工作成了铁饭碗,企业不愿意再雇用他们可能永远无法解雇的工人。由于大量工人有资格在 62 岁甚至更早退休,美国和英国的企业养老金计划很难执行,最终干脆完全不对新员工开放。出生于 20 世纪 20 年代的低收入美国夫妇,他们在工作期间向社会保障退休计划缴纳的税款能够获得平均 5.3% 的年回报率。但他们出生于 1965 年的孙辈,则只能得到不到 3.3% 的平均年回报率。事实证明,之前缔结的社会契约是强制孙辈给祖辈送礼物。孙辈对此热情不高自然不足为奇。[17]

黄金时代是一个非凡的时代，赶上黄金时代的一代人拥有绝佳的机会。但正如经济学家约翰·费尔纳德（John Fernald）在研究美国生产率数据后观察到的那样："这种增长异乎寻常。"这在世界上其他所有国家同样适用。经济奇迹确实存在，但在大多数时间和大多数地点，经济增长都是缓慢的，生活水平在周期中逐渐提高，有突然爆发的经济高点，也有工人流落街头的经济衰退。无论是市场导向的经济政策，比如玛格丽特·撒切尔和罗纳德·里根所支持的主张，还是国家主义改革，比如弗朗索瓦·密特朗所采取的措施，都被证明无法改造现实。在日本和韩国，大规模的国家指导投资带来了爆炸式的经济增长并让生活水平迅速提高，一度成为世界各地人们钦佩的对象——但这也只在很短的一段时间内有效。这些经济体最终也滑落了高速增长的轨道，他们的政治领导人无法持续创造奇迹。[18]

就像18世纪的科学家试图用瓶子来捕获电力一样，他们的现代接班人也想任意捕获和分配经济活力。事实是，加速经济增长和维持繁荣的力量并不能简单地通过开关来启动，也很难由颁布某法案直接触发。黄金时代的开始毫无征兆，终结也突如其来。虽然某个政府行为或某项技术创新可能给整整一代人生活水平的提高做出贡献，但是两者间的联系在当时往往并不明晰——而且，不同时间或不同情况下的类似政策或创新可能根本无法产生同样深远的影响。

事实上，为了促进经济长期增长而出台的政策，有可能会得到与预期截然相反的效果。20 世纪 70 年代的结构性改革就是例证，此政策将公共和私人资源引入陷入困境的夕阳行业，比如造船业和炼钢业，而不是帮助工人在新经济形势下做更好的准备。降低对资本的征税、削弱工会、限制企业兼并、鼓励或阻挠成立大型银行 —— 这些措施在某个时间点可能会提高经济效率，但在另一时间点则可能带来负面效果。明智的、经过深思熟虑的措施将推动经济走上高速增长的轨道 —— 这种希望恒久不变，但并没有放之四海而皆准的规律可循。在对 80 段经济高速增长的时期进行研究后，3 名哈佛大学的经济学家得出结论：这些时段并没有什么突出的共同之处。"有很多经济高速增长期与政治变革或经济改革并没有关联，"他们写道，"而且大多数经济改革都不会带来经济的快速增长。"[19]

20 世纪 70 年代的经济危机，其后果将在接下来的几十年里持续产生影响。房地产泡沫在 90 年代给日本家庭的经济状况造成了毁灭性打击；1980—1994 年有成百上千家美国银行倒闭；2008 年次贷危机在欧洲和美国引发了残酷的高失业率，甚至影响到了欧盟的生死存亡 —— 所有这些都可以追溯到相应的政治举措，这些措施的目的恰恰在于让经济增长快于生产率进步所允许的水平。美国经济学家保罗·萨缪尔森说得很好："20 世纪 50 年代到 70 年代初是经济发展的黄金时期。它超越了任何合理的预期。我们短时间内不会再看到相似的情况了。"[20]

致　谢

　　这本书以我个人的经历开始。1973 年石油危机时我正在联邦德国读书，我经历了周日无车的狂欢，也目睹了暴躁的司机排队抢购汽油的情景。在那个年代，联邦德国的工作岗位远远多于可供雇用的工人，所以我的许多同学并不特别迫切地想要参加工作。作为学生，学费免费，住房便宜，所以有传言说政府打算限制学生最多能够注册的学期数——这也是学生抗议爆发的一个显而易见的原因。在大多数同学的想象中，未来只有一种可能，那就是在经济奇迹中幸福地生活。然而，他们被粗暴地唤醒了。

　　20 世纪 70 年代被重新解读为经济史上的一个关键时期，这引发了全世界范围内的大量研究。然而，这些研究大多从国内政治的角度出发，而对其背后更宏大力量视而不见，他们所认为的政治家和政府官员对事件的影响力，要远远大于真实情况。本书主要关注危机中超越国界的方面，试图纠正这种误解。书写历史是一项挑战：在某地耳熟能详的名字在别处往往鲜为人知；不同国家的经济政策和表现，在细节上不免天差地别；哪怕是最投入的读者，面对大量的统计数字也会兴味索然；针对汇率和银行监管的国际谈判，各种细枝末节令人心烦意乱。然而，如若缺乏国际视野，我们对重要的历史事件的理解就是肤浅的或不完整的。

在此，我要感谢国际清算银行、英格兰银行、科布伦茨联邦档案馆、加拿大图书馆和档案馆以及美国国会图书馆的档案员和图书管理员，感谢他们对我的研究提供的帮助，也感谢许多人多年来抽出时间与我讨论这个故事的方方面面，或对本书的部分内容提出意见。或许名单会有遗漏，在此我要特别感谢 Ralf Ahrens、Richard Baldwin、Alex Brummer、Bill Cassidy、Martin Chick、Peter Cooke、Charles Freeland、Charles Goodhart、John Heimann、Louis Hyman、Doug Irwin、Torsten Kathke、Henry Kaufman、David Lascelles、Danièle Nouy、Julia K. Ott、Arturo Porzecanski、Brian Quinn、Richard Sylla、Stig Tenold、Laurent Warlouzet 和 William R. White。美国历史协会、商业史会议、波茨坦当代史中心、对外关系委员会、德国历史学院和敬政小保中心（Keizei Koho Center）都为我提供了宣讲写作中的作品的机会，在此过程中我收到了很多有益的意见。也感谢我的代理人泰德-温斯坦，感谢他坚定不移的指导。对于事实或解释错误，责任由我一人承担。

注 释

引 言

1. 对于无车星期天的评价，参见：Duco Hellema, Cees Wiebes, and Toby Witte, *The Netherlands and the Oil Crisis: Business as Usual,* trans. MurrayPearson (Amsterdam: Amsterdam University Press, 2004), 107–108。相关影像资料有 www.youtube.com/watch?v=iyJbg-4NKZs, viewed June 30, 2013。朱莉安娜王后很快就把凯迪拉克换成了更省油、更不显眼的福特格格林纳达，参见："Royal Family in Firing Line on Spending Cuts," *NRC Handelsblad,* September 21, 2009, http://vorige.nrc.nl/article2365311.ece。

2. 战争在 10 月 6 日开始。关于对荷兰的禁运，参见：Hellema et al., *The Netherlands and the Oil Crisis,* 53; Paul Kemzis, "Europeans Move to Conserve Oil," *New York Times,* November 7, 1973; Terry Robards, "Oil-Short Europe Is Facing Hardest Winter Since War," *New York Times,* December11, 1973; "Wen ich nich kenne, der kriegt nichts," *Der Spiegel,* November 26, 1973。

3. Richard Halloran, "Japan Is Stunned by Arab Oil Cuts," *New York Times,* October19, 1973; "Japan to Slash Supplies of Oil to Industry in Crisis Program," *New York Times,* November 9, 1973; Fox Butterfield, "Aide Says Curb May Cut Gain of Economy," *New York Times,* November 12, 1973; Fox Butterfield, "Japan to Ration Fuel andPower," *New York Times,* November 16, 1973.

4. M. A. Adelman, "The First Oil Price Explosion, 1971–1974," MIT-CEPR working paper 90–013, May 1990.

5. Angus Maddison, *The World Economy: Historical Statistics* (Paris: OECD, 2003), 260–263.

6. Julius Shiskin, "Long-Term Economic Growth: A Statistical Compendium," *Business Cycle Developments* 66–10 (October 1966): 71.

7. 关于 1973 年作为分界点的计量经济分析，参见：Michael Bruno and Jeffrey D. Sachs, Economics of Worldwide Stagflation (Cambridge, MA: Harvard University Press,1985), chap. 12; Maddison, The World Economy, 237。

8. 衰退日期由美国国家经济研究局提供。1873—1997 年，美国生产工人的平均报酬以每年 0.24% 的速度增长，参见：Samuel H. Williamson, "Annualized Growth Rate and Graphs of Various Historical Economic Series," MeasuringWorth, at www.measuring worth.com/growth, viewed November 20, 2015。

9. Edmund Phelps, *Mass Flourishing: How Grassroots Innovation Created Jobs, Challenge,and Change* (Princeton, NJ: Princeton University Press, 2013). 菲尔普斯断言，创新在欧洲和美国都在下降。

10. Paul M. Romer, "Mathiness in the Theory of Economic Growth," *American Economic Review* 105 (2015): 89–93. 对于经济增长来源的相关争论，一般性的探讨参见：David Warsh, *Knowledge and the Wealth of Nations* (New York: Norton, 2006)。

11. George F. Will, "Defining Economic Failure Down," *Washington Post,* February 5, 2015.

12. Paul M. Romer, "Crazy Explanations for the Productivity Slowdown," in Stanley Fischer, ed., *NBER Macroeconomics Annual 1987, Vol. 2* (Cambridge, MA, 1987), 163–210; Dale W. Jorgenson, "Productivity and Postwar U.S. Economic Growth," *Journal of Economic Perspectives* 2 (Fall 1988): 23–41; Steven Englander and Axel Mittelstadt, "Total Factor Productivity: Macroeconomic and Structural Aspect of the Slowdown," OECD *Economic Studies* 10 (Spring 1988): 28; Zvi Griliches, "Productivity Puzzles and R&D: Another Nonexplanation," *Journal of Economic Perspectives* 2 (Fall 1988): 19.

13. Jefferson Cowie, *Stayin' Alive: The 1970s and the Last Days of the Working Class* (New York: New Press, 2010); Dominick Sandbrook, *State of Emergency: The Way We Were: Britain, 1970–1974* (London: Penguin, 2010); Serge Bernstein and Pierre Milza,*Histoire de la France au XXe siècle: Tome 5, De 1974 à nos jours*

(Paris: Editions Complexe,2006).

14. George Packer, "The Uses of Division," *The New Yorker,* August 11–18, 2014.

第 1 章　新经济学

1. US Bureau of the Census, *Sixteenth Census of the United States–1940–Population,*vol. 2, part 6, 994, and *Sixteenth Census of the United States–1940–Housing*, vol. 1, 586; City of Arlington, "Preserving Arlington: Past Visions, Future Realities," 2010; Vickie Bryant and Camille Hess, *Top O' Hill Terrace* (Charleston, SC: Arcadia Publishing,2012).

2. US Census Bureau, *United States Census of Agriculture—1950*, vol. 5, part 6, 99;Statistics Japan, *Historical Statistics of Japan*, at www.stat.go.jp/english/data/chouki/index.htm, Tables 2–17 and 11–14.

3. 关于法国农场的产出，参见 Jean-Pierre Dormois, *The French Economy in the Twentieth Century* (Cambridge, UK: Cambridge University Press, 2004), 17。450 万罢工者的数据来自 Jack Barbash, "Unions and Rights in the Space Age," in Richard B. Morris, ed., *The U.S. Department of Labor Bicentennial History of the American Worker* (Washington, DC: US Government Printing Office (USGPO), 1976), at www.dol.gov/dol/aboutdol/history/chapter6.htm。

4. See "War Cabinet: Social Insurance and Allied Services: Summary of Report by Sir William Beveridge," November 25, 1942, United Kingdom National Archives (NA), cab/66/31/27.

5. Dennis Guest, *The Emergence of Social Security in Canada*, 3rd ed. (Vancouver,BC: UBC Press, 2003), 123–126; J. Van Langendonck, "Belgium," in *International Encyclopedia of Laws* (Alphen aan den Rijn, Netherlands: Wolters Kluwer, 2007), 17; Robert H. Cox, *The Development of the Dutch Welfare State: From Workers' Insurance to Universal Entitlement* (Pittsburgh: University of Pittsburgh Press, 1993), 105–110; Philip Nord, *France's New Deal* (Princeton, NJ: Princeton University Press, 2010). The new Japanese law was Act No. 164 of December 12, 1947.

6. Barry Eichengreen, *The European Economy Since 1945* (Princeton, NJ: Princeton

University Press, 2007), 55; United States Strategic Bombing Survey, *Summary Report (Pacific War)* (Washington, DC: USGPO, 1946), 17–18.

7. Howard B. Schonberger, *Aftermath of War: Americans and the Remaking of Japan,1945–1952* (Kent, OH: Kent State University Press, 1989), 166–177; Herbert Giersch,Karl-Heinz Paque, and Holder Schmieding, *The Fading Miracle* (Cambridge,UK: Cambridge University Press, 1994), 39.

8. 美国教育的数据来自 Thomas D. Snyder, ed., *120 Years of American Education:A Statistical Portrait* (Washington, DC: National Center for Educational Statistics,1993), 19, 55。东京的住宅平均每人提供 2.79 个榻榻米单位的居住面积，相当于 4.3 平方米或 46.5 平方英尺，参见：*HistoricalStatistics of Japan*, Table 21.7. French refrigerator ownership data are in Dormois, 21。韩国人平均每天摄入的热量为 1236 卡路里，参见：Jinwung Kim, *A History of Korea: From "Land of the Morning Calm" to States in Conflict* (Bloomington:Indiana University Press, 2012), 387。2014 年，美国农业部建议 16 ~ 35 岁的男性每天摄入 2400 ~ 3000 卡路里的热量，女性则更少。关于西班牙的配给，参见：Instituto Nacional de Estadistica, *Annuario 1949*, 648–652。关于流行病，参见：Australia Government Department ofHealth, *Notifiable Diseases Surveillance, 1917 to 1991*, 2003。该国的年龄标准化死亡率从 1947 年的每 10 万人 1681 人跃升至 1948 年的 1751 人，参见：Australian Institute of Health and Welfare, General Record of Incidence of Mortalitybooks, 1907–2011。

9. 为使前后一致，我全部采用了麦迪森的数据，他编制了购买力平价调整后的 1990 年美元收入的时间序列估计值，以便进行国内和国际比较。1948 年，美国有 4250 万个在建单元和 2340 万个房主，参见：*StatisticalAbstract* 1951, 721. In 1974, there were 70.8 million occupied units and 45.8million homeowners; *Statistical Abstract* 1976, 736。关于提高后的英国生活水平，参见：Dominic Sandbrook, *State of Emergency* (London: Allen Lane, 2010)。关于平均退休年龄的变化，参见：DICE Database (2010), "Average Age ofTransition to Inactivity Among Older Workers, 1950–1995," Ifo Institute, Munich, atwww.cesifo-group.de/DICE/fb/3M8mHhFq7。

10. 关于法国学生，参见：Georges Lavau, "The Effects of Twenty Years of Gaullism on the Parties of the Left," in William G. Andrews and Stanley Hoffman,eds., *The Fifth Republic at Twenty* (Albany, NY: State University of New York Press,1981),

165。

11. James N. Gregory, *The Southern Diaspora: How The Great Migrations of Blackand White Southerners Transformed America* (Chapel Hill: University of North Carolina Press, 2005), 21. 格雷戈里估计，20 世纪四五十年代，一共有 260 万黑人留在美国南方。关于麦克米伦，参见：http://news.bbc.co.uk/onthisday/hi/dates/stories/july/20/newsid_3728000/3728225.stm。

12. Diego Comin and Bart Hobijn, "Technology Diffusion and Postwar Growth," Harvard Business School working paper 11–027 (2010). 作者强调了美国经济援助计划在国际技术传播方面的重要性。

13. Nicholas Crafts and Gianni Toniolo, "Postwar Growth: An Overview," in Crafts and Toniolo, eds., *Economic Growth in Europe since 1945* (Cambridge, UK: CambridgeUniversity Press, 1996), 9, 18. 作者认为，资本投资是欧洲经济增长的推动力。美国制造业设备投资的数据来自：*Historical Statistics of the United States, Millennial Edition Online*, series Dd707。英国的投资数据来自：Tim Congdon, "Productivity Could Be the Key," *The Times* (London), November 7, 1973。根据经合组织的统计，1971 年英国有 34% 的工人在制造业就业，这与 19 世纪 40 年代从事制造业的劳动力比例大致相同。关于日本，参见：Takafusa Nakamura, *The Postwar Japanese Economy*, 2nd ed. (Tokyo: University of Tokyo Press, 1995), 149。投资的增长十分普遍。法国的情况参见：Dormois, *The French Economy in the Twentieth Century*, 19。在德国，由于许多公司在旧设备尚未完全折旧之前就引进了新技术，因此投资的使用寿命在 1950 年代有所下降；见德国政府的内部备忘录。Dr. Demand, BMWi, "Perspektiven des Wirtschaftswachstums in der Bundesrepublik Deutschland bis zum Jahre 1990," October 1976, Bundesarchiv Koblenz (BA), B102/306599.

14. 关于平均税率，没有更详细的信息了，此处的估算来自 Douglas Irwin, "The GATT's Contribution to Economic Recovery in Post-warEurope," in Barry Eichengreen, ed., *Europe's Postwar Recovery* (New York: CambridgeUniversity Press, 1995), 138。对出口增长的预测，同样参见上文，129。关于制造业的规模经济，参见：Eichengreen, *The European Economy Since 1945*, 115–129。

15. Alexander Field, *A Great Leap Forward: 1930s Depression and U.S. Economic Growth* (New Haven, CT: Yale University Press, 2011), 120. 菲尔德认为，从 1956 年开始的美国州际公路系统建设，是 20 世纪 60 年代和 70 年代初生产

力快速增长的关键。

16. 对于劳动生产力的增长，我参考了麦迪森的数据：Angus Maddison, "GDP per Hour, in 1990 GK \$," published as "The Conference Board TotalEconomy Data Base, Output, Labor and Labor Productivity Country Details," www.conference-board.org/data/economydatabase/。劳动生产率增长的说法被专家们广泛接受，但其原因却引发了激烈的争论。争议的关键变量是"全要素生产率"或"多要素生产率"，也就是扣除教育和固定资本等因素，生产率增长中仍未能得到解释的部分。全要素生产率增长通常归功于技术创新。美国、法国、德国、日本的多要素生产率在1950—1973年的增长是空前绝后的。See Crafts, "A Perspective on UK Productivity Performance," Fiscal Studies 22 (2001), 283, and his 2008 conference paper, "What Creates Multifactor Productivity?" 有些经济学家则认为，美国的多要素生产率增长在战前比战后更多，参见：Robert J. Gordon, "Two Centuries of Economic Growth: Europe Chasing the American Frontier," Working Paper 10662, National Bureau of Economic Research, August2004, and Field, A Great Leap Forward。

17. 路德维希·艾哈德，1949年至1963年的西德经济部长，是经济计划的强烈反对者。See Giersch et al., *Fading Miracle*, 63–116.

18. Ruth Ellen Wasem, *Tackling Unemployment* (Kalamazoo, MI: Upjohn Institute Press, 2013), 55–67.

19. Henry C. Wallich, "The German Council of Economic Advisers in an American Perspective," *Zeitschrift für die gesamte Staatswissenschaft* 140 (1984), 360; Walter W. Heller, *New Dimensions of Political Economy* (Cambridge, MA: Harvard University Press, 1966), 9.

第 2 章　魔方

1. Matthias Hochstatter, Karl Schiller—eine wirtschaftspolitische Biographie, Ph.D.dissertation, University of Hannover, 2006, 9, 47, 51, 60, 64.

2. Alexander Nuetznadel, *Stunde der Oekonomen: Wissenschaft, Politik und Expertenkultur in der Bundesrepublik 1949–1974* (Gottingen: Vandenhoeck & Ruprecht,2005), 243–4; Karl Schiller, "Neuere Entwicklungen in der Theorie der

Wirtschaftspolitik," in Schiller, *Der Okonom und die Gesellschaft* (Stuttgart: G. Fischer, 1964), 21.

3. Tim Schanetzky, *Die grose Ernuchterung: Wirtschaftspolitik, Expertise, und Gesellschaft in der Bundesrepublik 1966 bis 1982* (Berlin: Akademie Verlag, 2007), 55–57.

4. Torben Luetjen, Karl Schiller (1911–1994), "Superminister" *Willy Brandts* (Bonn: Dietz, 2007), 209.

5. Memo, Bundeswirtschaftsministerium, "Mittelfristige Zielprojektion 1967/71 und tatsachliche Entwicklung, Abschlussbericht," April 29, 1974, BA, B102/248424; Hochstatter, Karl Schiller, 162.

6. Karl Schiller, "Runder Tisch der kollektiven Vernunft," *Die Berliner Wirtschaft*, December 21, 1968. 根据 1969 年 1 月 29 日时任经济部国务秘书的汉斯·蒂特迈尔的讲话，德国从 20 世纪 60 年代初就开始讨论建立一个解决经济政策冲突的机制的必要性，参见：BA, B102/278282。这里所说的座位计划是在席勒离开政府后使用的，BAB102/303302。

7. 对席勒的描述来自 1967 年 12 月 14 日集中行动会议笔记，它显然是由总理办公室的一位高级官员约翰内斯·普拉斯所写。关于劳工部长汉斯·卡泽尔和财政部长弗朗茨·约瑟夫·施特劳斯的反对意见以及基辛格的指示，参见："Auszug aus dem Kurzprotokoll uberdie 1.Sitzung des Kabinettsausschusses fur Sozialbudget und soziale Strukturfragen am9.Oktober im Bundeskanzleramt," BA B136/7406。

8. Gabriele Metzler,"Am Ende aller Krisen,"Historische Zeitschrift 275 (2002):91–97.

9. Luetjen, Karl Schiller, 281.

10. 对五年计划的评估，参见两份经济部纪要："Mittelfristige Zielprojektion 1967/71 und tatsachliche Entwicklung, Abschlussbericht," April 29, 1974, BA B102/248424, and "Die wirtschaftspolitischenZiele der Projektion 1970/1974 und ihre Realisierung," March 15, 1974, BAB102/248423。

11. Luetjen, Karl Schiller, 280.

12. 对于这一点的更多讨论，参见：William Easterly, *The Tyranny of Experts* (New York: Basic Books, 2014)。

13. 这份人物速写基于 Edgar J. Dosman, *The Life and Times of RaulPrebisch 1901–1986* (Montreal: McGill-Queen's University Press, 2008)。

14. 1935—1943 年，阿根廷的工业生产力下降了 7.5%，这主要是因为国内制造商受到保护，免于进口竞争的缘故。Seeespecially Irene Brambilla, Sebastian Galiani, and Guido Porto, "Argentine Trade Policiesin XX Century: 60 Years of Solitude," working paper, Washington University,August 2010.

15. Raul Prebisch, "El desarrollo economico de la America Latina y algunos de sus principales problemas," in *El Trimestre Economico* 16 (1949): 347–431. 普雷维什演讲的英文翻译参见：United Nations Department of EconomicAffairs, Economic Commission for Latin America, "The Economic Development ofLatin America and Its Principal Problems," 1950.

16. Dosman, *Life and Times of Raul Prebisch*, 276.

17. Final Communique of the Asian-African Conference of Bandung (24 April1955)," in Texts of Selected Speeches and Final Communique of the Asian-African Conference,Bandung, Indonesia, April 18–24, 1955 (New York: Far East Reporter, 1955).

18. 有关依赖理论的文献非常丰富，其中比较重要的有：Paul A. Baran, The Political Economy of Growth (New York: Monthly Review Press, 1957); Celso Furtado, Development and Underdevelopment (Berkeley,CA: University of California Press, 1964); Andre Gunder Frank, Capitalism and Underdevelopment in Latin America (New York: Monthly Review Press, 1967); Guillermo O'Donnell, Modernization and Bureaucratic-Authoritarianism (Berkeley, CA: University of California Press, 1973); Immanuel Wallerstein, The Modern World-System (New York: Academic Press, 1974)。

19. Trends in International Trade: Report by a Panel of Experts (Geneva: General Agreement on Tariffs and Trade, 1958), 11, 104–114. 这份报告以作者小组主席戈特弗里德·哈伯勒的名字广为人知，被称为《哈伯勒报告》。对咖啡、茶叶和可可豆征收的高额关税和税款，在某些情况下超过了产品价值的 60%，体现了对热带产品的壁垒，见《哈伯勒报告》。

20. 对于这些计划的经济学讨论，参见：David M. G. Newbery and Joseph E. Stiglitz, *The Theory of Commodity Price Stabilization* (Oxford: Oxford University Press, 1981), and David G. Gill et al., "Access to Supplies and Resources: Commodity Agreements," *American Society of International Law*, Proceedings of the Annual Meeting 71 (1977): 129–144。

21. United Nations Conference on Trade and Development, *The History of UNCTAD1964–1984* (New York: UNCTAD, 1985), 56–58.

22. See, for example, M. Ataman Aksoy and Helena Tang, "Imports, Exports, and Industrial Performance in India, 1970–88," World Bank Policy Research Working Paper WPS 969 (2001).

23. 1950—1975 年，发展中国家工业部门的年均增长率为 7%。增长率数据参见：World Bank, *World DevelopmentReport 1978* (Washington, DC: World Bank, 1979), 27, 75–79, 88–89。

24. 对于其观点更清晰的说明，参见：Raul Prebisch, "Joint Responsibilities forLatin American Progress," Foreign Affairs, July 1961, 622–633。

25. 联合国贸易和发展会议的统计。

第 3 章　混乱局面

1. Wyatt C. Wells, *Economist in an Uncertain World: Arthur F. Burns and the Federal Reserve, 1970–78* (New York: Columbia University Press, 1994), 13–19.

2. John Ehrlichman, *Witness to Power* (New York: Simon and Schuster, 1982), 248;Burton A. Abrams, "How Richard Nixon Pressured Arthur Burns: Evidence from the Nixon Tapes," *Journal of Economic Perspectives* 20 (2006): 185; Arthur Burns, *Inside the Nixon Administration: The Secret Diary of Arthur Burns, 1969–1974,* ed. Robert H.Ferrell (Lawrence, KS: University Press of Kansas, 2010), 28, 44, 72–73; "Memorandum of Discussion," Federal Open Market Committee, March 10, 1970, 61. On Burns's temper, see Stephen H. Axilrod, *Monetary Policy and Its Management, Martin Through Greenspan to Bernanke* (Cambridge, MA: MIT Press, 2009), 60.

3. Arthur F. Burns, *Prosperity Without Inflation* (New York: Fordham University Press, 1957), 65; Christina D. Romer and David H. Romer, "The Most Dangerous Idea in Federal Reserve History: Monetary Policy Doesn't Matter," *American EconomicReview,* May 2013. 1978 年 1 月 30 日，伯恩斯在全国新闻俱乐部发表讲话，这是他作为美联储主席的最后一次公开露面，他重申了他的信念，即高通货膨胀"主要源自 1960 年代中期的政府政策失误"，"此后共和党和民主

党的政府都加剧了这种失误"；他认为美联储的货币政策没有问题。

4. Robert L. Hetzel, "Arthur Burns and Inflation," *Federal Reserve Bank of Richmond Economic Quarterly* 84 (Winter 1998): 21–84.

5. 本段对布雷顿森林协议的描述已经极度简化了。更多的背景信息请参见：Barry Eichengreen, *Globalizing Capital: A History of the International Monetary System*, 2nd. ed. (Princeton, NJ: Princeton University Press, 2008), 91–133。

6. Michael D. Bordo, Ronald MacDonald, and Michael J. Oliver, "Sterling in Crisis, 1964–1967," *European Review of Economic History* 13 (2009): 437–459; Barry Eichengreen, *Exorbitant Privilege: The Rise and Fall of the Dollar and the Future of theInternational Monetary System* (Oxford: Oxford University Press, 2011). 由布雷顿森林协议衍生而来的诸多问题，参见：Robert Triffin, *Gold and the Dollar Crisis* (New Haven, CT: Yale University Press, 1960)。

7. *OECD Economic Outlook* 12 (December 1972): 18–19. 关于固定汇率在抵御通货膨胀方面的政治压力的重要性，参见：Helmut Schmidt, "Dank an einen Hanseaten," *Die Zeit*, April 20, 1984, at www.zeit.de/1984/17/dank-an-einen-hanseaten。

8. 关于1971年和1972年美联储商议的全面讨论，参见：*Allan H. Meltzer, A History of the Federal Reserve, Vol. 2* (Chicago: University of Chicago Press, 2009), 795–800。席勒同时领导财政部和经济部。Robert L. Hetzel, "German Monetary History in the Second Half of the Twentieth Century: From theDeutsche Mark to the Euro," Federal Reserve Bank of Richmond, *Economic Quarterly*, Spring 2002, 40; Wells, *Economist in an Uncertain World*, 85; Burns, *Inside the NixonAdministration*, 72; Transcript of a recording of a meeting between the President and H.R. Haldeman in the Oval Office on June 23, 1972, from 10:04 to 11:39 am," 12,Nixon Library and Museum, Yorba Linda, CA.

9. 经过技术性处理可知，一些国家的实际短期利率为负数。

第4章　信仰危机

1. Donella H. Meadows et al., *The Limits to Growth* (New York: Universe Books, 1972), 23.

2. Robert Gillette, "The Limits to Growth: Hard Sell for a Computer View of Doomsday," *Science* 175 (March 10, 1972): 1,088; William Nordhaus, "World Dynamics: Measurement Without Data," *The Economic Journal* 83 (1973): 1,157; Jean Matteoli, "Les ressources mondiales et l'economie francaise," Conseil Economique et Sociale 197/S.G./13 (1975): 11; Christopher Freeman, "Malthus with a Computer," in H. S. D. Cole et al., eds., *Thinking About the Future: A Critique of* The Limits to Growth (London: Chatto & Windus, 1973), 11.

3. Frank Uekoetter, *The Age of Smoke* (Pittsburgh: University of Pittsburgh Press,2009), 118–119, 132–136.

4. Quotation is from a representative of Enjay Chemical Company, cited in Gerald Markowitz and David Rosner, *Deceit and Denial* (Berkeley, CA: University of California Press, 2002), 144.

5. Paul R. Ehrlich, *The Population Bomb* (New York: Ballantine Books, 1968), xi.On precursors, see Pierre Desrochers and Christine Hoffbauer, "The Post-War Intellectual Roots of the Population Bomb," *Electronic Journal of Sustainable Development* 1 (2009): 37–61.

6. 1969—1973 年特拉华州的共和党州长彼得森讲述了 1971 年该州共和党控制的立法机构如何不顾所谓更进步的民主党人的反对，批准了一项限制在该州海岸线两英里范围内发展工业的法律。See Peterson, *Rebel with a Conscience* (Newark, DE: University of Delaware Press, 1999), 147–149.

7. Tape of conversation among President Nixon, Lido Anthony Iacocca, Henry Ford II, and John S. Ehrlichman in the Oval Office, April 27, 1971, Nixon Presidential Library & Museum, National Archives and Records Administration (NARA); Richard Nixon, "Remarks on Signing Bill Establishing the Commission on Population Growth and the American Future," March 16, 1970, online by Gerhard Peters and John T.Woolley, *The American Presidency Project*, at www.presidency. ucsb.edu/ws/?pid=2911; Commission on Population Growth and the American Future, *Final Report* (Washington,1972), 12, 52; Richard Nixon, "Statement About the Report of the Commission on Population Growth and the American Future," May 5, 1972, *The American Presidency Project*, at www.presidency.ucsb.edu/ ws/?pid=3399.

8. Edward Goldsmith and Robert Allen, A Blueprint for Survival," *The Ecologist*

2(1972); United Nations Environmental Program, Declaration of the United Nations Conference on the Human Environment" (June 1972); Jean Bourgeois-Pichat, "In 200 Years So Many Things Can Happen," *Population Index* 38 (1972): 306.Walter E. Hecox, "Limits to Growth Revisited: Has the World Modeling Debate Made Any Progress?" *Boston College Environmental Affairs Law Review* 5 (1976): 65–96.

9. The unidentified Israel diplomat is quoted in John Brooks, "A Reporter at Large:Starting Over," *The New Yorker*, October 23, 1971. "静态国家" 这一术语来自英国哲学家约翰·斯图尔特·密尔。See John Harte and Robert H. Socolow, "The Equilibrium Society," in John Harte and Robert H. Socolow, eds., *Patient Earth* (New York: Holt, Rinehart and Winston, 1971), 203.

10. Herman E. Daly, "Toward a Stationary-State Economy," in Harte and Socolow, eds., *Patient Earth*, 228–231.

11. On weight-to-output trends, see Grecia Matos and Lorie Wagner, "Consumption of Materials in the United States, 1990–1995," US Geological Survey, 1999.

12. Edward F. Denison, "Effects of Selected Changes in the Institutional and Human Environment Upon Output per Unit of Input," *Survey of Current Business* 58(January 1978): 21–44; Gary L. Rutledge, "Pollution Abatement and Control Expenditures in Constant and Current Dollars, 1972–1977," *Survey of Current Business* 59(February 1979): 13–20. In 1972, approximately 6 percent of capital spending by US businesses went to environmental abatement; by 1977, the figure was 8 percent.

第 5 章 　大滞胀

1. Allen Matusow, *Nixon's Economy* (Lawrence, KS: University Press of Kansas,1998), 220.

2. *Guardian*, December 21, 1972; David Gumpert, "Rise in Demand Causes Shortageof a Variety of Materials, Parts," *Wall Street Journal*, December 8, 1972; President's Council of Economic Advisers, *Economic Report of the President,* 1973, 82; Bank of Japan, *Monthly Economic Review*, January 1973, 1; "Commentary," *Bank of England Quarterly Bulletin* 13 (March 1973): 6; John L.

Hess, "Forecasters' Word Is 'Boom'," *New York Times*, January 7, 1973; Charles Reeder, *The Sobering Seventies* (Wilmington, DE: DuPont, 1980), 101.

3. E. Philip Davis, "Comparing Bear Markets—1973 and 2000," *National Institute Economic Review* 183 (2003): 78–89.

4. Paul Samuelson, "Science and Stocks," *Newsweek*, September 19, 1966; memo from Dr. Ranz to various cabinet ministers, "Angepasste mittelfristige Zielprojektion bis 1976," March 20, 1973, BA B 102/248423; Don Oberdorfer, "Japanese Economy Is Booming Again," *Washington Post*, January 14, 1973.

5. *OECD Economic Outlook* 13 (June 1973): 102.

6. Memorandum of discussion, Federal Open Market Committee, February 13,1973, 17; US Central Intelligence Agency, Office of Economic Research, "Oil CompaniesCompensate for Dollar Devaluation: The Geneva Agreement," *Foreign Relationsof the United States* (FRUS), vol. 36, 264.

7. Jeffrey Robinson, *Yamani: The Inside Story* (New York: Atlantic Monthly Press,1988), 4, 40.

8. Matthew R. Simmons, *Twilight in the Desert: The Coming Saudi Oil Shock and the World Economy* (Hoboken, NJ: Wiley, 2011), 49, 55.

9. "Saudi Arabia Seeking Ownership Participation in Giant Oil Producer," *Wall Street Journal*, June 27, 1968; US Department of State, Bureau of Intelligence and Research, "The Middle East: Relations Between Governments and Petroleum Concessionaire—The Participation Issue," June 10, 1969, FRUS, vol. 36, 11; Telegram, US Embassy in Saudi Arabia to Department of State, February 17, 1972, FRUS, vol. 36,270; Bernard D. Nossiter, "New Oil Talks Could Reshape World Economic, Political Map," *Washington Post,* January 29, 1972; Robinson, *Yamani,* 67, 70; Ray Vicker, "Persian Gulf Nations This Week May Sign 25% Oil-Interest Accords Effective Jan. 1," *Wall Street Journal,* December 18, 1972.

10. Robinson, *Yamani*, 77–80; Daniel Yergin, *The Prize: The Epic Quest for Oil,Money and Power* (New York: Simon & Schuster, 1991), 577–578.

11. Memorandum from Rogers to Nixon, "Petroleum Developments and the Impending Energy Crisis," March 10, 1972, FRUS, vol. 36, 284; Memorandum from Peter Flanigan, President's Assistant for International Economic Affairs, to George Shultz, secretary of labor, and Henry Kissinger, President's Assistant

for National Security Affairs, June 29, 1972, FRUS, vol. 36, 301; Government of Canada, Cabinet Conclusions, "Canada-USA discussions on security of oil supply," February 15, 1973, Canada Archives, RG2, Privy Council Office, Series A-5-a, vol.6422, 10. 美国维持了对加拿大石油的进口配额，加拿大只允许阿尔伯塔省的生产商向美国输送少量石油，同时只允许在魁北克省和滨海省进口石油，有效地为阿尔伯塔省昂贵的石油创造了一个受保护的国内市场。1973 年初美国的应急计划假定所有的石油进口将暂停一年，而加拿大的计划则假定在 6 个月内只减少 25% 的进口。

12. 用尼克松的话来说："对于这个问题，国家安全层面的考量是很重要的"。在尼克松看来，重要的是，利比亚和伊拉克等国反复无常的领导人将拥有更多资源给其他国家制造麻烦。See "Memorandum of Conversation," February 8, 1973, FRUS, vol. 36, 410. 有关当时广为流传的想法，一个例子是：William D. Smith, "A Gasoline Shortage Soon Is Predicted," *New York Times,* April 3, 1973。

13. Ibid.; Clyde H. Farnsworth, "OPEC and OIL Companies Avert Showdown onPrices," *New York Times,* May 27, 1973.

14. "Commentary," *Bank of England Quarterly Bulletin*, June 1973, 271; Bank of Japan, "The Short-Term Business Outlook for Major Manufacturing Corporations," *Monthly Economic Review,* June 1973, 6; *OECD Economic Outlook* 13 (June 1973): 6. 联邦德国政府的预测是，1973 年经济增长 6%，次年增长 4%，通货膨胀有所缓解。Bundesministerium fur Wirtschaft (BMWi), "Vermerk: Ein denkbarer Konjunkturverlauf der mittelfristigen Wirtschaftsentwicklung bis 1977," May 9, 1973, BA B 102/248423.

15. Reeder, *The Sobering Seventies*, 119; Bank of Japan, *Monthly Economic Review,* September 1973; BMWi, "Sprachzettel zur Problematik der mittelfristigen Wirtschaftsentwicklung," September 3, 1973, BA B 102/248423; Clyde H. Farnsworth, "OilNations, at Vienna Meeting, Seeking More Price Increases," *New York Times,* September16, 1973.

16. Robinson, *Yamani*, 83.

17. Bank of Japan, *Monthly Economic Review*, September 1973; Federal Reserve, "Current Economic Comment by District," October 10, 1973; BMWi memo, "Probleme bei der Fortschreibung der mittelfristigen wirtschaftlichen Perspektiven bis 1978 fur die Bundesrepublik Deutschland," January 2, 1974, BA

B 102/248423.

18. A. W. H. Phillips, "The Relation Between Unemployment and the Rate of Change of Money Wage Rates in the United Kingdom, 1861–1957," *Economica* 25 (1958): 283–299.

19. Edmund S. Phelps, "Phillips Curves, Expectations of Inflation and Optimal Employment over Time," *Economica* 34 (1967): 254–281; Milton Friedman, "The Role of Monetary Policy," *American Economic Review* 58 (1968): 1–17; Interview with Charles Schultze, *The New Yorker,* September 13, 1976.

20. "Japan agrees measures to control inflation," *Guardian*, September 1, 1973.

21. "Memorandum of Discussion," Federal Open Market Committee, October 2,1973, and October 16, 1973.

22. Peter Jay, "Super-growth period is over," *Times* (London), October 19, 1973. 法国预计增长 5.5%，参见：Charles Hargrove, "French budget aims at strong growth," *Times* (London), October 24, 1973。

23. 日本银行将截至 1974 年 3 月的年度预测从近 11% 下调至 6% 以下。由于财政年度已基本结束，新的数字意味着未来几个月完全没有增长。 Bank of Japan, *Monthly Economic Review,* December 1973, 4; Rupert Cornwell, "French Oil Fears Grow," *FinancialTimes,* December 13, 1973; Federal Open Market Committee, "Memorandum of Discussion," November 19–20, 1973; Craig R. Whitney, "Bonn Aides Fear Major Recession," *New York Times,* November 30, 1973; BMWi, Memorandum, "Auswirkungen einer Energieverknappung auf die mittelfristige gesamtwirtschaftliche Entwicklung," November 23, 1973, BA B 102/248423. 1973 年 10 月 10 日，美联储预测 1974 年经济将增长 2. 5%，这是迟迟没有认识到经济形势的严峻的一个例子。11 月 14 日，他们把预测提高到 2.9%，参见："Current Economic and Financial Conditions," Federal Reserve Board, November 14, 1973. 然后，在 12 月 12 日，它将来年的增长预测降低到 0.8%。

24. 首先使用"滞胀"一词的是英国议会保守党议员伊恩·麦克劳德，他在 1970 年意外去世前曾短暂担任过财政大臣。See Hansard, *House of Commons Debates,*November 17, 1965, vol. 720, 1,165. 以一位著名经济学家为例，从传统宏观经济角度展望 1974 年，参见：Paul Samuelson, "Declining output and more inflation," *Financial Times,* December 31, 1973。

25. 哈佛大学著名经济学家、理查德·尼克松经济顾问委员会前成员亨德里克·霍特哈克于 1974 年 1 月在美国经济协会就 "20 世纪 70 年代国际经济中的政策问题" 发表演讲时并没有提到生产力，参见：American *Economic Review* 64, no. 2 (May 1974): 138–140。

26. 关于油价冲击与美国经济表现之间的虚假联系，参见：Robert B. Barsky and Lutz Kilian, "Oil and the Macroeconomy Since the 1970s," *Journal of Economic Perspectives* 18 (Autumn 2004): 115–134。

第 6 章　淘金男孩

1. Richard Halloran, "Japan Braces for a Full-Scale Oil Crisis," *New York Times,* December 8, 1973.

2. 关于理查德森的背景，请参见诺丁汉市的官方网站 www.nottinghamcity.gov. uk/index.aspx?articleid=4116#R, viewed October 26, 2011。See also Anthony Loehnis, "Lord Richardson of Duntisbourne Obituary," *The Guardian*, January 24, 2010; "Lord Richardson of Duntisbourne, KG," *The Telegraph,* January 24,2010; William Keegan, "Lord Richardson of Duntisbourne: Governor of the Bank of England During the Troubled Times of the 1970s and early 1980s," *The Independent,* February 9, 2010.

3. Forrest Capie, *The Bank of England, 1950s to 1979* (Cambridge, UK: Cambridge University Press, 2010), 519.

4. Clyde H. Farnsworth, "Force on Monetary Scene: Oil Money from Mideast," *New York Times*, March 16, 1973; Michael Blanden, "NatWest weighs in with bumper £ 92m. profit," *Financial Times,* July 25, 1973; *International Financial Statistics Yearbook* (Washington, DC: International Monetary Fund, 2000), 980, 986.

5. On fringe banking, see Daniel O'Shea, "Role of secondary banks," *Financial Times,* September 11, 1972, and Kenneth Lewis, "Secondary Banks," *Financial Times,* September 10, 1973. On the crisis, see Capie, *Bank of England,* 531–577; Michael Flanden, "Secondary banks: an end to freewheeling," *Financial Times,* December 24, 1973; Margaret Reid, "How the 'Bankers Lifeboat' came to the rescue," *Financial Times,* January 29, 1974; and Derek Matthews, "London and County

Securities: A case study in audit and regulatory failure," *Accounting, Audit and Accountability Journal* 18(2005): 518–536. On legal authority, see the statement by Sir Geoffrey Howe, the minister responsible for fringe banks, in Hansard, *House of Commons Debates* vol. 865,December 3, 1973, 909.

6. Paul Thompson, "The Pyrrhic Victory of Gentlemanly Capitalism: The FinancialElite of the City of London, 1945–90, Part 2," *Journal of Contemporary History* 32(1997): 433; Capie, *Bank of England*, 532, 596 597.

7. Ibid., 499–507, 824.

8. Ibid., 605–614.

9. Otmar Emminger, "Probleme der Stabilitatspolitik," address to the Associationof Public Credit Institutions, Frankfurt, November 9, 1973, BA, B102/165947.

10. Henry C. Wallich, "Notes on BIS Meeting of March 11–12, 1974," March 18,1974, in Federal Open Market Committee, "Memorandum of Discussion," March18–19, 1974, Attachment B; Federal Open Market Committee, "Memorandum of Discussion," April 15–16, 1974.

11. Joan Spero, The Failure of the Franklin National Bank (New York: Columbia University Press,1977), 46–51.

12. Ibid., 53–57, 64–66, 81–83.

13. "Bankencrach: Die Bilder sind bedruckend," *Der Spiegel*, July 1, 1974.

14. Meir Heth, Bank of Israel, "The Failures of Israel-British Bank, Tel-Aviv, and Israel-British Bank (London): Some Preliminary Conclusions," Bank for International Settlements archive (BISA), BS75/47, 1/3A(3), vol. 19.

15. Richard Redden, "Probe May Prove a Classic Example," *The Guardian,* September16, 1975; Gil Sedan, "Bank Scandal Hits Israel," *Jewish Telegraphic Agency,* July 11, 1974.

16. 多数新闻报道中隐去了瑞士银行这个名字，但它在下面的文章中被报道出来："Banking Scandal Hits Israel," *Washington Post,* July 21, 1974。See also Paul J. Green, "When a Bank Is Not a Bank," *Brooklyn Law Review* 43 (1976): 899.

17. "Israel-British Bank (London) closes doors," *Financial Times,* July 12, 1974.

18. "Israelis to Allow Pooling of British Bank's Assets," *New York Times,* June 25, 1975. 关于以色列-不列颠银行越过英国流动性指导线的情况，参见：

BISA, BS/75/3, "Regulations governing the commercial banks'foreign currency transactions:Summary of replies received from the central banks," March 26, 1975, BISA, 1/3A(3), vol. 18; "Liquidity Crunch Gets New Victims at Foreign Banks," *Wall Street Journal,* July 10, 1974。

19. Eric Silver, "12 years for Bension," *The Guardian,* February 24, 1975; "Anger at Begin move to pardon banker," *The Times* (London), September 10, 1977; "Fraud convictions quashed after judge's 'unclear'summing up," *The Guardian,* January 13, 1981; David Lane, *Into the Heart of the Mafia: A Journey Through the Italian South* (London: Profile Books, 2009), 4.

20. 在要求其他央行行长授权之前，两人已就委员会的任务达成一致。

21. 一种说法是，德国联邦银行的代表急忙向德国联邦监督局的同行介绍自己的情况。虽然他们的职责有重叠，但来自法兰克福的联邦银行家和来自柏林的监督员从未见过面。Cable, US Mission tothe EC, Brussels, to Secretary of State, NARA, RG 59, Central Foreign Policy Files, Electronic Telegrams, https://aad.archives.gov/aad/, 1975ECBRU02657, March 25,1975; George Alexander Walker, *International Banking Regulation Law, Policy and Practice* (The Hague, 2001), 36; Charles Goodhart, *The Basel Committee on Banking Supervision: A History of the Early Years, 1974–1997* (Cambridge, UK: Cambridge University Press, 2011), 43; confidential interviews. 保罗·沃尔克强调，委员会缺乏法律权威。对此我深表感激。

22. Goodhart, *Basel Committee,* 53; Alex Brummer, "Bank of England names supremo in wake of crises," *The Guardian,* July 19, 1974; Alex Brummer and Tom Tickell, "Adding up the list of 'don'ts'," *The Guardian,* September 27, 1976. 乔治·布伦登的父亲也叫乔治·布伦登，在银行的会计部门工作，直到1955年退休为止，参见: Bank of England, *Old Lady Magazine*, March 1955, 58。

23. "Informal record of the first meeting of the Committee on Banking Regulations and Supervisory Practices held at the BIS on 6th-7th February 1975," April 3, 1975,BISA, 1/3A(3), vol. 18; "Informal record of the fifth meeting of the Committee on Banking Regulations and Supervisory Practices held at the BIS on 11th-12th December 1975," BISA, 1/3A(3), vol. 22.

24. "International co-operation in banking supervision," *Bank of England Quarterly Bulletin* 17 (1977): 325. George W. Mitchell, "How the Fed sees multinational

bankregulation," *The Banker* 124 (1974): 757–760; "International Banking Survey," *The Economist*, March 20, 1982; Colin Campbell, interview with Don Templeman, Colin Campbell Collection, Special Collections Department, Georgetown University Library,Washington, DC, box 2.

25. "Report to the Governors on the supervision of banks'foreign establishments," September 26, 1975, BISA, BS/75/44, 1/3A(3), vol. 20; "Informal record of the third meeting of the Committee on Banking Regulations and Supervisory Practices held at the BIS on 19th-20th June 1975," BISA, BS/75/40, 1/3A(3), vol. 19. Ethan B. Kapstein, "Resolving the Regulator's Dilemma: International Coordination of Banking Regulation," *International Organization* 43 (1989): 330. 卡普斯坦将协议描述为一个"君子协议"，而不是一个"针对银行失误的处理框架。"就目前而言，这一点是准确的，但却忽略了一些条款，这些条款试图以可能避免国际银行倒闭的方式规定监管责任，而且是以过于模糊的方式规定的。"Strictly confidential: Note on the Committee's discussion of the paper, 'The failures of Israel-British Bank, Tel-Aviv and Israel-British Bank (London): Some Preliminary Conclusions' by Dr. Heth of the Bank of Israel," November 3, 1975, BISA, BS/75/56, 1/3A(3), vol. 20; "Informal record of the fifth meeting of the Committee on Banking Regulations and Supervisory Practices held at the BIS on 11th-12th December 1975," BISA, 1/3A(3), vol. 22; BIS staff paper BS/76/3, "Possibilities for international co-operation in a problem bank situation," distributed to the committee on March 5, 1976, BISA, BS/75/56, 1/3A(3), vol. 22.

26. 1973—1978 年，欧佩克每年的原油产量在 100 亿至 114 亿桶之间。See Liscom, ed., *Energy Decade*, 372.

27. Philip Green, "Citibank's Apostle of Innovation," *Washington Post,* July 28,1974; confidential interviews.

28. Arthur F. Burns, "Maintaining the Soundness of Our Banking System," address to American Bankers Association, Honolulu, Hawaii, October 21, 1974.

29. See comments by F. R. Dahl, Federal Reserve Board, in BISA, BS/76/37 Banking Supervision 1976/4; "Informal record of the fourteenth meeting of the Committee on Banking Regulations and Supervisory Practices held in Basel on 26th and 27th October 1978," BISA, BS/78/42, Banking Supervision: Informal Records 01/78–

11/79; "Cost to International Banks of Supervision and Regulation: Maintenance of Reserve and Capital Ratios," BISA BS/79/49, 1979/10; Ronald Kessler, "Citibank, Chase Manhattan on U.S. Problem List," *Washington Post,* January 11, 1976; "Citibank, Chase Listed as 'Problem' Banks But Regulators Say Neither Is in Danger," *Wall Street Journal*, January 12, 1976; confidential interviews.

30. "Informal record of the eighth meeting of the Committee on Banking Regulations and Supervisory Practices held at the BIS on 28th-29th October 1976," BISA,Banking Supervision: Informal Records, BS/77/1, 02/75–06/77; "Cost to International Banks of Supervision and Regulation: Maintenance of Reserve and Capital Ratios," BISA, BS/79/49, 1979/10.

第 7 章　配额与侍妾

1. 1963 年美国公路上普通汽车的燃油效率为每加仑 14.3 英里，但 1973 年只有每加仑 13.3 英里。在此期间，美国汽油消费总量增长了 58%。1972 年，在石油禁运前的最后一个整年，美国每人平均购买了 785 加仑汽油。假设油箱平均容量约为 18 加仑，每次去加油站平均购买 16 加仑，那么车主平均每年购买汽油 49 次。See US Energy Information Administration, *Annual Energy Review 1995* (Washington, DC, 1996), tables 2.15 and 5.12b. See also US Environmental Protection Agency, *Factors Affecting Automotive Fuel Economy* (Washington, DC, 1976).

2. Quotations are from Philip Shabecoff, "The Simon Years at the Treasury," *New York Times,* November 7, 1976.

3. 这段话出自 1973 年 5 月西蒙在国会的证词。See "Nixon's Decisive New Energy Czar," *Time,* December 10, 1973.

4. William E. Simon, *A Time for Truth* (New York: Reader's Digest Press, 1978), 51.

5. Richard L. Strout, "Gas Vote Near in Tense Senate," *Christian Science Monitor,* February 6, 1956; American Enterprise Institute, "Natural Gas Deregulation Legislation," December 28, 1973, 10–11, 27.

6. Ronald R. Braeutigam and R. Glenn Hubbard, "Natural Gas: The Regulatory Transition," in Leonard W. Weiss and Michael W. Klass, eds., *Regulatory Reform: What Actually Happened* (Boston: Little, Brown, 1986), 141.

7. I. C. Bupp, "The New Natural Gas Business," in I.C. Bupp, ed., *U.S. Natural GasAfter Deregulation: A New Business* (Cambridge, MA: Cambridge Energy Research Associates, 1985), 9, 143; Federal Energy Administration, "The Natural Gas Shortage: A Preliminary Report," August 1975, 3–5 and fig. 2; "Your Gas Bill and the Shortage," *Washington Post,* December 23, 1972; Patricia E. Starratt, "We're Running Out of Gas Needlessly," *Readers Digest,* April 1973.

8. R. O. Kellam, "Regulation of Oil Imports," *Duke Law Journal* 10, issue 2 (1961):177–187; Kenneth W. Dam, "Implementation of Import Quotas: The Case of Oil," *Journal of Law and Economics* 14 (1971): 1–60; Executive Order No. 10761, in *Federal Register* 23 (1958): 2067.

9. 查尔斯·斯图亚特·肯尼迪对茱莉亚·卡茨的采访，1995 年 5 月 12 日，外交研究和培训协会外交事务口述历史项目，43。布朗斯维尔环线在 1971 年监管变化后被取消。

10. Cabinet Task Force on Oil Import Control, *The Oil Import Question* (Washington,DC: USGPO, 1970), 19; US Treasury, Office of Economic Stabilization, *Historical Working Papers on the Economic Stabilization Program Vol. 2* (Washington, DC: USGPO, 1974), 1237.

11. Martha Derthick and Paul J. Quirk, *The Politics of Deregulation* (Washington,DC: Brookings Institution, 1985), 36. There are many other explanations for the onset of deregulation. See Kim Phillips-Fein, *Invisible Hands: The Making of the Conservative Movement from the New Deal to Reagan* (New York: Norton, 2009). 菲利普斯－费恩认为，放松管制是保守派反击二战后占据统治地位的社会民主共识的一部分。See also Meg Jacobs, *Panic at the Pump: The Energy Crisis and the Transformation of American Politics in the 1970s* (New York: Hill and Wang, 2016), 26–27. 雅各布斯认为，早在 1973 年石油危机之前，能源行业和美国商会就呼吁放松对石油和天然气价格的管制，认为采取海上钻井并满足新的环境要求成本很高。麦克阿沃伊和埃德斯等人认为，快速的技术进步和相对价格的变化导致受管制行业寻求放松管制。笔者强调顾客不愿意接受管制就是导致变革的原因。See Marc Levinson, "Evasion as a Driving Force in U.S. Transport Deregulation," in *Regulation between Legal Norms and Economic Reality: Intentions, Effect, and Adaptation: The German and American Experiences* (Tubingen: Mohr Siebeck, 2012), 187-196. 有一件事是毋庸置疑的，

那就是 1973 年之前放松管制在政治上是无关紧要的。1969—1972 年,《纽约时报》只在 15 篇文章中提到 "放松管制", 大约每 3 个月一篇。

12. Executive Order 11723, June 13, 1973; Paul W. MacAvoy and Robert S. Pindyck, "Alternative Regulatory Policies for Dealing with the Natural Gas Shortage," *Bell Journal of Economics* 4 (1973): 454–457; R. Glenn Hubbard, "Petroleum Regulation and Public Policy," in Weiss and Klass, eds., *Regulatory Reform*, 113. 1973 年春夏争论最广泛的能源法案是 S.2506。紧急石油分配法作为公法 93-159 颁布。

13. Simon, *A Time for Truth*, 3, 51.

14. William Robbins, "Simon Pledges Northeast Equitable Treatment in Oil," *New York Times*, January 29, 1974. 被否决的法案是国家能源石油法, S. 2589。Jack Anderson, "Nixon Insists on Deregulating Gas," *Washington Post,* March18, 1974.

15. 尽管 1974 年美国的石油钻井量猛增了三分之一, 新的天然气井数量也是有记录以来最高的, 但美国的石油产量却是 8 年来最少的, 天然气产量也是 1969 年以来最低的, 这就说明了管制的不利影响。老井的所有者似乎认为没有理由以政府规定的低于市场的价格出售他们的产品。US Energy Information Administration, "U.S. Crude Oil Developmental Wells Drilled," "U. S. Natural Gas Exploratory and Developmental Wells Drilled," "U.S. Field Production of Crude Oil," and "U.S. Natural Gas Gross Withdrawals," all on the agency's website, www.eia.gov. See also Edward Cowan, "Oil Hangup—The Split-Price Rule," *New York Times,* September 22, 1974.

16. 对于放松管制对价格的可能影响, 参见: US House of Representatives, Committee on Interstate and Foreign Commerce, Subcommittee on Energy and Power, *An Economic Analysis of New Gas Deregulation* (Washington, DC: USGPO, 1976。放松能源管制的第一步是 1975 年的能源政策和保护法, 该法首次规定了汽车燃料的经济性标准, 提出了战略石油储备, 并在一个毫不起眼的地方设置了一个条款, 授权总统在各种情况下提高旧钻井产油的最高价格。这部法律使美国的石油价格在 20 世纪 70 年代末逐渐接近世界市场的价格。第二步是 1978 年的《国家天然气政策法》, 该法在 1979 年取消了对部分天然气的价格管制, 在 1985 年或 1987 年取消了对其他天然气的价格控制, 但对一些 "旧井天然气" 价格则无限期地加以管制。该法还授权总统在天然气用户之间分配供应 —— 以防部分放松管制不能增加天然气的产量。关于法律背后的政治问题，参见：Jacobs, *Panic at the Pump,* 161–190.

17. "Simon Urges Removal of Energy Restraints," *Chicago Tribune,* September 11, 1974; "Simon Urges Steps to End Price Curbs on Oil, Natural Gas," *Los Angeles Times,* September 11, 1974; President Gerald R. Ford's Address to a Joint Session of Congress on the Economy, October 8, 1974, Gerald R. Ford Presidential Library & Museum, NARA.

18. Daryl Lembke, "Simon Sees Peril in Big Government," *Los Angeles Times,* March1, 1975; William E. Simon, "Game Plan for a Sound Economy," *Chicago Tribune,* March 19, 1975.

19. US Senate, Judiciary Committee, Subcommittee on Administrative Practice and Procedures, *Oversight of Civil Aeronautics Board Practices and Procedures*, vol. 2, February 6–March 21, 1975 (Washington, DC: USGPO, 1075), 1,315; Marc Levinson, "Two Cheers for Discrimination: Deregulation and Efficiency in the Reform of U.S.Freight Transportation, 1976–1998," *Enterprise and Society* 10 (2009): 178–215; "Airlines Urge Simon to Impose Price Curbs on Jet Aviation Fuel," *Wall Street Journal,* January 9, 1974.

20. On Kahn, see Thomas K. McCraw, *Prophets of Regulation: Charles Frances Adams, Louis D. Brandeis, James M. Landis, Alfred E. Kahn* (Cambridge, MA: Harvard University Press, 1986). 这些法案包括：Railway Revitalization and Regulatory Reform Act of 1976 (P.L. 94–201), the Air Cargo Deregulation Act of 1977 (P.L.95–163), the Airline Deregulation Act of 1978 (P.L. 95–504), the Motor Carrier Regulatory Reform and Modernization Act of 1980 (P.L. 92–296), the Staggers Rail Act of 1980 (P.L. 96–448), the Household Goods Transportation Act of 1980 (P.L. 96–454), the Bus Regulatory Reform Act of 1982 (P.L. 97–261), and the Shipping Act of 1984 (P.L. 98–237).

21. 关于美国对利率放松管制，并在 1980 年实施《存款机构放松管制和货币管制法》，参见：Greta R. Krippner, *Capitalizing on Crisis: The Political Origins of the Rise of Finance* (Cambridge, MA: Harvard University Press, 2011), 58–85.

22. Peter T. Kilborn, "Money Isn't Everything in Greyhound Strike," *New York Times,* April 9, 1990; Gautam Naik, "U.K. Telecom Deregulation Delivers Nice Surprise:Jobs," *Wall Street Journal,* March 5, 1998.

第8章 出口机器

1. Yoshikuni Igarashi, *Narratives of War in Postwar Japanese Culture, 1945–1970* (Princeton, NJ: Princeton University Press, 2000), 201. See also Jayson Makoto Chun,*A Nation of a Hundred Million Idiots: A Social History of Japanese Television, 1953–1973*(New York: Routledge, 2007), 291. Photos of panic buying from *Asahi Shimbun*, November 1, 1973, at http://ajw.asahi.com/reliving_the_past/leaf/AJ2011110116049, viewed December 16, 2014.

2. Employment data are from US Department of Labor, "Comparative CivilianLabor Force Statistics, 10 Countries, 1960–2004," May 13, 2005.1960 年代, 资本投资占日本经济增长的 60%, 参见: Dale Jorgenson, Masahiro Kuroda, "Productivity and International Competitiveness in Japan and the United States, 1960–1985," in Charles R.Hulten, ed., *Productivity Growth in Japan and the United States* (Chicago: University ofChicago Press, 1991), 50。对日本生产率增长和每小时实际产出的估算来自世界大型企业研究会的 *Total Economy Database*, at http://www.conference-board.org/data/economydatabase/。Figures in OECD *Historical Statistics* are similar. Kazutoshi Koshiro, "Lifetime Employment in Japan: Three Models of the Concept," *Monthly Labor Review*, August 1984, 34–35. 报告中称, 大公司的终身雇用制大约始于 1910 年, 但直到 1955 年以后, 雇主才开始雇用应届毕业生, 并暗中承诺他们可以一直在公司工作到退休。

3. Hugh Patrick, "Prospects for Longer-Run Productivity Growth in Japan," Economic Growth Center, Yale University, Discussion Paper No. 257, December 1976,11; Edward F. Denison and William K. Chung, *How Japan's Economy Grew So Fast* (Washington, DC: Brookings Institution, 1976), 52, 54; M. Iyoda, *Postwar Japanese Economy* (New York: Springer, 2010), 20. 日本购买外国技术重塑了本国纺织业的相关案例见 Robert M. Uriu, *Troubled Industries: Confronting Economic Change in Japan* (Ithaca, NY: Cornell University Press, 1996), 151。关于日本储蓄率的文献有很多, 例如 Fumio Hayashi, "Is Japan's Saving Rate High?" and Lawrence J.Christiano, "Understanding Japan's Saving Rate: The Reconstruction Hypothesis," both in *Federal Reserve Bank of Minneapolis Quarterly Review* 13, no. 2 (spring 1989), and Charles Yuji Horioka, "Why Is Japan's Saving Rate So High? A Literature Survey," *Journal of the Japanese and International Economies*

4 (1990): 49–92。

4. 关于产能利用率、各工厂规模产量、食品店数量等数据，参见：Ministry of International Trade and Industry, *Statistics on Japanese Industries 1973*, 20, 26–27, 31, 47–49。1970 年日本共有 3030 万个家庭，参见：Statistics Bureau, Ministry of Internal Affairs and Communications, *Statistical Handbook of Japan 2014*, Table 2.3。各行业的生产率变化数据参见：Dale W. Jorgenson and Koji Nomura, "The Industry Origins of Japanese Economic Growth," National Bureau of Economic Research working paper 11800, November 2005, Table 19。

5. 关于经济规划者的焦虑，参见：Kozo Yamamura, "Joint Research and Antitrust: Japanese vs. American Strategies," in High Patrick, ed., *Japan's High Technology Industries: Lessons and Limitations of Industrial Policy* (Seattle: University of Washington School of Business, 1986), 183。Figure on relative labor costs is from President's Council of Economic Advisers, *Economic Report of the President 1974* (Washington, DC, 1974), 192。

6. Ibid.

7. Bank of Japan, *Monthly Economic Review*, February 1974, 4; Fox Butterfield, "In Japan, Oil May Expose Ills of Growth," *New York Times,* January 6, 1974.

8. G. John Ikenberry, "The Irony of State Strength; Comparative Responses to Oil Shocks in the 1970s," *International Organization* 40 (1986): 113–116.

9. Marc Levinson, *The Box: How the Shipping Container Made the World Smaller and the World Economy Bigger* (Princeton, NJ: Princeton University Press, 2006), 186–188. 日本在 1968 年年底的贸易逆差为 1600 万美元，1969 年顺差近 10 亿美元，参见：Ministry of Finance, Customs and Tariff Bureau, http://www.customs.go.jp/toukei/suii/html/nenbet_e.htm。

10. I.M.Destler, Haruhiro Fukui, and Hideo Sato, *The Textile Wrangle: Conflict inJapanese-American Relations, 1969–1971* (Ithaca, NY: Cornell University Press, 1979),66; Henry Kissinger, *White House Years* (Boston: Little, Brown, 1979), 336. The Japan–US Memorandum of Understanding was signed January 3, 1972; see "Agreement on Wool and Man-made Fibers," in US Department of State, *United States Treaties and Other International Acts*, vol. 23, part 3 (Washington, DC, 1972), 3167.

11. Japan Industrial Structure Council, *Japan in World Economy* (Tokyo, 1972),48–50.

12. Nakamura, *Postwar Japanese Economy*, 224; Konosuke Odaka, "Are We at the Verge of a Stagnant Society?" in Hisao Kanamori, ed., "Recent Developments of Japanese Economy and Its Differences from Western Advanced Economies," center paper 29, Japan Economic Research Center, September 1976, 33.

13. Chiaki Moriguchi and Horishi Ono, "Japanese Lifetime Employment: A Century's Perspective," in Magnus Blomstrom and Sumner La Croix, eds., *InstitutionalChange in Japan: Why It Happens and Why It Doesn't* (London: Routledge, 2006), 152–176; Uriu, *Troubled Industries*, 191–209. The shipbuilding industry accounted for Japan's economic output in 1975; its share slid to 0.2 percent by 1986. See OECD Council Working Party on Shipbuilding, "Peer Review of Japanese Government Support Measures to the Shipbuilding Sector," C/WP6 (2012) 26, 7.

14. Yoshimitsu Imuta, "Transition to a Floating Exchange Rate," in Mikiyo Sumiya, ed., *A History of Japanese Trade and Industry Policy* (Oxford: Oxford University Press, 2000), 528; Sueo Sekiguchi, "Japan: A Plethora of Programs," in Hugh Patrick, ed.,*Pacific Basin Industries in Distress* (New York: Columbia University Press, 1990), 437.

15. William Diebold Jr., *Industrial Policy as an International Issue* (New York: Mc-Graw-Hill, 1980), 162; Japan Automobile Manufacturers Association, *Motor Vehicle Statistics of Japan 2014*, 16, 32.

16. Imuta, "Transition to a Floating Exchange Rate," 527. Data on Japanese R&Dspending are from Steven Englander and Axel Mittelstadt, "Total Factor Productivity: Macroeconomic and Structural Aspects of the Slowdown," *OECD Economic Survey* 10 (1988): 36.

17. Dale W. Jorgenson and Masahiro Kuroda, "Productivity and International Competitiveness in Japan and the United States, 1960–1985," in Hulten, ed., *Productivity Growth in Japan and the United States*, 45.

18. Ibid., 592–593. The term "deindustrialization" was popularized by Barry Bluestone and Bennett Harrison, *The Deindustrialization of America* (New York: Basic Books, 1982).

19. James Chan Lee and Helen Sutch, "Profits and Rates of Return in OECD Countries," OECD Economics and Statistics Department, working paper 20, 1985.

20. See US International Trade Commission, *Bolts, Nuts, and Screws of Iron and Steel* (Washington, DC, 1975). 值得注意的是，该法的支持者都没有将提高生产率作为其目的，例如：House of Representatives,Committee on Ways and Means, *Prepared Statements of Administration Witnesses, Submitted to the Committee on Ways and Means at Public Hearings Beginning on May 9,1973* (Washington, DC: GPO, 1973)。

21. US International Trade Commission, *Bolts, Nuts, and Large Screws of Iron and Steel* (Washington, DC, 1977); Jimmy Carter, "American Bolt, Nut, and Large Screw Industry Memorandum from the President," February 10, 1978.

22. Jimmy Carter, "American Bolt, Nut, and Large Screw Industry Memorandum from the President," December 22, 1978; "Proclamation 4632–Temporary Duty Increase on the Importation into the United States of Certain Bolts, Nuts, and Screws of Iron or Steel," January 4, 1979; US Department of Commerce, International Trade Administration, "An Economic Assessment of the United States Industrial Fastener Industry (1979 to 1986)," March 1987; Gary Clyde Hufbauer and Howard Rosen, *Trade Policy for Troubled Industries* (Washington, DC: Institute for International Economics, 1986), 20.

23. Ibid., 23. 关于 20 世纪 70 年代和 80 年代早期 "特殊贸易保护" 对制造业部门的影响，胡夫鲍尔和罗森找到了 23 个例子，这还没有算上那些遭遇进口产品补贴或在美国市场以低于成本的价格销售的行业。See also W. Carl Biven, *Jimmy Carter's Economy: Policy in an Age of Limits* (Chapel Hill, NC: University of North Carolina Press, 2002), 228–234.

24. See Etienne Davignon, interview with Etienne Deschamps, Brussels, January 14, 2008, Centre virtuel de la connaissance sur l'Europe, at www.cvce.eu.

25. See Laurent Warlouzet, "The Golden Age of EEC Industrial Policy: Managing the Decline of Steel from 1977 to 1984," and Christian Marx, "A European Structural Crisis Cartel as a Solution to Structural Depression?," both presented at a conference on "The Practices of Structural Policy in Western Market Economies Since the 1960s," Zentrum fur Zeitgeschichte, Potsdam, May 28–29, 2015; Gotz Albert, *Wettbewerbsfähigkeit und Krise der deutschen Schiffbauindustrie 1945–1990* (Frankfurt am Main: P. Lang, 1998), 200–201; Lars C. Bruno and Stig Tenold, "The Basis for South Korea's Ascent in the Shipbuilding Industry,"

Mariner's Mirror 97 (2011): 201–217.

26. Jimmy Carter, "Remarks on Signing into Law H. R. 5680, the Chrysler Corporation Loan Guarantee Act of 1979," January 7, 1980. For detail on the Canadian auto industry during this period, see Michel Cote, "The Canadian Auto Industry, 1978–1986," *Perspectives on Labor and Income* 1 (Autumn 1989).

27. Stephen D. Cohen, "The Route to Japan's Voluntary Export Restraints on Automobiles," working paper no. 20, National Security Archive, 1997; US International Trade Commission, *A Review of Recent Developments in the U.S. Automobile Industry Including an Assessment of the Japanese Voluntary Restraint Agreements* (Washington,DC, 1985), 4–11. The Reagan quote appeared in Richard J. Cattani, "Carter, Reagan Cast for Votes Among Blacks, Auto Workers," *Christian Science Monitor*, September 3, 1980.

28. Shailendra J. Anjaria, Naheed Kirmani, and Arne B. Petersen, *Trade Policy Issues and Developments*, International Monetary Fund occasional paper no. 38 (Washington, DC, 1985), 47. 国际贸易委员会估计，1984 年日本在美国销售的汽车比没有限制措施的情况下少了 100 万辆，但每卖出一辆车，平均多得 17% 的利润——美国消费者向日本转移了 33 亿美元。该委员会估计，由于日本制造的汽车价格较高，国内汽车制造商从价格上涨中额外获得了 52 亿美元。1984 年上半年，汽车工人的平均工资为每小时 15.33 美元，即每年约 3.2 万美元。See *A Review of Recent Developments in the U.S. Automobile Industry*, 10, 41. 1985 年，加拿大每个工作岗位的成本估计从 20 万加元到 100 多万加元不等，相当于 14.5～73 万美元。See Margaret Kelly, Naheed Kirmani, Clemens Boonekamp, Miranda Xafa, and Peter Winglee, *Issues and Developments in International Trade Policy*, International Monetary Fund occasional paper no. 63 (Washington, DC, 1988), 79.

29. Ibid., 41. 作者估计，1981 年至 1984 年，日本制造商从对美出口中增加的收入为 61 亿美元。由于这一收入是通过生产和销售较少的汽车获得的，因此利润率的增长肯定更大。由于对加拿大的出口受到限制，日本制造商获得了更高的利润。

30. National Science Foundation, *National Patterns of R&D Resources: 1994* (Washington, DC, 1995), Table 3; Zvi Griliches, Ariel Pakes, and Bronwyn H. Hall, "The Value of Patents as Indicators of Inventive Activity," working paper

no. 2083, National Bureau of Economic Research, 1986, Table 2. 在 20 世纪 70 年代中期，初级金属行业的设备平均年龄为 10 年，1985 年达到 11.8 年。Allan Collard-Wexler and Jan De Loecker, "Reallocation and Technology: Evidencefrom the U.S. Steel Industry," NBER working paper 18739, January 2013. 作者指出，在引入电弧炉后，该行业生产率的提高很大程度上来自停用老旧设施。

第 9 章　美梦告终

1. *National Income 1929–32: Letter from the Acting Secretary of Commerce Transmittingin Response to Senate Resolution No. 220 (72nd Congress) a Report on National Income, 1929–1932,* (Washington, DC, 1934), 7. 之前很多年，国民生产总值是衡量经济规模的适用范围最广的标准。现在它在很大程度上已被国内生产总值所取代，国内生产总值是一种不包括外国来源的净收入的衡量标准。

2. Simon Kuznets, "Economic Growth and Income Inequality," *American EconomicReview* 45 (1955): 1–28. 库兹涅茨承认，他的研究对象是欧洲、北美和日本的经济，所以"不发达国家"的收入分配可能有所不同。

3. 本段有关收入分配的数据来自 T Anthony B.Atkinson and Salvatore Morelli, "Chartbook of Economic Inequality," at www.chartbookofeconomicinequality.com, accessed January 8, 2014。20 世纪五六十年代的数据，他们还提供了澳大利亚、加拿大、芬兰、法国、英国、日本、新西兰、挪威、南非、瑞典和美国的。如果每个家庭在全国收入中所占比例相等，则基尼系数为 0，如果所有收入都属于一个家庭，则基尼系数为 1。日本的基尼系数从战前的 0.3 左右下降到 1953 年的 0.04，表明平等程度非常高。See T. Mizoguchi, "Long-run Fluctuations in Income Distribution in Japan," *Economic Review* 37 (1986): 152–158, cited in Toshiaki Tachibanaki, *Confronting Income Inequality in Japan* (Cambridge, MA: MITPress, 2005), 59.

4. Facundo Alvaredo, Anthony B. Atkinson, Thomas Piketty, and Emmanuel Saez, "The Top 1% in International and Historical Perspective," *Journal of Economic Perspectives* 27 (2013): 7; Richard T. Griffiths, "Economic Growth and Overfull Employmentin Western Europe," in Richard T. Griffiths and Toshiaki Tachibanaki, eds., *From Austerity to Affluence: The Transformation of the Socio-Economic*

Structure of Western Europe and Japan (New York: St. Martin's Press, 2000), 68–72; Takenori Inoki, "From Rapid Growth to the End of Full Employment in Japan," in Griffiths and Tachibanaki, eds., *From Austerity to Affluence*, 87.

5. Thomas Piketty, *Capital in the Twenty-First Century* (Cambridge, MA: Harvard University Press, 2014.

6. Carmen DeNavas-Walt, Bernadette D. Proctor, and Jessica C. Smith, *Income, Poverty, and Health Insurance Coverage in the United States: 2012*, US Census Bureau, Current Population Reports, P60–245 (September 2013), Table A-4; Atkinson and Morelli, "Chartbook of Economic Inequality." 在美国，家庭总收入的基尼系数在 1974 年达到最低水平。

7. Alissa Goodman and Steven Webb, "For Richer, for Poorer: The Changing Distribution of Income in the United Kingdom, 1961–91," Institute for Fiscal Studies, 1994, 15–17, 40, 56–60; Mike Brewer, Alastair Muriel, and Liam Wren-Lewis, "Accounting for Changes in Inequality Since 1968: Decomposition Analyses for Great Britain," Institute for Fiscal Studies, 2009; UK Office for National Statistics, "Middle-Income Households, 1977–2011/12," December 2, 2013; A. B. Atkinson, "BringingIncome in from the Cold," *The Economic Journal* 107 (1997): 297–312. See alsoGregory Clark, "What Were the British Earnings and Prices Then? (New Series)" MeasuringWorth, 2015, at http://www.measuringworth.com/ukearncpi/.

8. Bruce Western and Kieran Healy, "Explaining the OECD Wage Slowdown: Recession or Labour Decline?" *European Sociological Review* 15 (1999): 234.

9. 1960 年之后六大经济体的劳动份额，参见：Sachverstandigenrat *Jahresgutachten 2012/13*, 318–341; 1975 年后类似的数据参见：Loukas Karabarbounis and Brent Neiman, "The Global Decline of the Labor Share," *Quarterly Journal of Economics* 129 (2014): 61–103. 有很多文献探讨该指标下降的意义，例如：Roberto Torrini, "Labour, profit and housing rent shares in Italian GDP: long-run trends and recent patterns," Banca d'Italia occasional paper 318, March 2016, and Benjamin Bridgman, "Is Labor's Loss Capital's Gain? Gross Versus Net Labor Shares," working paper, US Bureau of Economic Analysis, October 2014。布里奇曼断言，劳动份额的下降比人们普遍认为的要低得多，因为经济学家的模型对折旧的估算是错误的。

10. 稍后一段时间的关于这点的证据，Martin Adler and Kai Daniel Schmid,

"Factor Shares and Income Inequality—Empirical Evidence from Germany 2002–2008," discussion paper 82, Institut fur Angewandte Wirtschaftsforschung, University of Tubingen, May 2012.

11. Urban Lunberg and Klas Amark, "Social Rights and Social Security: The Swedish Welfare State, 1900–2000," *Scandinavian Journal of History* 26 (2001): 161.

12. Leif Hannes-Olsen, "Children's Allowances: Their Size and Structure in Five Countries," *Social Security Bulletin* (May 1972): 17–28; Matti Alestalo, Sven E. O. Hort, and Stein Kuhnle, "The Nordic Model: Conditions, Origins, Outcomes, Lessons," working paper 41, Hertie School of Governance, Berlin (2009).

13. OECD, *Historical Statistics 1960–88*, 67.

14. On Japan, see Toshiaki Tachibanaki, "Japan Was Not a Welfare State, But..." in Griffiths and Tachibanaki, eds., *From Austerity to Affluence*, 203.

15. 税收占美国国民收入的比率源自: www.usgovernmentrevenue.com, viewed February 15, 2015. Rates are from Tax Foundation, "U.S.Individual Income Tax Rates History," October 17, 2013. Jacob Fisher, "Earners and Dependents in Urban Families in Relation to Family Income," *Social Security Bulletin* 10, no. 4 (April 1947): 14; US Treasury Department, Internal Revenue Service, "Instructions for Form 1040A, United States Individual Income Tax Return, 1939."

16. B. E. V. Sabine, *A History of Income Tax* (London: Allen & Unwin, 1966), 196; Charlotte Twight, "Evolution of Federal Income Tax Withholding: The Machinery of Institutional Change," *Cato Journal* 14 (1995): 371.

17. On Japan, see Chiaki Moriguchi and Emmanuel Saez, "The Evolution of Income Concentration in Japan, 1885–2002: Evidence from Income Tax Statistics," *Review of Economics and Statistics* 90 (2005): 713-734. On Great Britain, see Tom Clarkand Andrew Dilmont, "Long-term Trends in British Taxation and Spending," Instituteof Fiscal Studies briefing note 25 (2002). 在美国，1951 年有两个孩子的家庭的收入中位数为 3270 美元，该收入的联邦所得税为 112 美元。US Census Bureau, Current Population Reports, "Consumer Income," Series P-60, no. 10, September 26, 1952, and Internal Revenue Service, "U.S. Individual Income Tax Return for Calendar Year 1951, Form 1040." On Canada, see Roger S. Smith, "The Personal Income Tax: Average and Marginal Rates in the Post-War Period," *Canadian Tax Journal* 43 (1995): 1059, 1065. On

Germany, see Giacomo Corneo, "The Rise and Likely Fall of the German Income Tax, 1958–2005," CESifo Economic Studies 51 (2005): 159–186.

18. 关于社会支出对经济规划者的吸引力，参见：Hans-Peter Ullmann,"Im 'Strudel der Maslosigkeit'? Die 'Erweiterung des Staatskorridors in der Bundesrepublik der sechziger bis achtziger Jahre," *Geschichte und Gesellschaft* 22 (2006):255–263, and Werner Ehrlicher, "Deutsche Finanzpolitik seit 1945," *VSWG: Vierteljahrschrift für Sozial-und Wirtschaftsgeschichte* 81 (1994): 10–19。

19. On the changes in Italy, see Daniele Franco, "A Never-Ending Pension Reform," in Martin Feldstein and Horst Siebert, eds., *Social Security Pension Reform in Europe* (Chicago: University of Chicago Press, 2002), 213–214.

20. Data on food stamps from US Department of Agriculture Food and Nutrition Service, at www.fns.usda.gov/sites/default/files/pd/SNAPsummary.pdf, viewed June 1, 2015.

21. OECD 国家女性的平均退休年龄从 1970 年的 63.4 岁下降到了 1980 年的 61.4 岁。在这段时间内经合组织国家男性的平均退休年龄从 65 岁下降到 63.3 岁。 OECD, "The RetirementDecision in OECD Countries," Ageing working paper 1.4 (2000); Bo Strath, "ThePolitics of Collective Consumption in Europe," in Griffiths and Tachibanaki, eds., *From Austerity to Affluence*, 178–185.

22. OECD dataset, "Tax revenue as % of GDP," stats.oecd.org, viewed February 9,2015. 冰岛 1977 年的数字是推算的，因为该国没有报告年度数据。

23. Deborah Mitchell, "Taxation and Income Distribution: The 'Tax Revolt' of the 1980s Revisited," Public Policy Program working paper 36, Australian National University, September 1993, 33–34, at https://digitalcollections.anu.edu.au/bitstream/1885/7301/1/Mitchell_Taxation1993.pdf; Hiromitsu Ishi, *The Japanese Tax System*, 3rd ed. (Oxford: Oxford University Press, 2001), 82.

24. Gebhard Kirchgassner, "Die Entwicklung der Einkommensteuerprogression in der Bundesrepublic Deutschland," *FinanzArchiv*, new series, 43 (1985): 333; Deborah Mitchell, "Taxation and Income Distribution," 18;Peter Jenkins, *Mrs. Thatcher's Revolution* (Cambridge, MA: Harvard University Press, 1988), 9; Smith, "The Personal Income Tax."

25. OECD, "Tax on Personal Income, Total, % of GDP," and "Social Security Contributions, Total, % of GDP," stats.oecd.org, viewed February 9, 2015.

26. President's Council of Economic Advisers, *Economic Report of the President* (Washington, DC, 1995), 366–367; Ishi, *The Japanese Tax System*, 51.

27. National debt measures were taken from the International Monetary Fund Public Debt Database, http://www.imf.org/en/Data#data.

28. Isaac William Martin, *The Permanent Tax Revolt* (Stanford, CA: Stanford University Press, 2008), 52–55. 马丁指出，20世纪60年代美国对房产税的攻击来自左右两派。

29. Jorgen Goul Andersen and Tor Bjorklund, "Structural Changes and New Cleavages: The Progress Parties in Denmark and Norway," *Acta Sociologica* 33 (1990): 195–217; Lars Norby Johansen, "Denmark," in Peter Flora, ed., *Growth to Limits:The Western European Welfare States Since World War II, Vol. 1* (Berlin: W. de Gruyter, 1986)*,* 351–352; Malcolm Rutherford, "Burning Tax Records," *Financial Times,* April 6, 1973; Hilary Barnes, "Backlash against welfare," *Financial Times,* November8, 1974.

30. Johansen, "Denmark," 368; Confidential memorandum, US Embassy in Copenhagen to Secretary of State, COPENH 00349 01 OF 02 071311Z, February 7, 1975, NARA, RG 59, Central Foreign Policy Files, Electronic Telegrams, at http://aad.archives.gov/aad/.

31. Christopher Warman, "Conservatives accused of making local government 'fall guys' as part of election preparation," *The Times* (London), January 14, 1974. 撒切尔在1974年6月27日的一次议会辩论中首次抨击利率，参见：Hansard HC875/1750。她1974年8月28日在英国广播公司的广播稿见 http://www.margaretthatcher.org/document/102391。

32. Andersen and Bjorklund, "Structural Changes," 203.

第10章　向右转

1. Michael J. Crozier, Samuel P. Huntington, and Joji Watanuki, "The Crisis ofDemocracy: Report on the Governability of Democracies to the Trilateral Commission" (New York: New York University Press, 1975), 166.

2. 美国的犯罪数据来自: the Federal Bureau of Investigation, Uniform Crime

Reporting Statistics, http://www.ucrdatatool.gov.

3. James Sterngold, "Kakuei Tanaka, 75, Ex-Premier and Political Force in Japan, Dies," *New York Times,* December 17, 1993.

4. Suzanne Berger, "Politics and Antipolitics in Western Europe in the Seventies," *Daedalus* 108 (1979): 27–50.

5. Samuel Brittan, "The Economic Contradictions of Democracy," *British Journalof Political Science* 5 (1975): 156–158.

6. Mancur Olson, *The Rise and Decline of Nations* (New Haven, CT: Yale University Press, 47, 74, 181–237.

7. Sir Keith Joseph, "This Is Not the Time to Be Mealy-mouthed: Intervention IsDestroying Us," speech at Upminster, June 22, 1974, at www.margaretthatcher. org/archive/displaydocument.asp?docid=110604. See also Hugo Young, *The Iron Lady* (New York: Farrar, Straus & Giroux, 1989), 85; Armin Schafer, "Krisentheorien der Demokratie: Unregierbarkeit, Spatkapitalismus und Postdemokratie," *Der ModerneStaat* 2, no. 1 (2009): 159–183. On Brandt's purported prediction, see Crozier et al., *The Crisis of Democracy,* 2.

8. Angus Maddison, *Historical Statistics of the World Economy: 1–2008 AD*, www. ggdc.net/maddison/Historical_Statistics/horizontal-file_02-2010.xls, viewed May 8, 2016.

9. Judd Stitziel, *Fashioning Socialism* (Oxford: Berg, 2005); Eichengreen, *European Economy Since 1945,* 131–162.

10. "Memorandum Prepared by the Office of Current Intelligence of the Central Intelligence Agency, Washington, August 13, 1974," *FRUS 1969–1976,* vol. E-15, part 1, document11, and "Memorandum of Conversation," December 4, 1973, ibid., document 28.

11. 施密特这句话的原始出处不明。在之后的一次采访中，他评论道："这句话我只说过一次，就被引用了一千次。一次就够了。" See "Verstehen Sie das, Herr Schmidt?" *Die Zeit,* March 4, 2010.

12. I have used the translation of Lennart Bilen. Roger Choate, "Ingmar BergmanTax Ordeal Swings Swedes Against Government," *The Times* (London), May 10, 1976; William Dullforce, "Strong Swing Against the Government in Sweden," *Financial Times,* May 11, 1976; William Dullforce, "Have Swedish Taxes

Reached SaturationPoint?" *Financial Times,* May 21, 1976.

13. "Bergman says farewell to Sweden," *The Times* (London), April 23, 1976; William Dullforce, "Ingmar Bergman Goes into Tax Exile," *Financial Times,* April 23, 1976; Birgitta Steen, *Ingmar Bergman: A Reference Guide* (Amsterdam: AmsterdamUniversity Press, 2005), 956.

14. Sven Olson, "Sweden," in Flora, ed., *Growth to Limits,* vol. 1, 15.

15. Olof Petersson, "The 1976 Election: New Trends in the Swedish Electorate," *Scandinavian Political Studies* 1 (New series, 1978): 109–121; "Modell in Gefahr," *DerSpiegel,* September 13, 1976; Gerard Caprio, "The Swedish Economy in the 1970's:The Lessons of Accommodative Policies," Federal Reserve Board international financed iscussion paper 205, April 1982.

16. Labour Party Manifesto, February 1974; Sandbrook, *State of Emergency,* 611–645.

17. David McKie, "Lord Callaghan," *The Guardian,* March 28, 2005; "Lord Callaghanof Cardiff," *The Telegraph,* March 28, 2005; Peter Jenkins, *Mrs. Thatcher's Revolution* (Cambridge, MA: Harvard University Press, 1988), 24.

18. Graffiti cited in Andy Beckett, "The Most Powerful Man in 70s Britain," *The Guardian,* April 22, 2009.

19. Prime Minister James Callaghan speech to Labour Party Conference, Blackpool, September 1976, http://www.britishpoliticalspeech.org/speech-archive.htm? speech=174; October 1974 Labour Party Manifesto, http://www.labourmanifesto. com/1974/oct/.

20. Joel Krieger, *Reagan, Thatcher, and the Politics of Decline* (New York: Oxford University Press, 1986), 9.

21. Andy Beckett, *When the Lights Went Out: Britain in the Seventies* (London: Faber, 2009), 486.

22. Margaret Thatcher, "Party Election Broadcast," April 30, 1979, Margaret Thatcher Foundation Archives (MTFA), document 104055. 关于民众对英国经济长期下行的恐惧，参见：Jenkins, *Mrs. Thatcher's Revolution,* 30–49。卡拉汉的引文在有几个版本，都没有权威确证。

23. For example, see Daniel Yergin and Joseph Stanislaw, *The Commanding Heights: The Battle Between Government and the Marketplace* (New York: Simon & Schuster, 1998).

24. US Energy Information Administration, *Monthly Energy Review*, February 2015, Tables 9.1 and 9.4.

25. Stacy L. Schreft, "Credit Controls: 1980," in Federal Reserve Bank of Richmond, *Economic Review* (November–December 1990): 25–55.

26. Phillips-Fein, *Invisible Hands*; Hugh Heclo and Rudolph Penner, "Fiscal and Political Strategy in the Reagan Administration," in Fred I. Greenstein, ed., *The Reagan Presidency: An Early Assessment* (Baltimore: Johns Hopkins University Press, 1983).

27. 1980 年 10 月 28 日里根与卡特辩论的文字记录，参见：http://www.debates. org/index.php?page=october-28-1980-debate-transcript.

28. John Antcliffe, "40 Years Ago Today: Governor Reagan at the Royal Albert Hall," *Wall Street Journal,* November 5, 2009. 撒切尔夫人没有参加董事学会的演讲，但她的丈夫告诉了她。她的丈夫当时在场，并获得了一份打印件。See January 8, 1990, interview of Thatcher byGeoffrey Smith, MTFA, document 109324.

29. Bundesministerium für Wirtschaft, "Perspektiven des Wirtschaftswachstums in der Bundesrepublik Deutschland bis zum Jahre 1995," December 6, 1979, appendix Table 12, BA, B102/306599.

30. Yasuo Takao, "Welfare State Retrenchment—The Case of Japan," *Journal of Public Policy* 19 (1999): 265–266; Ellis S. Krauss, "Japan in 1983: Altering the Status Quo?" *Asian Survey* 24 (1984): 89; James Elliott, "The 1981 Administrative Reform in Japan," *Asian Survey* 23 (1983): 765.

31. Martin Fackler, "Japan's Elder Statesman Is Silent No Longer," *New York Times,* January 29, 2010.

32. Toshiaki Tachibanaki, "Japan Was Not a Welfare State, But..." in Griffiths and Tachibanaki, *From Austerity to Affluence, 205*; Kumon Shumpei, "Japan Faces Its Future: The Political-Economics of Administrative Reform," *Journal of Japanese Studies*10 (1984): 143–165.

第 11 章　撒切尔

1. Charles Goodhart, "The Conduct of Monetary Policy," *Economic Journal* 99 (1989):

296.

2. Milton Friedman, *A Program for Monetary Stability* (New York: Fordham University Press, 1959); Milton Friedman and Anna J. Schwartz, *A Monetary History of the United States* (Princeton, NJ: Princeton University Press, 1963); Friedman, "The Role of Monetary Policy," speech to the American Economic Association, Washington, DC, December 29, 1967, published in *American Economic Review* 58 (March 1968): 2-17.

3. 这位官员是英格兰银行的出纳总管约翰·福德（John Fforde）。See Duncan Needham, *UK Monetary Policy from Devaluation to Thatcher* (Basingstoke: Palgrave Macmillan, 2014), 34.

4. 弗里德曼此时已经是英国的知名人物了，参见：Edward Nelson, "Milton Friedman and U.K. Economic Policy: 1938–1979," working paper 2009–017A, Federal Reserve Bank of St. Louis, April 1979。保守党的政纲见 "The Right Approach," October 4, 1976, MTFA, document 109439, and "The Right Approach to the Economy," October 8, 1977, MTFA, document 112551。

5. 英格兰银行从 20 世纪 70 年代初就开始使用货币供应目标，不过直到 1976 年才公开宣布。即便如此，这些目标也很少实现，很大程度上是因为政府希望英格兰银行利用其对短期利率的控制来支持国际货币市场上的英镑，于是国内的通货膨胀成为次要问题。See Needham, *UK Monetary Policy*, chaps. 2–4. 1979 年 5 月 4 日，大选后的第二天，理查森在给豪的一封密信中阐述了他对货币和汇率政策的看法。MTFA, document 113156. 引文来自这封信的附属文件，"Problems of Monetary Control," April 30, 1979。

6. G. K. Shaw, "Fiscal Policy Under the First Thatcher Administration, 1979–1983," *FinanzArchiv/Public Finance Analysis*, New Series, 41 (1983): 321–22.

7. Nigel Lawson, *The View from Number 11* (New York: Doubleday, 1993), 50.

8. UK Treasury, *Financial Statement and Budget Report 1980/1981* (London: H. M. Stationery Office, 1980), 19; letters, Karl Brunner to Thatcher, September 10, 1980, MTFA, document 115641; Allan Meltzer, Carnegie-Mellon University, to Thatcher, October 7, 1980, MTFA, document 113291; and "Note of a meeting between the Prime Minister and foreign participants in a seminar on monetary base control: 1430 hours 30 September at 10 Downing Street," MTFA, document 113259; Charles Moore, *Margaret Thatcher* (New York: Knopf, 2013), 462. 这里引用的失

业数据是根据经合组织报告的国际数据，低于英国当时报告的数字，对比请参见：James Denman and Paul McDonald, "Unemployment Statistics from 1881 to the Present Day," *Labour Market Trends* (January 1996): 5–18。

9. 撒切尔在保守党会议的演讲，Brighton, October 10,1980, is in MTFA, document 112637. 关于该目标的搁置，参见："Chancellor of the Exchequer Minute to the PM," November 14, 1980, MTFA, document 113302; Needham, *UK Monetary Policy*, 156–162。

10. *The Sun*, September 30, 1983, quoted in Nelson, "Milton Friedman and U.K. Economic Policy," 66.

11. Letter, D. K. Britto, Conservative Research Department, to Derek Howe, March 24, 1981, MTFA, document 114281; Lawson, *The View from Number 11*, 98.

12. 1982 年预算演说的记录稿载于 MTFA, document 111447。

13. "Trends in Manufacturing Productivity and Labor Costs in the U.S. and Abroad," *Monthly Labor Review*, December 1987; OECD, *Historical Statistics 1960–1990* (Paris 2001), 73.

14. Michael Heseltine, "Drake and Scull Holdings Ltd. (DSH)," Ministerial Committee on Economic Strategy Sub-committee on Disposal of Public Sector Assets," July 17, 1979, CAB 134/4339, MTFA, document 116489.

15. David Parker, *The Official History of Privatisation, Vol. 1: The Formative Years 1970–1987* (Abingdon, UK: Routledge, 2009), 15–17.

16. Edward Heath, *The Course of My Life: My Autobiography* (London: Bloomsbury, 1998), cited in Parker, 30.

17. "Final Report of the Nationalised Industries Policy Group," July 8, 1977, MTFA, document 110247.

18. Paul Pierson, *Dismantling the Welfare State* (New York: Cambridge University Press, 1994), 76.

19. U.K. Department of Communities and Local Government, Table 671, "Annual Right to Buy Sales for England," November 20, 2014; Patrick Cosgrave, *Thatcher: The First Term* (London: Bodley Head, 1985), 158.

20. 关于"私有化"的起源，参见：Germa Bel, "The Coining of 'Privatization' and Germany's National Socialist Party," *Journal of Economic Perspectives* 20 (2006): 187–194。Lawson, *The View from Number 11,* 22, 199–200. On the subcommittee,

see Nigel Lawson, "Disposals in 1980/81," MTFA, document 116843; "Ministerial Committeeon Economic Strategy Sub-committee on Disposal of Public Sector Assets," July 17, 1979, MTFA, document 113709, and Minutes, Ministerial Committee on Economic Strategy, Sub-Committee on Disposal of Public Sector Assets, July 19, 1979, CAB 134/4339, MTFA, document 116821.

21. For the speech, see Lawson, *The View from Number 11*, 1,039–1,054; the quotation from Thatcher is at 140. See also John Burton, "Privatization: The Thatcher Case," *Managerial and Decision Economics* 8 (1987): 24.

22. "Brief for the Prime Minister: NUM Special Delegate Conference: 21 October 1983," PREM19/1329 f213, MTFA, document 133124.

23. UK Department of Energy & Climate Change, "Historical Coal Data: Coal Production, 1853 to 2013," July 31, 2014.

24. U.K. Treasury, "Implementing Privatisation: The U.K. Experience" (n.d.),20.

25. Burton, "Privatization," 25–27; Robert Jupe, "The Privatisation of British Energy: Risk Transfer and the State," working paper 221, Kent Business School,2010.

26. Stephen Martin and David Parker, "Privatization and Economic Performance Throughout the UK Business Cycle," *Managerial and Decision Economics* 16 (1995): 225–237.

27. Madsen Pirie, *Privatization* (Aldershot: Wildwood House, 1988), 4; Brian Towers, "Running the Gauntlet: British Trade Unions Under Thatcher, 1979–1988," *Industrial and Labor Relations Review* 42 (1989): 175–177.

28. Nigel Lawson budget speech, March 15, 1988, Hansard HC 129/993–1013.

29. Production in Total Manufacturing for the United Kingdom" and "Registered Unemployment Level for the United Kingdom," both seasonally adjusted quarterly data, OECD Main Economic Indicators database, accessed May 10, 2015. See also Nigel M. Healey, "Fighting Inflation in Britain," *Challenge* 33 (1990): 38, and Graeme Chamberlin, "Output and Expenditure in the Last Three UK recessions," *Economic &Labour Market Review* 4 (August 2010): 51–64. 按照经合组织的测算，在撒切尔执政的 11 年里，劳动生产率上升了 22%；1970 年至 1979 年期间，劳动生产率上升了 30%。

30. 撒切尔政府的支持者声称，政府的政策激发了企业家精神，但在 20 世纪 80 年代成立的新企业中，有非常多的企业除了业主外没有其他雇员。大卫·高斯认为："显然，自营职业者的增加是小企业增多的主要原因。"See Goss, *Small Business and Society* (Abingdon, UK: Routledge, 1991), 34. See also Paul Dunne and Alan Hughes, "Age, Size, Growth and Survival: UK Companies in the 1980s," *Journal of Industrial Economics* 42 (1994): 115–140. 作者发现，只有最小的英国公司，即净资产在 400 万英镑以下的公司，在 1980—1985 年期间表现得异常活跃，净资产在 400 万英镑以上的公司，其表现与 20 世纪 70 年代非常相似。

31. Pierson, *Dismantling the Welfare State*, 105; James Denman and Paul McDonald, "Unemployment Statistics from 1881 to the Present Day," *Labour Market Trends*, January 1996, 11; UK Office of National Statistics, Freedom of Information Request 2013–1822, published May 16, 2013; James Banks, Ruchard Blundell, Antoine Bozio,and Carl Emmerson, "Disability, Health and Retirement in the United Kingdom,"Institute for Fiscal Studies working paper W11/12 (2011), 10, 21.

32. Jacques Attali, *C'était François Mitterrand* (Paris: Fayard, 2005), 92.

第 12 章　左翼的最后战场

1. Valery Giscard d'Estaing, speech at the Ecole polytechnique, Paris, October 28,1975, published as Giscard d'Estaing, *Le nouvel ordre* economique *mondial* (Paris: Centre de recherches europeennes, 1975), 7.

2. 就业人数下降的情况大多发生在工人人数超过 500 人的工厂，参见：Guy De Meo, "La crise du systeme industriel en France au debut des annees 1980," Annales de Géographie 93 (1984): 328。根据经合组织的数据，1974 年吉斯卡尔上任时，制造业就业人数占法国总就业人数的 28.4%，但到了 1981 年该比例只有 25.1%。

3. 研究支出从 1969 年占 GDP 的 2.1% 下降到 1980 年的 1.8%，而且大部分是在国有企业；到了这一时期，私人的研究和开发支出已经全部枯竭。De Meo, "La crise du systeme industriel en France," 327. On Giscard's responses, see his comment during the presidential debate, "Face a face televise entre MM. Valery Giscard d'Estaing et Francois Mitterrand, lors de la campagne officielle pour le

second tour de l'election presidentielle, Paris, mardi 5 mai 1981," at http://discours.
vie-publique.fr/notices/817005300.html, viewed April 19, 2015.

4. Jacques Attali, *C'était François Mitterrand*, 54–55.

5. Jacques Attali, *La nouvelle* economie *française* (Paris: Flammarion, 1978), 113,
226–250.

6. See "Intervention de M. Francois Mitterrand," and Jacques Attali, "Principes et
Techniques d'une politique economique Socialiste," to the Socialist Party meeting,
Entretiens, no. 75, June 6, 1975; and Parti Socialiste, "110 propositions pour la
France," April 1981. See also Jean-Gabriel Bliek and Alain Parguez, "Mitterrand's
Turn to Conservative Economics: A Revisionist History," *Challenge* 51 (2008):
97–109.

7. Attali, *C'était François Mitterrand,* 108.

8. 关于退休计划，参见：Daniel Frank, Raymond Hara, Gerard Magnier,and Olivier
Viller, "Entreprises et contrats de solidarite de preretraite-demission," *Revue du
Travail et Emploi* 13 (1981): 75–89。

9. Bela A. Balassa, *The First Year of Socialist Government in France* (Washington,
DC: American Enterprise Institute, 1982), 3.

10. Richard Holton, "Industrial Policy in France: Nationalization Under Mitterrand,"
West European Politics 1 (1986): 72–75; Balassa, *The First Year of Socialist
Government in France*, 3–4.

11. Vivien A. Schmidt, *From State to Market: The Transformation of French Business
and Government* (Cambridge, UK: Cambridge University Press, 1996), 108. See
also Bertrand Jacquillat, "Nationalization and Privatization in Contemporary
France," Hoover Institution Essays in Public Policy (Stanford, CA: Hoover
Institution Press), 1988.

12. Elliot Posner, *The Origin of Europe's New Stock Markets* (Cambridge, MA:
Harvard University Press, 2009), 80–88.

13. Thomas Rodney Christofferson, *The French Socialists in Power, 1981–1986*
(Newark, DE: University of Delaware Press, 1991), 124.

14. Mitterrand quotation in Attali, *C'était François Mitterrand*, 157; Schmidt, *From
State to Market*, 97–106.

15. John Darnton, "Spain's Stunning Takeover," *New York Times,* February 25,1983;

Justino Sinova, "Para que sirve la nacionalizacion," *Diario 16*, February 28,1983.

16. Andrew Moravcsik, *The Choice for Europe: Social Purpose and State Power from Messina to Maastricht* (Ithaca, NY: Cornell University Press, 1998), 341–343; James E.Cronin, *Global Rules: America, Britain, and a Disordered World* (New Haven, CT: Yale University Press, 2014), 129.

17. Laura Cabeza Garcia and Silvia Gómez Anson, "The Spanish Privatisation Process: Implications on the Performance of Divested Firms, *International Review of Financial Analysis* 16 (2007): 390–409; Alvaro Cuervo Garcia, *La privatización de la empresa pública* (Madrid: Ediciones Encuentro, 1997), 146; Sofia A. Perez, *Banking on Privilege: The Politics of Spanish Financial Reform* (Ithaca, NY: Cornell University Press,1997), 151–154; Keith Salmon, "Spain in the World Economy," in Richard Gillespie, Fernando Rodrigo, and Jonathan Story, eds., *Democratic Spain: Reshaping External Relations in a Changing World* (London: Routledge, 1995), 80.

18. Arrete du 21 novembre 1986 fixant les modalites de la privatisation de la Compagnie de Saint-Gobain, https://www.legifrance.gouv.fr/affichTexte. do?cidTexte=LEGITEXT000006070659&dateTexte=.

19. Michel Berne and Gerard Pogorel, "Privatization Experiences in France," CESifo Dice Report 1/2005, 33.

20. William L. Megginson and Jeffry M. Netter, "State to Market: A Survey of Empirical Studies on Privatization," *Journal of Economic Literature* 39 (2001): 321–389. Spain's private companies were persistently more profitable than state companies between 1985 and 1995, earning twice the average return on capital; see Cuervo Garcia, *La privatización*, 76.

21. 就业和失业数据, 参见: OECD, Main Economic Indicators, and The Conference Board, "International Comparisons of Manufacturing Productivity & Unit Labor Cost Trends," https://www.conference-board.org/ilcprogram/#LaborForce。

第13章　早安，美国！

1. Memo to Federal Open Market Committee (FOMC) from Stephen Axilrod and

Peter Sternlight, October 4, 1979; FOMC, "Summary and Outlook" ["Greenbook"], September 12, 1979; Transcript, FOMC meeting, October 6, 1979, all available athttps://www.federalreserve.gov/monetarypolicy/fomchistorical2010.htm. 背景资料参见：David E. Lindsey, Athanasios Orphanides, and Robert H. Rasche, "The Reform of October 1979: How It Happened and Why," Federal Reserve Board Finance and Economics Discussion Series, working paper 2005-02, December 2004。

2. Federal Reserve Board, "Meeting of Federal Open Market Committee, October 6, 1979, Minutes of Actions"; Federal Reserve Board press release, November 23, 1979.

3. Transcript, FOMC meeting, October 6, 1979, 8, 17. 芝加哥联邦储备银行总裁、尼克松的预算主管罗伯特·梅奥发现，这一转变支持了美联储批评者的意见。

4. William R. Neikirk, *Volcker: Portrait of the Money Man* (New York: Congdon & Weed, 1987), 59; Joseph B. Treaster, *Paul Volcker: The Making of a Financial Legend* (Hoboken, NJ: Wiley, 2004).

5. Treaster, *Paul Volcker,* 32.

6. Paul A. Volcker, *The Rediscovery of the Business Cycle* (New York: Free Press, 1978), 61–62; John Berry, "Fed Lifts Discount Rate to Peak 11% on Close Vote," *Washington Post,* September 19, 1979.

7. 关于美联储的储备目标如何运作的实际解释，参见：RichardW. Lang, "The FOMC in 1979: Introducing Reserve Targeting," *Federal Reserve Bank of St. Louis Quarterly Review* (March 1980): 2–25。

8. Allen quotation from Cronin, *Global Rules*, 93.

9. George Gilder, *Wealth and Poverty* (New York: Basic Books, 1981), 12, 45. Other important books by supply-siders include Jude Wanniski, *The Way the World Works* (Washington, DC: Regnery, 1978); Paul Craig Roberts, *The Supply-Side Revolution* (Cambridge, MA: Harvard University Press, 1984); Bruce R. Bartlett and Timothy Roth, eds., *The Supply-Side Solution* (London: Macmillan, 1983); and Victor A. Canto, Douglas H. Joines, and Arthur B. Laffer, *Foundations of Supply-Side Economics—Theory and Evidence* (New York: Academic Press, 1983).

10. 许多供给学派的倡导者后来否认曾预测较低的边际税率会带来较高的税收。Bruce Bartlett, "The Laffer Curve:Part 1," *Tax Notes*, July 16, 2012. On the

irrelevance of budget deficits, see Robert Ortner, *Voodoo Deficits* (New York: Dow Jones Irwin, 1990), 41–80.

11. Gilder, *Wealth and Poverty,* 12, 20, 45, 188.

12. 20 世纪 70 年代，美国投资收入的最高税率为 70%，工资收入的最高税率为 50%。在这十年间，资本收益的税率，如出售持有一年以上的股票所获的资本利得的税率一直较低，而且一部分资本收益不在征税之列。虽然股票的红利按较高的税率征税，但这并不影响对创业公司的投资，因为这些公司通常不支付红利。

13. Arthur Laffer, "The Laffer Curve: Past, Present, and Future," Heritage Foundation Backgrounder 1765, June 1, 2004; Don Fullerton, "On the Possibility of an Inverse Relationship Between Tax Rates and Government Revenues," working paper 467, National Bureau of Economic Research, April 1980.

14. "America's New Beginning: A Program for Economic Recovery," (Washington, DC: White House, 1981); Reagan address to Congress, July 27, 1981.

15. Tax Foundation, "Special Report: The Economic Recovery Tax Act of 1981," September 1, 1981.

16. Congressional Budget Office, "Building a 600-Ship Navy," March 1982, and "Future Budget Requirements for the 600-Ship Navy," September 1985; David A.Stockman, *The Triumph of Politics: How the Reagan Revolution Failed* (New York: Harper & Row, 1986), 130.

17. Congressional Budget Office, "An Analysis of President Reagan's Budget Revisions for Fiscal Year 1982," March 1981, A-54-A78.

18. Stockman, *Triumph of Politics,* 132.

19. 对斯托克曼的引言来自电视节目中的一次采访。*Frontline,* April 20, 1986.

20. Edward F. Denison, *Trends in American Economic Growth, 1929–1982* (Washington, DC: Brookings Institution, 1985), 5.

21. 考夫曼给客户的有影响力的说明，参见：Henry Kaufman, *On Money and Markets: A Wall Street Memoir* (New York: McGraw-Hill, 2000), 168。

22. 衡量汇率变化的方法有很多。这里使用的是联邦储备委员会的贸易加权汇率指数，该指数从 1981 年 1 月的 91 上升到 1985 年 3 月的 162（1973 年 3 月为 100）。根据美联储在各国通货膨胀率的基础上调整的指数，美元的价值在这段时间上升了 42%。

23. Trade data are from the World Bank, *World Development Report 1982*, 12. On Akron, see Larry Ledebur and Jill Taylor, "Akron, Ohio: A Restoring Prosperity Case Study," Brookings Institution, 2008; Federal Housing Finance Agency, "All-Transactions House Price Index for Peoria, IL (MSA)," available from Federal Reserve Bank of St.Louis, https://research.stlouisfed.org/fred2/series/ATNHPIUS37900Q.

24. For praise of Reagan's economic policies, see Robert L. Bartley, *The Seven Fat Years* (New York: Free Press, 1992). 亨利·考夫曼回忆，里根政府强烈反对他的观点，即很多联邦借款的利率都过高了，共和党的国会领导人敦促他支持政府的立场。See Kaufman, *On Money and Markets*, 270. On the importance of Reagan's support for Volcker, see Samuelson, *The Great Inflation,* 112.

25. See Nixon comments at March 21, 1970, press conference, *Public Papers of the Presidents of the United States: Richard Nixon, 1970* (Washington, DC: USGPO, 1971) 87.

26. Congressional Budget Office, *Trends in the Distribution of Household Income Between 1979 and 2007* (Washington, DC, 2011), supplemental data for Figure 4; US Bureau of Labor Statistics, Current Population Survey, http://www.bls.gov/cps. 想要确定低税率对通货膨胀调整后的工资中位数的影响是很困难的，因为工资是由单个人领取的，而已婚夫妇往往共同支付所得税。根据税收政策中心的数据，家庭收入中位数——而非工资中位数——的平均联邦所得税率从 1981 年的 11.8% 下降到 1989 年的 9.3%。将这一降幅应用于通货膨胀调整后的工资中位数，得出里根任期内工资增长了约 5%。收入低于中位数的家庭下降的幅度较小。Data from the Tax Policy Center, at http://www.taxpolicycenter.org/taxfacts/Content/PDF/family_inc_rates_hist.pdf, viewed August 4, 2015. On thereal incomes of the lowest 20 percent of households, see the underlying data forFigure 2 in Congressional Budget Office, *Trends in the Distribution of Household Income Between 1979 and 2007.*

27. US Census Bureau, "Historical Census of Housing Tables Home Values," median home values adjusted to 2000 dollars; Arthur B. Kennickell and Janice Shack-Marquez, "Changes in Family Finances from 1983 to 1989: Evidence from the Survey of Consumer Finances," *Federal Reserve Bulletin* (January 1992): 1–18. Installment debt reached a record level, measured against income, in 1986; see

Robert B. Avery, Gregory E. Elliehausen, and Arthur B. Kennickell, "Changes in Consumer Installment Debt:Evidence from the 1983 and 1986 Surveys of Consumer Finances," *Federal Reserve Bulletin* (October 1987): 761–778.

28. *Frontline*, April 20, 1986.

29. President's Commission on Industrial Competitiveness, *Global Competition: The New Reality* (Washington, DC, 1985), 12.

30. Krippner, *Capitalizing on Crisis*, 37. 生产率增长、投资和设备平均使用年限取自美国经济分析局的国民收入和产品账户。衡量投资的是净投资，它考虑到了现有设备的折旧率。

31. Employee Benefit Research Institute, "What Are the Trends in U.S. Retirement Plans?" at http://www.ebri.org/publications/benfaq/index.cfm?fa=retfaq14, viewed August 1, 2015. See also William J. Wiatrowski, "The Last Private Industry Pension Plans:A Visual Essay," *Monthly Labor Review* (December 2012): 4; Robin A. Cohen et al., "Health Insurance Coverage Trends, 1959–2007," *National Health Statistics Reports* 17(2009): 9.

第 14 章　失落的十年

1. World Bank, *World Development Report 1982* (Washington, DC, 1982), 24,190–196.

2. 负债数据源于世界银行的年度出版物，*World DebtTables*。See also World Bank, *World Development Report 1982* and *1983*. The 1970–1980 growth rate appears in *World Development Report 1982*, 35. On the growth of the commercial paper market in the 1970s, see Peter A.Abken, "Commercial Paper," FederalReserve Bank of Richmond, *E conomic Review* (March/April 1981): 11–21.

3. Arthur F. Burns, "The Need for Order in International Finance," address at Columbia University, April 12, 1977; Federal Deposit Insurance Corporation (FDIC), *An Examination of the Banking Crises of the 1980s and Early 1990s* (Washington, DC, 1997), 196–197. On the British banks, see Philip L. Cottrell, "The Historical Development of Modern Banking Within the United Kingdom," in Manfred Pohl and Sabine Freitag, eds., *Handbook on the History of European*

Banks (Aldershot, England: Elgar, 1994), 1,157.

4. Anne O. Krueger, "Debt, Capital Flows, and LDC Growth," *American Economic Review* 77 (May 1987): 159–164.

5. Paul Volcker and Toyoo Gyohten, *Changing Fortunes* (New York: Times Books, 1992), 180.

6. *World Development Report 1982,* 16.

7. Philip L. Zweig, *Wriston* (New York: Crown, 1995), 756–761.

8. Alan Riding, "Survivor: Jesus Silva Herzog," *New York Times,* August 21, 1982; Federal Reserve Board, "Transcript of Federal Open Market Committee Meeting of June 30–July 1, 1982," June 30, 1982, Afternoon Session," 23, and "Record of the Policy Actions of the Federal Open Market Committee, Meeting Held on August 24, 1982"；James M. Boughton, *Silent Revolution: The International Monetary Fund, 1979–1989* (Washington, DC: International Monetary Fund, 2001), 281–317.

9. *World Development Report 1982,* 2; Graciela L. Kaminsky and Alfredo Pereira, "The Debt Crisis: Lessons of the 1980s for the 1990s," Federal Reserve Board, international finance discussion paper 481, September 1994; FDIC, *An Examination*, 206.

10. For a history of the many instances in which governments defaulted on their foreign debts, see Carmen M. Reinhart and Kenneth S. Rogoff, *This Time Is Different: Eight Centuries of Financial Folly* (Princeton, NJ: Princeton University Press, 2009), 68–118.

11. 美国的联邦特许银行被法律禁止向单一借款人提供超过相当于其自有资本10%的贷款，但他们的监管方允许他们绕过法律，把一个国家的政府拆分为国有石油公司和国家开发银行。有趣的是，国会在1982年将10%的限制提高到15%，当时正好是危机爆发的时候。See FDIC, *An Examination,* 203–204. 沃尔克在 *Changing Fortunes,* 195 中强调，国会坚决反对限制银行对拉美地区贷款。

12. 关于8月12日之后几天的事件，参见：John Makin, *The Global Debt Crisis* (New York: Basic Books, 1984), 11–15。

13. International Monetary Fund, *Annual Report 1983* (Washington, DC, 1983), 177.

14. FDIC, *An Examination,* 197; John E. Young, "Supervision of Bank Foreign Lending," Federal Reserve Bank of Kansas City, *Economic Review* (May 1985): 36.

15. Makin, *The Global Debt Crisis,* 238.

16. Jose Maria Dagnino Pastore, "Progress and Prospects for the Adjustment Program in Argentina," in John Williamson, ed., *Prospects for Adjustment in Argentina, Brazil, and Mexico* (Washington, DC: Institute for International Economics, 1973), 7–25; Boughton, *Silent Revolution,* 8.

17. Barbara A. Bennett and Gary C. Zimmerman, "U.S. Banks' Exposure to Developing Countries: An Examination of Recent Trends," Federal Reserve Bank of San Francisco, *Economic Review* (Spring 1988): 14–29.

18. Richard E. Feinberg, "Comment: Debt and Trade in U.S.-Latin American Relations," in Kevin J. Middlebrook and Carlos Rico, eds., *The United States and Latin America in the 1980s* (Pittsburgh: University of Pittsburgh Press, 1986), 300.

19. Growth in real per capita incomes, from IMF data, is taken from Martin Feldstein et al., *Restoring Growth in the Debt-Laden Third World* (New York, Trilateral Commission, 1987), 7.

20. IMF, *World Economic Outlook* (April 1987), Table A50. 1975—1980 年，拉丁美洲国家将其总收入的近 23% 用于投资，在 20 世纪 80 年代，这一数字下降到 18% 以下。See Jose Antonio Ocampo, "The Latin American Debt Crisis in Historical Perspective,"Initiative for Policy Dialogue, Columbia University (2013).

21. Boughton, *Silent Revolution*, 418–429.

22. Don Babai, "The World Bank and the IMF: Rolling Back the State or Backing Its Role?" in Raymond M. Vernon, ed., *The Promise of Privatization* (New York: Council on Foreign Relations, 1988), 260.

23. Susan M. Collins and Won-Am Park, "External Debt and Macroeconomic Performance in South Korea," and Edward F. Buffie and Allen Sangines Krause, "Mexico 1958–86," in Jeffrey D. Sachs, ed., *Developing Country Debt and the World Economy* (Chicago: University of Chicago Press, 1989), 121–140, 158. 作者说，1985 年墨西哥的外债占国民收入的 55.1%，韩国的外债占 56.3%。

24. Jeromin Zettelmeyer, "Growth and Reforms in Latin America: A Survey of Facts and Arguments," working paper 06/210, International Monetary Fund, September 2006.

第 15 章　新世界的曙光

1. Conference Board Total Economy Database, at www.conference-board.org/data/ economydatabase/, May 2015. 本段列举的 12 个富裕国家是澳大利亚、比利时、 加拿大、法国、意大利、日本、荷兰、瑞典、瑞士、英国、美国和联邦德国。

2. 本段所述的指标在学术上叫作 "全要素生产率"，有时也称为 "多要素生产 率"。它的主要组成部分通常被称为 "劳动质量"（与教育、培训和经验有关）、 "资本深化"（以工人的人均资本量衡量，但随后根据折旧进行调整）和 "技 术变化"，它通常被定义为生产率增长中没有被劳动质量和资本深化的变化所 解释的部分。关于各经济体的基本资料和数据，请参见: Nicholas Crafts, "What Creates Multifactor Productivity?" presentation to European Central Bank, 2008, and Wolodar Lysko, "Manufacturing Multifactor Productivity in Three Countries," *Monthly Labor Review* (July 1995): 39–55。See also Sachverstandigenrat, "Zu den gesamtwirtschaftlichen Auswirkungen der Oelkrise," December 17, 1973, BA B136/7459. For US productivity estimates, see *Historical Statistics of the United States, Earliest Times to the Present: Millennial Edition,* (New York: Cambridge University Press, 2006), series Cg290. See also Jean Acheson, "Multi-factor Productivity: Estimates for 1970 to 2009," UK Office for National Statistics, *Labor Market Review* (May 2011): 80, and Giersch, Paque, and Schmieding, *The Fading Miracle,* 220.

3. OECD, *Historical Statistics, 1960–1980*, Tables 7.1–7.4. 将 1960 年的利润设定 为 100，1975 年德国经济部认定，在扣除通货膨胀因素后，此后几乎每一年 的利润都低于 80，1973 年甚至降至 60。Deutscher Bundestag, 7.Wahlperiode, Drucksache 7/2848. On Japan, see Nakamura, *The Postwar Japanese Economy*, 226. See also BMWi, "Fortschreibung der mittelfristigen Zielprojektion bis 1977," unsigned draft memorandum, March 8, 1973, BA, B102/306599. 关于法国，参见: Institut National de la Statistique et des Etudes Economiques, "Partage de la valeur ajoutee, partage des profits et ecarts des remunerations en France" (2009), 67.

4. *Historical Statistics of the United States*, Series Cf182. 关于环境法规对经济的潜 在影响，参见: Council of Economic Advisors, Economic Report of the President, 1972 (Washington, DC, 1972), 123; BMWi, "Fortschreibung der mittelfristigen Zielprojektion bis 1977"。其中建议: "未来几年，这一领域的法律要求越高，

就越会限制增长潜力。"

5. Keith O. Fuglie, "Productivity Growth and Technology Capital in the Global Agricultural Economy," in Keith O. Fuglie, Sun Ling Wang, and V. Eldon Ball, *Productivity Growth in Agriculture: An International Perspective* (Wallingford, UK: CAB International, 2012), 335–367; OECD Historical Statistics 1960–1980, Tables 2.9 and5.4. 在经合组织国家，制造业在经济总产出中的比例逐渐下降，从 1960 年的 29.6% 下降到 1990 年的 22.2%。对于生产率增长的衡量的深层技术性探讨，一份可读性总结是 Paul S. Adler, "The Productivity Puzzle: Numbers Alone Won't Solve It," *Monthly Labor Review*, October 1982, 15–21。

6. Sir Keith Joseph, "This Is Not the Time to Be Mealy-mouthed: Intervention Is Destroying Us," speech at Upminster, June 22, 1974, MTFA, document 110604.

7. Fumio Hayashi and Edward C. Prescott, "The 1990s in Japan: A Lost Decade," *Review of Economic Dynamics* 5 (2002): 206–235.

8. For Rivlin quotation, see Biven, *Jimmy Carter's Economy*, 206.

9. Diego Comin and Marti Mestri, "If Technology Has Arrived Everywhere, Why Has Income Diverged?" National Bureau of Economic Research working paper 19010, 2013. 作者发现，新技术的传播速度比过去更快。

10. Sumon Bhaumik, "Productivity and the Business Cycle," UK Department for Business Innovation and Skills, economics paper no. 12, March 2011; Robert Shackleton, "Total Factor Productivity Growth in Historical Perspective," US Congressional Budget Office, working paper 2013–01, March 2013; Shane Greenstein, *How the Internet Became Commercial: Innovation, Privatization, and the Birth of a New Network* (Princeton, NJ: Princeton University Press, 2016), 249–300.

11. Robert J. Gordon, *The Rise and Fall of American Growth: The U.S. Standard of Living Since the Civil War* (Princeton, NJ: Princeton University Press, 2016), 2.

12. David Koistinen, "The Origins of Offshoring," paper presented to the Business History Conference, Miami, Florida, June 27, 2015.

13. Zuliu Hu and Mohsin S. Khan, "Why Is China Growing So Fast?" International Monetary Fund *Economic Issues* 8 (1997); Conference Board, "Conference Board Total Economy Database, Summary Tables," May 2015, Table 10.

14. Englander and Mittelstadt, "Total Factor Productivity," 17–18. Robert Brenner,

The Economics of Global Turbulence (London: Verso, 2006) 6–7, 101–109. 布伦纳指出，制造商的利润下降是生产率增长乏力的主要原因。

15. Raghuram G. Rajan, *Fault Lines: How Hidden Fractures Still Threaten the World Economy* (Princeton, NJ: Princeton University Press, 2010).

16. Wolfgang Streeck, *Buying Time: The Delayed Crisis of Global Capitalism* (London: Verso, 2014), 4.

17. 退休年龄的统计来自经合组织对平均有效退休年龄的估计。关于社会安全，参见: Orlo Nichols, Michael Clingman, and Alice Wade, "Internal Real Rates of Return Under the OASDI Program for Hypothetical Workers," Social Security Administration *Actuarial Note*, no. 2004.5 (March 2005)。利润已经排除了通货膨胀因素。

18. John G. Fernald, "Productivity and Potential Output Before, During, and After the Great Recession," Federal Reserve Bank of San Francisco working paper 2014–15, June 2014.

19. Ricardo Hausmann, Lant Pritchett, and Dani Rodrik, "Growth Accelerations," *Journal of Economic Growth* 10 (2005): 303–329.

20. 1980—1994 年期间，美国约有 1617 家受联邦保险保障的银行倒闭，此外还有许多没有联邦保险的互助机构和州政府特许银行。引文来自: Paul A. Samuelson, "To Protect Manufacturing?" *Zeitschrift für die gesamte Staatswissenschaft* 137 (1981): 407。

© 民主与建设出版社，2021

图书在版编目（CIP）数据

大转折 / (英) 马克·莱文森 (Marc Levinson) 著；
多绥婷译. — 北京：民主与建设出版社, 2021.11（2023.8重印）
　书名原文：An Extraordinary Time：The End of
the Postwar Boom and the Return of the Ordinary
Economy
　ISBN 978-7-5139-3708-5

　Ⅰ. ①大… Ⅱ. ①马… ②多… Ⅲ. ①世界经济—经
济史 Ⅳ. ①F119

中国版本图书馆CIP数据核字(2021)第217034号

本书简体中文版由银杏树下（上海）图书有限责任公司出版。

版权登记号：01-2021-7378

大转折
DA ZHUANZHE

著　　者　［英］马克·莱文森
译　　者　多绥婷
筹划出版　银杏树下
出版统筹　吴兴元
责任编辑　王　颂
特约编辑　李　峥
营销推广　ONEBOOK
装帧制造　墨白空间·黄怡祯
出版发行　民主与建设出版社有限责任公司
电　　话　（010）59417747　59419778
社　　址　北京市海淀区西三环中路10号望海楼E座7层
邮　　编　100142
印　　刷　天津中印联印务有限公司
版　　次　2021年11月第1版
印　　次　2023年8月第3次印刷
开　　本　889毫米×1194毫米　1/32
印　　张　12
字　　数　220千字
书　　号　ISBN 978-7-5139-3708-5
定　　价　62.00元

注：如有印、装质量问题，请与出版社联系。